U0868285

岳麓書社

读名著 选岳麓

古典名著普及文库

尚书

周秉钧 导读 注译

岳麓書社·长沙

图书在版编目(CIP)数据

尚书/周秉钧导读、注译. —长沙:岳麓书社,2020.11
(古典名著普及文库)
ISBN 978-7-5538-1344-8

Ⅰ.①尚… Ⅱ.①周… Ⅲ.①中国历史—商周时代②《尚书》—注释③《尚书》—译文 Ⅳ.①K221.04

中国版本图书馆 CIP 数据核字(2020)第 119474 号

SHANGSHU
尚书
导读注译:周秉钧
责任编辑:周家琛
责任校对:舒　舍
封面设计:罗志义

岳麓书社出版发行
地址:湖南省长沙市爱民路 47 号
直销电话:0731-88804152　0731-88885616
邮编:410006

版次:2020 年 11 月第 1 版
印次:2020 年 11 月第 1 次印刷
开本:890mm×1240mm　1/32
印张:8.625
字数:240 千字
书号:ISBN 978-7-5538-1344-8
定价:29.00 元

承印:湖南众鑫印务有限公司

如有印装质量问题,请与本社印务部联系
电话:0731-88884129

出版说明

中国古典名著是中华优秀传统文化的重要载体，今天人们要学习传统文化，如果说有所谓捷径可寻，那恐怕就是直接阅读古典名著了。长期以来，为大众读者出版古典名著的普及读物一直是本社的重要使命。约三十年前，我们便出版了“古典名著普及文库”，收书五十余种，七十余册，蔚为大观。这套书命名为“普及”，首先是因为采用了简体字横排的排版方式。当时的古典名著图书，以未经整理的影印本和繁体竖排本居多，大众读者阅读有障碍，故本文库的推出，确有普及之效。其次，我们提出要让读者“以最少的钱买最好的书”，定价远低于当时同类型品种。基于此，这套“普及文库”迅速流向读者的书架，销量极大，功在普及不浅。

当年这套书，所收各书都是文言文全本，无注释，不翻译，对于今天的大众读者来说，已经很难起到普及作用了。而且，读者如果仅仅出于品鉴、入门的需要，也无须通读大部头的全本古籍。因而，我们推出这套全新的“古典名著普及文库”，在选目上广泛听取国内名校学者们的建议，收录经、史、子、集四部之中第一流的名著一百余种，邀请学有专攻的学者精心注释、翻译，并加以导读。篇幅大的经典，精选菁华，篇幅适中的出版全本，个别篇幅小的，则将主题相近的品种合刊为一册。

我们希望有更多的人能够买得起、读得懂中国的古典名著，接受中华优秀传统文化的滋养。这一套轻松好读又严谨可靠的普及文库，便是我们努力实践这一理念的结果。

前 言

《尚书》是我国最早的政事史料汇编。基本内容是虞、夏、商、周君王的文告和君臣的谈话记录，反映了上古华夏文化的各个不同侧面，是学习和研究我国上古史和古代文化的重要文献。

《尚书》最早只叫做《书》，汉代称《尚书》，意为“上古之书”。后来，儒家把《尚书》尊奉为经，所以又称《书经》。

学习《尚书》，先要了解它的各种版本和传授情况。

《尚书》大约在先秦就有定本，《论语·述而》说：“子所雅言，《诗》《书》，执礼，皆雅言也。”可知早在春秋时代孔子就把《尚书》作为儒家讲习的主要课本。《庄子·天下》也说：“《诗》《书》《礼》《乐》者，邹鲁之士，缙绅先生，多能明之。”证明先秦的一些知识分子读过《尚书》。政事史料的篇目本来很多，汉代的《纬书》说有3240篇，《汉书·艺文志》记载孔子删为一百篇。这个百篇本就是《书》的最早选本。

到了汉代，《尚书》的选本主要有两个，一个是今文本，一个是古文本。

今文本《尚书》由伏胜传授。伏胜，史籍多称为“伏生”，“生”是古代对有学问人的尊称。《史记·儒林列传》说：“秦时焚书，伏生壁藏之。其后兵大起，流亡。汉定，伏生求其书，亡数十篇，独得二十九篇，即以教于齐鲁之间。”伏生曾经担任秦的博士，他的《尚书》是秦王朝的官方定本。伏生讲授时是采用当时通行的隶书写的，所以叫今文《尚书》。又因为这个隶书写定本是伏生传授的，也称“伏生本”。

汉代《尚书》的另一个本子是古文本《尚书》。《汉书 · 艺文志》记载，汉武帝末年，分封在孔子家乡的鲁恭王刘余在拆除孔子住宅时，发现了一部《尚书》，共有四十五篇。因为这部《尚书》是用先秦古文字写的，所以叫做古文《尚书》，又因为这个本子是在孔子住宅的墙壁中发现的，也叫做孔壁本，或壁中本。当时，孔子的十一世孙孔安国对这部古文《尚书》进行研究，他发现四十五篇中有二十九篇和“伏生本”基本相同，另外多出了十六篇。孔安国用隶古字写定，送到官府。孔安国又作了传，碰到巫蛊事件，不得奏上，只是私自传授，在民间流传。

西汉传授伏生今文《尚书》的主要是欧阳高、夏侯胜和夏侯建三家。《汉书 · 艺文志》记载汉成帝河平三年(公元前26年)刘向曾用皇室书库所藏的古文《尚书》对照欧阳和大、小夏侯三家经文，仅仅有七百多字不相同，脱了六七十个字。可见，两个版本的差异并不算大。

今文《尚书》在汉代始终立于学官，因而今文《尚书》一直是官方规定的标准读本。古文《尚书》只在民间传习，虽在西汉末年经刘歆力争立于学官，但东汉初年又被取消了。后来，经杜林、贾逵、马融、郑玄等著名学者的提倡，逐渐在学术界取得了优势。到了魏文帝曹丕时，古文《尚书》又重新得到国家承认成为官学。西晋“永嘉之乱”，今文《尚书》失传，剩下就只有古文《尚书》了。南北朝时，古文《尚书》仍然盛行，到了隋唐，又竟被伪古文《尚书》取而代之了。

东晋元帝司马睿执政时，豫章内史梅赜(或作梅颐)向朝廷献了一部《孔传古文尚书》，分四十六卷，计五十八篇，除《舜典》一篇外，每篇都有孔安国的“传”，书前还有孔安国写的《尚书序》。汉代传下来的百篇书序，也根据时间先后分别插在各篇篇首或篇末。据梅赜说，《孔传古文尚书》是魏末晋初的学者郑冲传下来的。郑冲怎样得到的，梅赜没有说明。由于传授无稽，后代学者又考定为伪书，这个本子就叫做伪古文《尚书》本。

《孔传古文尚书》出现不久就立于学官，从东晋到隋唐，大多数学者坚信这就是真正的孔壁古文《尚书》和汉代孔安国作的“传”，陈朝的大学者陆德明的《经典释文》替它作“音义”，隋朝的重要学者刘炫和刘焯替它作“疏”，在学术界渐占优势。唐初制定《五经正义》，又采用了《孔传古文尚书》为底本作《尚书正义》，为官方定本，公开颁行。后来，宋人又把它编入《十三经注疏》，一直传到今天。因此，伪古文《尚书》本就成为《尚书》的最后定本了。

我们今天看到的本子就是梅赜所献的伪古文《尚书》本，从宋代的吴棫开始，历代学者对它的真伪进行研究，发现它真伪杂糅。一致认为：大禹谟、五子之歌、胤征、仲虺之诰、汤诰、伊训、太甲上、太甲中、太甲下、咸有一德、说命上、说命中、说命下、泰誓上、泰誓中、泰誓下、武成、旅獒、微子之命、蔡仲之命、周官、君陈、毕命、君牙、冏命，这二十五篇都是伪的，另外，孔安国的《尚书序》和《孔传》也是伪造的。这些真伪杂糅的情况，我们要特别注意。

《尚书》记载了虞、夏、商、周的重要历史人物、历史传说和历史事件，比如尧舜禅让、鲧禹治水、商汤伐桀、盘庚迁殷、武王伐纣、营洛治洛、周公摄政、平王东迁等等，为《左传》《史记》等史书的写作提供了珍贵的原始资料。司马迁写作《史记》曾大量引用。《史记》的《五帝本纪》《夏本纪》《殷本纪》《周本纪》以及《鲁周公世家》和《宋微子世家》等篇目，就全文引用了《尚书》的《尧典》《皋陶谟》《西伯戡黎》《洪范》《金縢》《微子》等十一个篇目。可见，《尚书》有极高的史料价值。

《尚书》各篇内容丰富，涉及了虞、夏、商、周的天文、地理、官制、礼仪、教育、刑法、典章制度等范围广泛的领域，反映了封建社会政治制度、宗法思想、伦理道德、哲学观点逐步形成的历史过程。我们学习和研究古代文化不可不阅读《尚书》。

《尚书》保存了许多古词古义。例如：在，训“观察”，又训“终”；於，训“代”，又训为叹词；格，训“度量”，又训为“来”；时，训“是”，又训“善”；作，训“始”，又训“立”；矧，训“况”，又训“又”；若，训“善”，又训“如此”；“越”和“惟”，都是发语词，又都是连词；等等。《尚书》二十八篇还反映许多古代语法特点。它很少使用句末语气词。例如，《西伯戡黎》“我生不有命在天”句是个反问句，却没有表示反问的句末语气词，《史记·殷本纪》引作“我生不有命在天乎”，加了一个“乎”。它的主动句和被动句在形式上没有什么区别。例如，《禹贡》的“禹锡玄圭”句，《史记·五帝本纪》作“于是帝锡禹玄圭”，原来是个被动句。《尚书》二十八篇中“者”字结构还没出现。例如：《尧典》的“下民其咨，有能俾乂”，《史记·五帝本纪》作“下民其忧，有能使治者”。上述这些语言特点，都是研究上古汉语的重要语言材料。

我们现在学习《尚书》，初学者可以采用今注今译的读本。对于研究者来说，除了采用今注今译的读本，还要根据不同的要求选读历代《尚书》研究的重要著作。《尚书正义》就是最重要的一部。它选用《孔传古文尚书》作为底本。“注”虽然不是汉代孔安国写的，但作为魏晋人的传注仍有很重要的学术价值。唐代孔颖达的“正义”，主要根据刘炫、刘焯等人的旧疏，旁及南北朝后期以来诸家注疏，斟酌取舍，增简削繁，是魏晋以后唐以前《尚书》注解的总汇。这类著作还有宋代《尚书》注释的代表作蔡沈的《书集传》，清代《尚书》注释的集大成者孙星衍的《尚书今古文注疏》，近人曾运乾先生的《尚书正读》等。此外，清人阎若璩的《尚书古文疏证》，王先谦的《尚书孔传参正》等都是应该参考的。至于想了解《尚书》有关专门问题，可以阅读陈梦家的《尚书通论》、蒋善国的《尚书综述》等。

我们现在学习《尚书》，要重视吸收其中的有益成分，结合精神文明建设，弘扬民族的传统美德，振奋民族精神。《尚书》中提倡的明德、修身、团结、进取、勤劳、节俭、爱民养民，这些思想对于我们今天的精神文明建设仍然有着重要的现实意义。

湖南岳麓书社为适应广大读者的需要，首先提出编印《十三经今注今译》，这真是弘扬祖国文化的壮举。书社的编辑同志再三约我写《尚书》部分，我顾不了年老力衰，欣然接受了这项任务。前年酷暑之后，秋爽宜人。于是取阮刻《尚书正义》核校正文，改正拙著《白话尚书》的误字；又涵泳白文，细心体会，改写了一些注释和译文。依据这套书的新体例，重新编排，写成这个样子。此稿虽是根据《白话尚书》写成，其中也增加了一些新的内容，较之原书，大约又前进了一步。

译注工作像接力赛跑一样，依靠接力者的继续努力。要使这部书能够比较完善，就只有依靠并世和将来的学者了。

周秉钧写于岳麓山

一九九二年三月

目 录

虞书

夏书

商书

周书

虞书

尧 典

导读

尧和舜，相传是我国原始社会后期的著名首领。尧名放勋，属陶唐氏，又称唐尧。舜名重华，属有虞氏，又名虞舜。典是书名。本篇是史官记叙尧的事迹的书，所以叫《尧典》。

原文

曰若稽古[1]。帝尧曰放勋。钦明文思安安[2]。允恭克让[3]，光被四表，格于上下。[4]克明俊德，以亲九族。[5]九族既睦，平章百姓[6]。百姓昭明，协和万邦，黎民於变时雍[7]。

译文

查考往事。帝尧名叫放勋。他敬事节俭，明照四方，善治天下，道德纯备，温和宽容。他忠实不懈，又能让贤，光辉普照四方，至于天地。他能发扬大德，使家族亲密和睦。家族和睦以后，又辨明其他各族的政事。众族的政事辨明了，又协调万邦诸侯，天下众民也相递变化而友好和睦起来。

注释 1 **曰若稽古**：即稽考古事，是自今述古之称。曰若，发语辞，也写作"越若""粤若"。稽，考察。 2 **钦**：郑玄说："敬事节用谓之钦。" **明**：郑玄说："照临四方谓之明。" **文**：郑玄说："经纬天地谓之文。" **思**：马融说："道德纯备谓之思。" **安安**：一作"晏晏"。郑玄说："宽容覆载谓之晏。" 3 **允**：诚信。 **恭**：郑玄说："不懈于位曰恭。" **克**：能够。 **让**：让贤。 4 **被**：及。 **四表**：四海之外。 **格**：至。 **上下**：指天地。郑玄说："言尧德光耀及四海之外，至于天地，所谓大人与天地合其德，与日月齐其明。" 5 **俊**：大。 **九族**：君主的亲属。郑玄谓自高祖至玄孙，凡九。一说是父族四、母族三、妻族二。6 **平**：通“辨”，分别。《后汉书·刘恺传》引作“辨”。 **章**：彰明。 **百姓**：百官族姓。见《孔疏》。 7 **黎**：众。 **於**：更代、更递。本焦循说。 **时**：善。 **雍**：和睦。

以上第一段，颂扬尧的大德和功绩。

原文

乃命羲和[1]，钦若昊天[2]，历象日月星辰[3]，敬授人时。分命羲仲，宅嵎夷[4]，曰旸谷[5]。寅宾出日[6]，平秩东作[7]。日中[8]，星鸟[9]，以殷仲春[10]。厥民析[11]，鸟兽孳尾[12]。申命羲叔，宅南交[13]。平秩南讹[14]，敬致[15]。日永[16]，星火[17]，以正仲夏。厥民因[18]，鸟兽希革[19]。分命和仲，宅西，曰昧谷。寅饯纳日[20]，平秩西成[21]。宵中[22]，星虚[23]，以殷仲秋。厥民夷[24]，鸟兽毛毨[25]。申命和叔，宅朔方，曰幽都[26]。平在朔易[27]。日短，星昴[28]，以正仲冬。厥民隩[29]，鸟兽氄毛[30]。帝曰：“咨！

译文

（他）于是命令羲氏与和氏，敬慎地遵循天数，推算日月星辰运行的规律，制定出历法，敬慎地把天时节令告诉人们。分别命令羲仲，住在东方的旸谷，恭敬地迎接日出，辨别测定太阳东升的时刻。昼夜长短相等，南方朱雀七宿黄昏时出现在天的正南方，依据这些确定仲春时节。这时，人们分散在田野，鸟兽开始生育繁殖。又命令羲叔，住在南方的交趾，辨别测定太阳往南运行的情况，恭敬地迎接太阳向南回归。白昼时间最长，火星黄昏时出现在南方，依据这些确定仲夏时节。这时，人们住在高处，鸟兽的羽毛稀疏。又命令和仲，住在西方的昧谷，恭敬地送别落日，辨别测定太阳西落的时刻。昼夜长短相等，虚星黄昏时出现在天的正南方，依据这些确定仲秋时节。这时，人们又回到平地上居住，鸟兽换生新毛。又命令和叔，住在北方的幽都，辨别观察太阳往北运行的情况。白昼时间最短，昴星黄昏时出现在正南方，依据这些确定仲冬时节。这时，人们住在室内，鸟兽长出了柔软的细毛。尧说：“啊！

汝羲暨和。期三百有六旬有六日[31]，以闰月定四时成岁[32]。允厘百工[33]，庶绩咸熙[34]。”

你们羲氏与和氏啊，一周年是三百六十六天，要用加闰月的办法确定春夏秋冬四季而成一岁。由此规定百官的事务，许多事务都能兴办起来。”

注释　1 **羲和：**羲氏与和氏，都是重黎的后代，世世掌管天地和四时。马融说：“羲氏掌天官，和氏掌地官，四子掌四时。” 2 **若：**顺从。 **昊：**音hào，广大。 3 **历：**推算。《尔雅·释诂》：“历，数也。” **象：**法，取法。《楚辞》王逸注：“象，法也。” 4 **宅：**居住。 **嵎夷：**地名，在东海之滨。嵎，音yú。 5 **旸谷：**传说中日出的地方。旸，音yáng。 6 **寅宾：**敬导。 7 **平秩：**辨别测定。 **东作：**太阳从东方始升的时刻。作，始。见《广雅·释诂》。 8 **日中：**昼夜长短相等，这里指春分。 9 **星鸟：**星名，南方朱雀七宿。 10 **殷：**正，定。 **仲：**每季中间的那一月。 11 **厥：**其。 **析：**分散。 12 **孳尾：**生育。《孔传》说：“乳化曰孳，交接曰尾。” 13 **交：**指交趾，地名。《墨子·节用》篇说：“尧治天下，南抚交趾。” 14 **讹：**运行。《诗·无羊》传：“讹，动也。” 15 **致：**归，回归。 16 **永：**长。夏至白天最长。 17 **星火：**火星，东方青龙七宿之一，夏至黄昏出现在南方。 18 **因：**就，指就高地居住。《礼记·月令》：“仲夏……可以居高明。” 19 **希革：**稀毛。希，通“稀”。革，通“翱”。《玉篇》：“翱，羽也。”郑玄说：“夏时鸟兽毛疏皮见。” 20 **饯：**送行。 **纳日：**入日，落日。 21 **西成：**太阳西落的时刻。《皋陶谟》郑注：“成，终也。” 22 **宵中：**昼夜长短相等，这里指秋分。 23 **星虚：**星名，北方玄武七宿之一。 24 **夷：**平，指住到平地。 25 **毨：**音xiǎn，羽毛更生。 26 **幽都：**幽州。“都”与“州”古音相近。 27 **在：**察。《尔雅·释诂》：“在，察也。” **朔：**北方。 **易：**改易。指太阳运行。 28 **星昴：**星名，西方白虎七宿之一。 29 **隩：**音yù，通“奥”，室。民避寒而入室内。 30 **氄：**音rǒng，细毛。 31 **期：**音jī，一周年。 **有：**通“又”。 32 **以闰月定四时：**月亮绕地球运行一周，需时二十九天多。一年十二月，大月三十天，小月二十九天，共计三百五十四天，比一年的实际天数少十一天多。因此必须安排闰月，否则四时就会错乱。 33 **允：**用。 **厘：**治理。 **百工：**百官。 34 **庶：**众。 **咸：**都。 **熙：**兴。

以上第二段，叙述尧制定历法节令的情况。

原文

帝曰："畴咨若时登庸[1]？"

放齐曰[2]："胤子朱启明[3]。"

帝曰："吁！嚚讼，可乎？[4]"

帝曰："畴咨若予采[5]？"

驩兜曰[6]："都[7]！共工方鸠僝功[8]。"

帝曰："吁！静言庸违[9]，象恭滔天[10]。"

帝曰："咨！四岳[11]。汤汤洪水方割[12]，荡荡怀山襄陵[13]，浩浩滔天[14]。下民其咨，有能俾乂[15]？"

佥曰："於！鲧哉[16]。"

帝曰："吁！咈哉[17]，方命圮族[18]。"

岳曰："异哉！试可乃已[19]。"

帝曰："往，钦哉[20]！"九载，绩用弗成。

译文

尧帝说："善治四时之职的是谁啊？我要提升任用他。"

放齐说："您的儿子丹朱很开明。"

尧帝说："唉！他说话虚妄，又好争辩，可以吗？"

尧帝说："善于处理我们政务的是谁呢？"

驩兜说："啊！共工防水救灾已具有成效啊。"

尧帝说："唉！他善言而常邪僻，貌似恭谨，其实怀疑上天。"

尧帝说："啊！四方诸侯之长，滔滔的洪水普遍危害人们，水势奔腾包围了山岭，淹没了丘陵，浩浩荡荡，弥漫接天。臣民百姓都在叹息，有能使洪水得到治理的吗？"

人们都说："啊！鲧吧。"

尧帝说："唉！错了啊！他不服从命令，危害族人。"

四方诸侯之长说："起用吧！试用可以的话，就用他。"

尧帝说："去吧，鲧！要谨慎啊！"过了九年，成效不好。

注释　1 **畴咨若时登庸**：畴，谁。咨，语气词。若，善，治理好。时，四时。登庸，升用。马融说："羲和为卿官，尧之末年皆以老死，庶绩多阙，故求贤顺四时之职，欲用以代羲和。” 2 **放齐**：人名，尧的臣子。 3 **胤**：音 yìn，后嗣。 **朱**：丹朱，尧的儿子。 **启**：开。 4 **吁**：惊异之词。 **嚚**：音 yín，不说忠信的话。 **讼**：争，好争辩。 5 **若**：善，治理好。 **采**：事。 6 **驩兜**：尧的大臣，四凶之一。 7 **都**：语气词，表赞美。 8 **共工**：尧的大臣，四凶之一。 **方**：通“防”。 **鸠**：通“救”。《说文》引作“救”。 **僝**：音 zhuàn。马融说：“具也。”这句是说共工防水救灾，已具功绩。 9 **静言**：善言。 **庸**：常。 **违**：邪僻。 10 **象恭**：貌似恭敬。 **滔天**：滔，通“謟”，《尔雅·释诂》：“謟，疑也。”孙诒让《尚书骈枝》作此说。 11 **咨**：嗟。 **四岳**：官名，主持四岳的祭祀，为诸侯之长。 12 **汤汤**：音 shāng，水大的样子。 **割**：通“害”。 13 **荡荡**：广大的样子。 **怀**：包围。 **襄**：上。 14 **浩浩**：水势远大的样子。 **滔天**：弥漫接天，形容波浪高大。 15 **俾**：使。 **乂**：治理。 16 **鲧**：音 gǔn。尧的大臣，夏禹的父亲。 17 **咈**：音 fú，违误。王先谦曰：“言所举违错也。” 18 **方命**：郑玄说：“方，放。谓放弃教命。” **圮**：音 pǐ，毁坏。 **族**：族类。 19 **异**：举。 **试可乃已**：《尚书集注音疏》：“试、已，皆用也。言用之可乃用尔。” 20 **钦**：敬。

以上第三段，叙述尧选拔官吏的情况。

原文

帝曰：“咨！四岳。朕在位七十载，汝能庸命[1]，巽朕位[2]！”

岳曰：“否德忝帝位[3]。”

曰：“明明扬侧陋[4]。”

师锡帝曰[5]：“有鳏在下[6]，曰虞舜。”

译文

尧帝说：“啊！四方诸侯之长！我在位七十年，你们能用我之命，升任我的帝位吧！”

四方诸侯之长说：“我们德行鄙陋，不配升任帝位。”

尧帝说：“可以明察贵戚，也可以推举地位低微的人。”

众人提议说：“在下面有一个穷困的人，名叫虞舜。”

尧帝说：“是的，我也听说过，这个人怎么样呢？”

四方诸侯之长回答说：“他是乐官瞽瞍的儿

帝曰："俞[7]！予闻，如何？"

岳曰："瞽子[8]，父顽，母嚚，象傲，克谐。以孝烝烝[9]，乂不格奸[10]。"

帝曰："我其试哉！女于时[11]，观厥刑于二女[12]。"厘降二女于妫汭[13]，嫔于虞[14]。

帝曰："钦哉！"

子。他的父亲心术不正，后母说话不诚，弟弟象傲慢不友好，而舜能同他们和谐相处。因他的孝心美厚，治理国务不至于坏吧！"

尧帝说："我试试吧！把我的两个女儿嫁给舜，从这两个女儿那里观察舜的治家之法。"于是命令两个女儿下到妫水湾，嫁给虞舜。

尧帝说："敬慎地处理政务吧！"

注释　1 **庸**：用。 2 **巽**：通"践"，《史记·夏本纪》作"践"。《礼记·中庸》"践其位"注："践，犹升也。" 3 **否**：音 pǐ，鄙陋。 **忝**：辱。 4 **明明**：动宾结构，明察贵戚。 **扬**：推举。 **侧陋**：疏远隐匿，指地位卑微的人。 5 **师**：众人。 **锡**：赐，这里指献言。 6 **鳏**：音 guān，疾苦的人。 7 **俞**：对。《史记·五帝本纪》作"然"。 8 **瞽**：瞎子。指舜的父亲乐官瞽瞍。 9 **烝烝**：厚美。王引之曰："克谐为句，以孝烝烝为句。烝烝即是孝德之形容。" 10 **格**：至。 **奸**：邪恶。 11 **女**：嫁女。 **时**：是，这人。 12 **厥**：其。 **刑**：法。 **二女**：尧的女儿娥皇、女英。 13 **厘**：命令。 **妫**：水名。 **汭**：音 ruì，水湾。 14 **嫔**：妇，这里指嫁给虞舜为妇。

以上第四段，叙述尧提拔虞舜的经过。

舜　典

导读

舜典，是记叙舜的事迹的书。本篇伏生本、郑玄本、王肃本都合在《尧典》,晋元帝时梅赜所献的古文《尚书》也没有《舜典》。分《尧典》为两篇,是元帝以后的事。

原文

曰若稽古[1]。帝舜曰重华,协于帝[2]。濬哲文明[3],温恭允塞[4]。玄德升闻,乃命以位[5]。慎徽五典[6],五典克从[7]。纳于百揆[8],百揆时叙[9]。宾于四门[10],四门穆穆[11]。纳于大麓[12],烈风雷雨弗迷。

帝曰:"格[13]!汝舜。询事考言[14],乃言厎可绩[15],三载。汝陟帝位[16]。"舜让于德,弗嗣。

译文

查考往事。舜帝名叫重华,与尧帝合志。他有深远的智慧,而又文明、温恭、诚实。他的潜德上传被朝廷知道后,尧帝于是授给了官位。舜慎重地赞美父义、母慈、兄友、弟恭、子孝五种常法,人们都能顺从。舜总理百官,百官都能承顺。舜在明堂四门迎接四方宾客,四方宾客都肃然起敬。舜担任守山林的官,在暴风雷雨的恶劣天气也不迷误。

尧帝说:"来吧!舜啊。我同你谋划政事,又考察你的言论,你提的建议用了可以成功,已经三年了,你登上帝位吧!"舜要让给有德的人,不肯继承。

注释 1 **曰若:**发语辞。 **稽:**考察。 2 **协:**相同,相合。 3 **濬:**深邃。 **哲:**知慧。 **文:**《孔疏》:"经纬天地曰文。" **明:**《孔疏》:"照临四方曰明。" 4 **温:**温和。 **允:**诚信。 **塞:**笃实。 5 **命:**任命,授予。按"曰若……以位"二十八字,是齐明帝建武时姚方兴所增。 6 **徽:**美,善。 **五典:**即父义、母慈、兄友、弟恭、子孝五种常教。 7 **克:**能够。 **从:**顺从。 8 **纳:**入。 **百揆:**揆度庶事的官。 9 **时叙:**承顺。《经义述闻》:"时叙,犹承叙也。承叙者,承顺也。" 10 **宾:**迎接宾客。 11 **穆穆:**容仪敬谨。 12 **大麓:**官名,主管山林。 13 **格:**来。 14 **询:**谋。 15 **厎:**音 zhǐ,致也。"致"是用的意思,见《淮南子·修务训》注。 16 **陟:**登上。

以上第一段,颂扬舜的美德和即位前的政绩。

原文

正月上日[1]，受终于文祖[2]。在璇玑玉衡[3]，以齐七政[4]。肆类于上帝[5]，禋于六宗[6]，望于山川[7]，遍于群神。辑五瑞[8]，既月乃日[9]，觐四岳群牧[10]，班瑞于群后[11]。

译文

正月的一个吉日，舜在尧的太庙接受了禅让的册命。他观察了北斗七星，列出了七项政事。于是向天帝报告继承帝位的事，又祭祀了天地四时，祭祀山川和群神。又聚敛了诸侯的五种圭玉，选择吉月吉日，接受四方诸侯君长的朝见，把圭玉颁发给各位君长。

注释　1 **上日：** 善日，吉日。 2 **终：**《孔传》说："终，谓尧终帝位之事。" **文祖：** 尧太祖的宗庙，古时政事在宗庙举行。 3 **在：** 察。 **璇玑玉衡：** 北斗七星。玉衡是杓，璇玑是魁。 4 **齐：** 排列。 **七政：** 七项政事，即祭祀、班瑞、东巡、南巡、西巡、北巡、归格艺祖。旧注解为日月五星，脱离经文，不可信。见《尚书易解》。 5 **肆：** 遂，于是。 **类：** 祭名。祭告继承帝位的事。 6 **禋：** 音 yīn，祭名。《说文》："禋，洁祀也。" **六宗：** 马融说："天地四时也。" 7 **望：** 祭山川之名。 8 **辑：** 敛，收集。 **五瑞：** 诸侯作为符信的五种玉。 9 **既月乃日：** 月和日都用作动词，即择月择日。 10 **觐：** 音 jìn，朝见。 **牧：** 官长。 11 **班：** 通"颁"，分发。 **后：** 君长。

原文

岁二月，东巡守，至于岱宗[1]，柴[2]。望秩于山川[3]，肆觐东后[4]。协时月正日[5]，同律度量衡[6]。修五礼、五玉、三帛、二生、一死贽[7]。如五器[8]，卒乃复[9]。五月南巡守，至于南岳，如

译文

这年二月，舜到东方巡视，到达泰山，举行了柴祭。对于其他山川，都按地位尊卑依次举行了祭祀，然后，接受了东方诸侯君长的朝见。协调春夏秋冬四时的月份，确定天数，统一音律、度、量、衡。制定了公侯伯子男朝聘的礼节和五种瑞玉、三种不同颜色的丝绸、二生一死的礼物制度。而五种瑞玉，朝见完毕后，仍然还给诸侯。五月，舜到南

岱礼。八月西巡守，至于西岳，如初。十有一月朔巡守[10]，至于北岳，如西礼。归，格于艺祖[11]，用特[12]。

方巡视，到达南岳，所行的礼节同在泰山时一样。八月，舜到西方巡视，到达西岳，所行的礼节同当初一样。十一月，舜到北方巡视，到达北岳，所行的礼节同在西岳一样。回来后，到尧的太庙祭祀，用一头牛作祭品。

注释　1 **岱宗：**东岳泰山。 2 **柴：**祭天名。马融说："祭时积柴，加牲其上而燔之。" 3 **秩：**次序。 4 **东后：**东方诸侯的君长。 5 **协：**合。 **时：**春夏秋冬四时。 **正：**定。 6 **同：**统一。 **律：**十二律，阴律六，阳律六。 **度：**丈尺。 **量：**斗斛。 **衡：**斤两。 7 **五礼：**公侯伯子男五等朝聘之礼。 **五玉：**即上文所说的五瑞。拿着称瑞，陈列称玉。 **三帛：**三种不同色的丝织品，用来垫玉。 **二生：**活羊羔和雁，卿大夫所执。 **一死：**一只死野鸡，士所执。 8 **如：**而，连词。 **五器：**即上文所说的五瑞。 9 **卒乃复：**完毕后就归还。 10 **朔：**北。 11 **格：**到。 **艺祖：**即文祖。 13 **特：**公牛。

原文

五载一巡守，群后四朝。敷奏以言[1]，明试以功，车服以庸[2]。

肇十有二州[3]，封十有二山，浚川[4]。

象以典刑[5]。流宥五刑[6]，鞭作官刑，扑作教刑[7]，金作赎刑。眚灾肆赦[8]，怙终贼刑[9]。"钦哉，钦哉，惟刑之恤哉[10]！"

流共工于幽州[11]，

译文

以后，每五年巡视一次，诸侯在四岳朝见。让他们普遍地报告政务，然后考察他们的政绩，赏赐车马衣物作为酬劳。

舜划定十二州的疆界，在十二州的名山上封土为坛举行祭祀，又疏通了河道。

舜又在器物上刻画五种常用的刑罚。用流放的办法宽恕犯了五刑的罪人，用鞭打作为官的刑罚，用木条打作为学校的刑罚，用铜作为赎罪的刑罚。因过失犯罪，就赦免他；有所依仗终不悔改，就要施加刑罚。舜告诫说："谨慎啊，谨慎啊，刑罚要慎重啊！"

于是把共工流放到幽州，把驩兜流放到

放驩兜于崇山[12]，窜三苗于三危[13]，殛鲧于羽山[14]，四罪而天下咸服。

崇山，把三苗驱逐到三危，把鲧流放到羽山。这四个人受到处罚了，天下的人都心悦诚服。

注释 1 **敷**：普遍地。 2 **庸**：功劳。 3 **肇**：正，指划定州界。 4 **浚川**：疏通河流。 5 **象以典刑**：刻画常用的刑罚。《尚书正读》说："象，刻画也。盖刻画墨、劓、剕、宫、大辟之刑于器物，使民知所惩戒，如九鼎象物之比。" 6 **流**：流放。 **宥**：宽宥。 7 **扑**：榎(jiǎ)楚，古代教官使用的打人工具。 8 **眚**：音 shěng，过错。 **肆**：遂，就。 9 **怙**：依仗。 **贼**：借为"则"，连词。 10 **恤**：谨慎。 11 **幽州**：地名，在北方边远地区。马融说："幽州，北裔也。" 12 **崇山**：地名。马融说："崇山，南裔也。" 13 **三苗**：古国名。 **三危**：地名。马融说："三危，西裔也。" 14 **殛**：流放。 **羽山**：地名。马融说："羽山，东裔也。"

以上第二段，叙述舜在摄政期间的业绩。

原文

二十有八载，帝乃殂落[1]。百姓如丧考妣，三载，四海遏密八音[2]。月正元日，舜格于文祖[3]，询于四岳，辟四门，明四目，达四聪。

"咨，十有二牧[4]！"曰："食哉惟时！柔远能迩[5]，惇德允元[6]，而难任人[7]，蛮夷率服。"

译文

舜辅助尧帝二十八年后，尧帝逝世了。群臣好像死了父母一样地悲痛，三年间，全国上下停止了乐音。明年正月的一个吉日，舜到了尧的太庙，与四方诸侯君长谋划政事，打开明堂四门宣布政教，使四方见得明白，听得通彻。

"啊，十二州的君长！"舜帝说："生产粮食要依时！安抚远方，爱护近邻，亲厚有德，信任善良，而又拒绝邪佞的人，这样，边远的外族都会服从。"

注释 1 **殂落**：死亡。 2 **遏**：停止。 **密**：静，静止。 **八音**：金、石、丝、竹、匏、土、革、木八种音乐，泛指音乐。 3 **格**：至，到。 4 **牧**：州的行政长官。

5 **柔:**安。 **能:**善。 **迩:**近。 6 **惇:**厚。 **允:**信。 **元:**善。 7 **难:**拒绝。 **任人:**佞人,指奸邪的人。

原文

舜曰:"咨,四岳!有能奋庸熙帝之载[1],使宅百揆亮采,惠畴?[2]"

佥曰:"伯禹作司空[3]。"

帝曰:"俞,咨!禹,汝平水土,惟时懋哉[4]!"禹拜稽首,让于稷、契暨皋陶。

帝曰:"俞,汝往哉!"

帝曰:"弃,黎民阻饥[5],汝后稷[6],播时百谷[7]。"

帝曰:"契,百姓不亲,五品不逊[8]。汝作司徒[9],敬敷五教[10],在宽。"

帝曰:"皋陶,蛮夷猾夏[11],寇贼奸宄[12]。汝作士[13],五刑有服[14],五服三就[15]。五流有宅[16],五宅三居[17]。惟明克允[18]!"

译文

舜帝说:"啊!四方诸侯的君长!有谁能奋发努力、发扬光大尧帝的事业,使居百揆之官辅佐政事呢?"

都说:"伯禹现在做司空。"

舜帝说:"好啊!禹,你曾经平定水土,还要努力做好百揆这件事啊!"禹跪拜叩头,让给稷、契和皋陶。

舜帝说:"好啦,还是你去吧!"

舜帝说:"弃,人们忍饥挨饿,你主持农业,教人们播种各种谷物吧!"

舜帝说:"契,百姓不亲,父母兄弟子女不和顺。你做司徒吧,谨慎地施行五常教育,要注意宽厚。"

舜帝说:"皋陶,外族侵扰我们中国,抢劫杀人,造成外患内乱。你做狱官之长吧,五刑各有使用的方法,五种用法分别在野外、市、朝三处执行。五种流放各有处所,分别住在三个远近不同的地方。要明察案情,能够公允!"

注释 1 **奋:**奋发。 **庸:**功,用功,努力。 **熙:**广,光大。 **载:**事。 2 **宅:**居。 **百揆:**官名。 **亮:**辅导。 **采:**事。 **惠:**助词。 **畴:**谁。 3 **司空:**三公之一,掌管土地。 4 **时:**是,指百揆之职。 **懋:**勉力。 5 **黎:**众。 **阻饥:**困厄于饥。 6 **后:**主,主持。 **稷:**农官,主管播种百谷的事。 7 **时:**通"莳",

耕种。8 **五品:**父、母、兄、弟、子。**逊:**和顺。9 **司徒:**三公之一,主管民政。10 **敷:**布,施行。**五教:**五品之教,即父义、母慈、兄友、弟恭、子孝。11 **猾:**扰乱。**夏:**指中国。12 **寇:**抢劫。**贼:**杀人。**奸宄:**犯法作乱,外部的叫做奸,内部的叫做宄。宄,也作"轨"。13 **士:**狱官之长。14 **服:**用。15 **就:**处所。16 **五流:**五种流放。**宅:**处所。17 **三居:**三种处所。18 **明:**明察。**允:**公允。

原文

帝曰:"畴若予工[1]?"

佥曰:"垂哉[2]!"

帝曰:"俞,咨!垂,汝共工[3]。"垂拜稽首,让于殳斨暨伯与[4]。

帝曰:"俞,往哉!汝谐[5]。"

帝曰:"畴若予上下草木鸟兽[6]?"

佥曰:"益哉[7]!"

帝曰:"俞,咨!益,汝作朕虞[8]。"益拜稽首,让于朱虎、熊罴[9]。

帝曰:"俞,往哉!汝谐。"

译文

舜帝说:"谁能当好掌管我们百工的官?"

都说:"垂啊!"

舜帝说:"好啊!垂,你掌管百工的官吧!"垂跪拜叩头,让给殳斨和伯与。

舜帝说:"好啦,去吧!你们一起去吧!"

舜帝说:"谁掌管我们的山丘草泽的草木鸟兽呢?"

都说:"益啊!"

舜帝说:"好啦,啊!益,你担任我的虞官吧。"益跪拜叩头,谦让给朱虎和熊罴。

舜帝说:"好啦,去吧!你们一起去吧!"

注释 1 **若:**善。**工:**官名,马融说:"主百工之官。"2 **垂:**人名。3 **共工:**官名,治理百工之事。4 **殳斨、伯与:**皆为人名。5 **谐:**偕,一同。6 **上下:**上指山,下指泽。7 **益:**人名,即伯益。8 **虞:**掌管山林之官。9 **朱虎、熊罴:**皆为人名。

原文

帝曰："咨！四岳，有能典朕三礼[1]？"

佥曰："伯夷[2]！"

帝曰："俞，咨！伯，汝作秩宗[3]。夙夜惟寅[4]，直哉惟清[5]。"伯拜稽首，让于夔、龙[6]。

帝曰："俞，往，钦哉！"

译文

舜帝说："啊！四方诸侯的君长，有谁能主持我们祭祀天神、地祇、人鬼的三礼呢？"

都说："伯夷！"

舜帝说："好啦，啊！伯夷，你做掌管祭祀的礼官吧。要早晚恭敬行事，又要正直、清明。"伯夷跪拜叩头，让给夔和龙。

舜帝说："好啦，去吧！要敬慎啊！"

注释　1 **典**：主持。三**礼**：天事、地事、人事之礼。2 **伯夷**：人名。3 **秩宗**：官名，掌管次序尊卑之礼。4 **夙夜**：早晚。**寅**：敬。5 **直**：正直。**清**：清明。6 **夔、龙**：皆为人名。

原文

帝曰："夔！命汝典乐[1]，教胄子[2]，直而温，宽而栗[3]，刚而无虐，简而无傲。诗言志，歌永言[4]，声依永，律和声。八音克谐，无相夺伦[5]，神人以和。"

夔曰："於[6]！予击石拊石[7]，百兽率舞。"

译文

舜帝说："夔！任命你主持乐官，教导年轻人，使他们正直而温和，宽大而坚栗，刚毅而不粗暴，简约而不傲慢。诗是表达思想感情的，歌是唱出来的语言，五声要根据所唱而选定，六律要和谐五声。八类乐器的声音能够调和，不使它们乱了次序，那么神和人都会因此而和谐了。"

夔说："啊！我愿意敲击着石磬，使扮演各种兽类的舞队依着音乐舞蹈起来。"

注释　1 **乐**：乐官。　2 **胄子**：未成年的人。3 **栗**：坚。4 **永**：通"咏"。5 **夺**：失去。6 **於**：音 wū，叹词。7 **拊**：轻轻叩击。**石**：石磬。

原文

帝曰："龙！朕堲谗说殄行[1]，震惊朕师[2]。命汝作纳言[3]，夙夜出纳朕命，惟允！"

帝曰："咨！汝二十有二人[4]，钦哉！惟时亮天功[5]。"

三载考绩，三考，黜陟幽明[6]，庶绩咸熙[7]。

分北三苗[8]。

译文

舜帝说："龙！我厌恶谗毁的言论和危害的行为，它们会使我的民众震惊。我任命你做纳言的官，早晚传达我的命令，转告给下面的意见，应当真实！"

舜帝说："啊！你们二十二人，要敬慎啊！要好好领导天下大事啊！"

舜帝三年考察一次政绩，考察三次后，罢免昏庸的官员，提拔贤明的官员，于是，许多工作都兴办起来了。

又分别对三苗之族作了安置。

注释　1 **堲**：音 jí，厌恶。 **殄**：病，危害。 2 **师**：民众。 3 **纳言**：官名。 4 **有**：通"又"，用于整数和零数之间。 5 **时**：善。 **亮**：领导。 **天功**：大事。 6 **黜**：罢免。 **陟**：提升。 **幽**：昏庸。 **明**：贤明。 7 **熙**：兴。 8 **北**：别。郑玄说："北，犹别也。"

以上第三段，叙述舜任用百官、分别三苗的情况。

原文

舜生三十征[1]，庸三十[2]，在位五十载，陟方乃死[3]。

译文

舜三十岁时被征召，施政二十年，在帝位五十年，在巡狩南方时才逝世。

注释　1 **征**：被征召。 2 **庸**：用。 **三十**：今文作二十。当从之。 3 **陟方**：巡狩。

以上第四段，赞扬舜鞠躬尽瘁为国勤劳。

大禹谟

导读

大禹，舜的臣子，治理洪水，建立了大功，后人尊称为大禹。谟，谋。本篇首段记叙了大禹、伯益和舜谋划政事，所以叫《大禹谟》。这是梅氏伪古文《尚书》之一。

原文

曰若稽古[1]。大禹曰文命[2]，敷于四海[3]，祗承于帝。曰："后克艰厥后，臣克艰厥臣，政乃乂[4]。黎民敏德[5]。"

帝曰："俞[6]！允若兹，嘉言罔攸伏，野无遗贤，万邦咸宁。稽于众，舍己从人，不虐无告，不废困穷，惟帝时克。"

益曰[7]："都[8]！帝德广运[9]，乃圣乃神，乃武乃文[10]；皇天眷命，奄有四海[11]，为天下君。"

译文

稽考古事。大禹名叫文命，他对四海进行治理之后，又敬慎地辅助帝舜。他说："君主能够知道做君主的艰难，臣下能够知道做臣下的不容易，政事就能治理，众民就能勉力于德行了。"

舜帝说："对！真像这样，善言无所隐匿，朝廷之外没有被遗弃的贤人，万国之民就都安宁了。政事同众人研究，舍弃私见以依从众人，不虐待鳏寡孤独等无告之人，不放弃困穷的事，只有尧帝能够这样。"

伯益说："啊！尧德广远，这样圣明，这样神妙，这样英武，这样华美；于是上天顾念，使他尽有四海之内，而做天下的君主。"

禹曰："惠迪吉[12]，从逆凶，惟影响。"

禹说："顺从善就吉，顺从恶就凶，就像影和响顺从形体和声音一样。"

注释 1 **曰若**：发语辞。《尧典》作"粤若"，《周书》作"越若"，意义相同。2 **文命**：大禹名。《史记·夏本纪》："夏禹名曰文命。" 3 **敷**：治理。 4 **乂**：治理。 5 **黎民**：众民。 **敏**：勉，勉力。 6 **俞**：对。 7 **益**：伯益，舜的大臣。8 **都**：叹词。 9 **广运**：广远。《孔传》："广谓所覆者大，运谓所及者远。" 10 **乃**：如此，见《词诠》。这里四个乃字都是此义。11 **奄**：尽。12 **惠迪**：惠，顺；迪，道。

原文

益曰："吁！戒哉！儆戒无虞[1]，罔失法度，罔游于逸，罔淫于乐。任贤勿贰，去邪勿疑，疑谋勿成，百志惟熙[2]。罔违道以干百姓之誉，罔咈百姓以从己之欲[3]。无怠无荒，四夷来王。"

禹曰："於[4]！帝念哉！德惟善政，政在养民。水、火、金、木、土、谷惟修，正德、利用、厚生惟和[5]，九功惟叙[6]，九叙惟歌[7]。戒之用休，董之用威[8]，劝之以九歌，俾勿坏。"

帝曰："俞！地平天成[9]，六府三事允治[10]，万世永赖，时乃功。"

译文

伯益说："啊！要戒慎呀！警戒不要失误，不要放弃法度，不要优游于逸豫，不要放恣于安乐。任用贤人不要怀疑，罢去邪人不要犹豫，可疑之谋不要实行，各种思虑应当广阔。不要违背治道来取得百姓的称赞，不要违背百姓来顺从自己的私心。对这些不懈怠，不荒忽，四方各民族的首领就会来朝见天子了。"

禹说："啊！帝要深念呀！帝德应当使政治美好，政治在于养民。水、火、金、木、土、谷六种生活资料应当治理，正德、利用、厚生三件大事应当宣扬，这九件事应当理顺，九事理顺了应当歌颂。要用美德规劝臣民，用威罚监督臣民，用九歌勉励臣民，使政事不会败坏。"

舜帝说："对！水土平治，万物成长，六府和三事切实办好了，是万世永利的事业，这是你的功勋。"

注释 1 **虞:**误,失误。 2 **志:**念虑。《孟子·公孙丑》注:“志,心所念虑也。” **熙:**广。 3 **咈:**违背。《说文》:“咈,违也。” 4 **於:**叹词。 5 **和:**当读为“宣”,宣扬。《盘庚上》“汝不和吉言于百姓”,“和”字俞樾亦读为“宣”,可证。 6 **九功:**九事。水火金木土谷,叫六府;正德、利用、厚生,叫三事。合称九功。 7 **九叙:**《孔传》:“言六府三事之功有次叙。” 8 **董:**督。 9 **地平天成:**《孔传》:“水土治曰平,五行叙曰成。” 10 **六府三事:**见注6。

以上第一段,记叙大禹与伯益在帝舜之前讨论政事。

原文

帝曰:“格汝禹[1]!朕宅帝位三十有三载[2],耄期倦于勤[3]。汝惟不怠,总朕师。”

禹曰:“朕德罔克,民不依。皋陶迈种德[4],德乃降,黎民怀之。帝念哉!念兹在兹,释兹在兹,名言兹在兹,允出兹在兹[5]。惟帝念功!”

帝曰:“皋陶!惟兹臣庶,罔或干予正[6],汝作士[7],明于五刑[8],以弼五教[9],期于予治[10]。刑期于无刑,民协于中[11]。时乃功,懋哉[12]!”

皋陶曰:“帝德罔愆。临下以简,御众以宽;罚弗及嗣,赏延于世;宥过无大,刑故无小[13];罪疑惟轻,功

译文

舜帝说:“你来呀,禹!我居帝位三十三年了,年岁老耄被勤劳的事务所苦。你当努力不怠,总统我的众民。”

禹说:“我的德不能胜任,人民不会依归。皋陶勤勉树立德政,德惠能下施于民,众民怀念他。帝当考虑他呀!念德的在于皋陶,悦德的在于皋陶,宣扬德的在于皋陶,诚心推行德的也在于皋陶。帝要深念他的功绩呀!”

舜帝说:“皋陶!这些臣民没有人干犯我的政事,因为你做士官,能明五刑以辅助五常之教,合于我们的治道。施刑期待达到无刑的地步,人民都能合于中道。这是你的功劳,做得真好呀!”

皋陶说:“帝德没有失误。用简约治民,用宽缓御众;刑罚不及于子孙,奖赏扩大到后代;宽宥过失不论罪多大,处罚故意犯罪不问罪多小;罪可疑时就从轻,功可疑时就从重;与其杀掉无罪

疑惟重；与其杀不辜，宁失不经。好生之德，洽于民心，兹用不犯于有司。”

的人，宁肯自己陷于不常的罪。帝爱生命的美意，合于民心，因此人民就不冒犯官吏。”

注释 1 **格**：来。 2 **朕**：我。 **宅**：居。 3 **耄期**：老耄。《孔传》：“八十九十曰耄，百年曰期颐。” 4 **皋陶**：舜的大臣。 **迈**：通“励”，勤勉。 **种**：树立。 5 **“念兹在兹”四句**：兹，此。释，通“怿”，喜悦。名言，称述。出，推行。每句前一“兹”字，指德；后一“兹”字，指皋陶。 6 **干予正**：干，犯。正，通“政”。 7 **士**：古代主管刑狱的官。 8 **五刑**：墨、劓、剕、宫、大辟五种刑罚。 9 **五教**：五常之教，指父义、母慈、兄友、弟恭、子孝。 10 **期**：当，合。《孔传》：“期，当也。” 11 **中**：平，公平。《孔传》：“大中之道。” 12 **懋**：美好。 13 **刑故**：故，故意犯罪。刑故，处罚故意犯罪。

原文

帝曰：“俾予从欲以治，四方风动，惟乃之休。”

帝曰：“来，禹！降水儆予[1]，成允成功，惟汝贤；克勤于邦，克俭于家，不自满假[2]，惟汝贤。汝惟不矜[3]，天下莫与汝争能；汝惟不伐[4]，天下莫与汝争功。予懋乃德，嘉乃丕绩。天之历数在汝躬[5]，汝终陟元后[6]。人心惟危，道心惟微，惟精惟一，允执厥中。[7]无稽之言勿听，

译文

舜帝说：“使我依从人民的愿望来治理，四方人民像风一样鼓动，是你的美德。”

舜帝说：“来，禹！洪水警戒我们的时候，实现政教的信诺，完成治水的工作，只有你贤；能勤劳于国，能节俭于家，不自满自大，只有你贤。你不自以为贤，所以天下没有人与你争能；你不夸功，所以天下没有人与你争功。我赞美你的德行，嘉许你的大功。上天的大命落到你的身上了，你终当升为大君。人心危险，道心精微，要精研要专一，又要诚实保持着中道。无信验的话不要听，独断的谋划不要用。可爱的不是君主吗？可畏的不是人民吗？众人除了大君，他们拥护谁？君主除了众人，没有跟

弗询之谋勿庸[8]。可爱非君？可畏非民？众非元后何戴？后非众罔与守邦。钦哉！慎乃有位，敬修其可愿。四海困穷，天禄永终。惟口出好兴戎[9]，朕言不再。”

他守国的人。要恭敬啊！慎重对待你的大位，敬行人民所希望的事。如果四海人民困穷，天的福命就将永远终止了。虽然口能说好说坏，但是我的话不再改变了。”

注释 1 **降水:**洪水，大水。 2 **满假:**满，盈满；假，大。 3 **矜:**自以为贤。《孔传》:“自贤曰矜。” 4 **伐:**自夸有功。《孔传》:“自功曰伐。” 5 **历数:**指帝王相继的次序。 6 **陟元后:**陟，升。元，大。后，君。大君，指天子。 7 **“人心惟危”四句:**危，险。微，精微。精，精研。一，专一。《孔传》:“危则难安，微则难明，故戒以精一，信执其中。” 8 **询:**问。 **庸:**用。 9 **出好兴戎:**《孔传》:“好谓赏善，戎谓伐恶。”

原文

禹曰:“枚卜功臣[1]，惟吉之从。”

帝曰:“禹！官占，惟先蔽志[2]，昆命于元龟[3]。朕志先定，询谋佥同[4]，鬼神其依，龟筮协从[5]，卜不习吉[6]。”

禹拜稽首，固辞[7]。

帝曰:“毋！惟汝谐。”

正月朔旦，受命于神宗[8]，率百官若帝之初。

译文

禹说:“请逐个卜问有功的大臣，然后听从吉卜吧！”

舜帝说:“禹！官占的办法，先定志向，而后告于大龟。我的志向先已定了，询问商量的意见都相同，鬼神依顺，龟筮也协合、依从，况且卜筮的办法不须重复出现吉兆。”

禹跪拜叩首，再辞。

舜帝说:“不要这样！只有你适合！”

正月初一早晨，禹在尧庙接受舜帝的任命，像舜帝受命之时那样统率着百官。

注释 1 **枚卜:**历卜，逐个地卜。 2 **蔽志:**蔽，断，断定。蔽志，断定其志。 3 **昆:**后。 4 **佥:**都。 5 **龟筮:**龟，问龟，指卜。筮，问蓍。龟筮，即卜筮。

6 **习吉**：重复出现吉兆。卜筮之法，前卜已吉，不待重复出现吉兆。 7 **固辞**：再辞。《孔传》："再辞曰固。" 8 **神宗**：宗，宗庙。《孔传》："神宗，文祖之宗庙。言神，尊之。"

以上第二段，记叙大禹再三推辞帝位的事。

原文

帝曰："咨，禹！惟时有苗弗率[1]，汝徂征[2]！"

禹乃会群后，誓于师曰："济济有众[3]，咸听朕命！蠢兹有苗[4]，昏迷不恭。侮慢自贤，反道败德。君子在野，小人在位。民弃不保，天降之咎。肆予以尔众士，奉辞伐罪。尔尚一乃心力，其克有勋。"

三旬，苗民逆命。益赞于禹曰[5]："惟德动天，无远弗届。满招损，谦受益，时乃天道。帝初于历山[6]，往于田，日号泣于旻天[7]，于父母，负罪引慝[8]。祗载见瞽瞍[9]，夔夔斋栗[10]。瞽亦允若[11]，至諴感神，矧兹有苗[12]？"

禹拜昌言曰："俞！"

班师振旅[13]，帝乃诞

译文

舜帝说："嗟，禹！这些苗民不依教命，你前去征讨他们！"

禹于是会合诸侯，告诫众人说："众位军士，都听从我的命令！蠢动的苗民，昏迷不敬。侮慢常法，妄自尊大，违反正道，败坏常德。贤人在野，小人在位。人民抛弃他们不予保护，上天也降罪于他。所以我率领你们众士，奉行帝舜的命令，讨伐苗民之罪。你们应当同心同力，就能有功。"

经过三十天，苗民还是不服。伯益会见了禹，说："施德可以感动上天，远人没有不来的。盈满招损，谦虚受益，这是自然规律。舜帝先前到历山去耕田的时候，天天向上天号泣，向父母号泣，自己负罪引咎。恭敬行事去见瞽瞍，诚惶诚恐庄敬战栗。瞽瞍也信任顺从了他。至诚感通了神明，何况这些苗民呢？"

禹拜谢伯益的嘉言，说："对！"

还师回去后，舜帝于是大施文教，又在两阶之间拿着干盾和羽翳跳着文舞。

敷文德[14],舞干羽于两阶[15]。七旬,有苗格[16]。

经过七十天,苗民不讨自来归顺了。

注释 1 **有苗弗率:**有苗,苗民。率,依从。 2 **徂征:**徂,往。徂征,前往征伐。 3 **济济:**众多的样子。 4 **蠢:**动。 5 **赞:**见。《说文》:"赞,见也。" 6 **历山:**《蔡传》:"历山,在河中府河东县。"河东县,即今山西永济市。 7 **旻(mín)天:**秋天,这里泛指上天。 8 **慝:**咎恶。 9 **瞽瞍:**舜的父亲。 10 **夔夔斋栗:**夔,音 kuí。夔夔,恐惧的样子。斋,庄敬。栗,战栗。 11 **允若:**信顺,信任顺从他。 12 **矧:**何况。 13 **班师振旅:**班师,还师。《孔传》:"兵入曰振旅,言整众。" 14 **诞敷:**诞,大。敷,布,指施行。15 **干羽:**干,盾。羽,翳。都是舞蹈的工具。 16 **格:**来。

以上第三段,记叙大禹征伐苗民的事。

皋陶谟

导读

皋陶(gāo yáo),也写作咎繇,是舜帝的大臣,掌管刑法狱讼。谟,就是谋。一次,帝舜朝见大臣,同他们讨论政事。皋陶和禹讨论了国家大计。史官记录这次讨论的情况,名叫《皋陶谟》。

原文

曰若稽古。皋陶曰:"允迪厥德,谟明弼谐。[1]"

禹曰:"俞,如

译文

查考往事。皋陶说:"诚实地履行其德行,就会决策英明,群臣同心协力。"

禹曰:"是啊!怎样履行呢?"

皋陶说:"啊!要谨慎其身,自身的修养要坚何？”

皋陶曰：“都！慎厥身，修思永。惇叙九族[2]，庶明励翼[3]，迩可远，在兹。”

禹拜昌言曰[4]：“俞！”

皋陶曰：“都！在知人[5]，在安民。”

禹曰：“吁！咸若时[6]，惟帝其难之。知人则哲[7]，能官人[8]。安民则惠，黎民怀之。能哲而惠，何忧乎驩兜？何迁乎有苗？何畏乎巧言令色孔壬[9]？”

持不懈。使近亲敦厚顺从，使贤人勉力辅佐，由近及远，在于从这里做起。”

禹听了这番精当的言论，拜谢说：“对呀！”

皋陶说：“啊！还在于理解臣下，安定民心。”

禹说：“唉！都像这样，连尧帝都会认为困难了。理解臣下就显得明智，能够任人。安定民心就受人爱戴，百姓都会怀念他。能做到明智和受人爱戴，怎么会担心驩兜？怎么会流放三苗？怎么会畏惧巧言、善色、很奸佞的人呢？”

注释　1 **迪**：行，履行。**弼**：辅助，这里指辅佐大臣。**谐**：和谐。2 **惇叙**：惇，敦厚。叙，顺从。惇叙，使敦厚顺从。3 **励**：勉励。**翼**：辅助。4 **昌言**：美言。5 **人**：指官吏。6 **咸**：都。**时**：是，这样。7 **哲**：明智。8 **官**：任用。9 **孔**：很。**壬**：佞，巧言善媚。

以上第一段，皋陶论述修身、知人、安民的重要。

原文

皋陶曰：“都！亦行有九德[1]。亦言，其人有德，乃言曰，载采采[2]。”

禹曰：“何？”

皋陶曰：“宽而栗[3]，柔而立[4]，愿而恭[5]，乱而敬[6]，扰而毅[7]，直而温[8]，

译文

皋陶说：“啊！检验人的行为有九种美德。检验了言论，如果那个人有德，就告诉他说，可开始做点工作。”

禹问：“什么是九德呢？”

皋陶说：“宽宏而又坚栗，柔顺而又卓立，谨厚而又严恭，多才而又敬慎，驯服而又刚毅，正直而又温和，简易而又方正，刚正而

简而廉[9],刚而塞[10],强而义[11]。彰厥有常吉哉[12]!

"日宣三德[13],夙夜浚明有家[14],日严祗敬六德[15],亮采有邦[16],翕受敷施[17]。九德咸事[18],俊乂在官[19]。百僚师师[20],百工惟时[21],抚于五辰[22],庶绩其凝[23]。

又笃实,坚强而又良善。要表彰那些具有九德的好人啊!

"天天表现出三德,早晚认真努力于家的人,天天庄严地重视六德,辅助政事于国的人,一同接受,普遍任用。具有九德的人都担任官职,那么在职的官员就都是才德出众的人了。各位官员互相效法,他们都想处理好政务,而且顺从君王,这样,各种工作都会办成。

注释 1 **亦:**当读为"迹",检验。下文"亦言"之亦,同。详见《尚书易解》。**九德:**九种德行,详见下文。 2 **载:**始。《史记》作"始"。 **采采:**采,事。采采,动宾结构,从事其事。就是说将要试用他。 3 **栗:**坚栗。 4 **柔:**柔顺。 **立:**卓立,有定见。 5 **愿:**谨厚。 **恭:**严恭,严肃恭敬。 6 **乱:**治。这里指治理的才能。 **敬:**敬谨,不傲慢。 7 **扰:**和顺。《孔传》:"扰,顺也。" **毅:**刚毅。 8 **直:**正直。 **温:**温和。 9 **简:**《孔疏》:"简者,宽大率略之名。" **廉:**廉隅,方正。 10 **刚:**刚正。 **塞:**充实,性刚正而内充实。 11 **强:**坚强。 **义:**善。王引之说:"义,善也。" 12 **彰:**表彰。 **常吉:**祥善,指九德。常,祥。 13 **宣:**显示,表现。 14 **浚:**恭敬。见《方言》。 **明:**勉力,努力。孙星衍说:"明与孟通。"又引《尔雅·释诂》云:"孟,勉也。" 15 **严:**通"俨",矜持、庄重的样子。 **祗:**恭敬。 16 **亮:**辅助。 **采:**事务。 **邦:**国。 17 **翕:**合。 **敷:**普遍。 **施:**用。 18 **咸:**都。 **事:**从事,任职。 19 **俊乂:**马融说:"才德过千人为俊,百人为乂。" 20 **师师:**互相效法。师,法。 21 **百工:**百官。 **惟:**思。 **时:**善。 22 **五辰:**北辰。北辰有五星,因称五辰。北辰居天之中,所以借喻国君。详见《尚书易解》。 23 **凝:**成功。

以上第二段,皋陶进一步论述知人之道。

原文

“无教逸欲[1]，有邦兢兢业业，一日二日万幾[2]。无旷庶官[3]，天工[4]，人其代之。天叙有典[5]，敕我五典五惇哉[6]！天秩有礼[7]，自我五礼有庸哉[8]！同寅协恭和衷哉[9]！天命有德，五服五章哉[10]！天讨有罪，五刑五用哉[11]！政事懋哉懋哉[12]！

“天聪明[13]，自我民聪明。天明畏[14]，自我民明威。达于上下[15]，敬哉有土[16]！”

皋陶曰：“朕言惠可厎行[17]？”

禹曰：“俞！乃言厎可绩[18]。”

皋陶曰：“予未有知，思曰赞赞襄哉[19]！”

译文

“治理国家的人不要贪图安逸和私欲，要兢兢业业，因为情况天天变化万端。不要虚设百官，上天命定的工作，人应当代替完成。上天规定了人与人之间的常法，要告诫人们用父义、母慈、兄友、弟恭、子孝的办法，把这五者敦厚起来啊！上天规定了人的尊卑等级，推行天子、诸侯、卿大夫、士和庶人这五种礼制，要经常啊！君臣之间要同敬、同恭，和善相处啊！上天任命有德的人，要用天子、诸侯、卿、大夫、士五等礼服表彰这五者啊！上天惩罚有罪的人，要用墨、劓、剕、宫、大辟五种刑罚处治五者啊！政务要努力啊！要努力啊！

“上天的视听依从臣民的视听，上天的赏罚依从臣民的赏罚。天意和民意是相通的，要谨慎啊，有国土的君王！”

皋陶问：“我的话可以实行吗？”

禹说：“当然！你的话可以实行并且可以成功。”

皋陶说：“我没有别的考虑，只想赞助赞助帝德、努力辅佐君王啊！”

注释 1 **教：**《释名》：“效也。” **逸欲：**安逸贪欲。 2 **一日二日：**马融说：“犹日日也。” **万幾：**变化万端。 3 **旷：**空，空设。 **庶官：**众官。 4 **天工：**《汉书·律历志》作“天功”。谓天命的事。 5 **叙：**秩序，引申为规定。 **典：**常法。 6 **敕：**告诫。 **五典：**五种常法，指父义、母慈、兄友、弟恭和子孝。 **惇：**敦厚。

五惇,使五伦敦厚。 7 **秩:**秩序,引申为规定。 8 **自:**用,遵循。 **五礼:**郑玄说:"五礼:天子也,诸侯也,卿大夫也,士也,庶民也。" **庸:**经常。 9 **寅:**恭敬。 **协:**和谐,协同一致。 **衷:**善。 10 **五服:**天子、诸侯、卿、大夫、士五等礼服。 **章:**显扬。五章,表彰这五等人。 11 **五刑:**指墨、劓、剕、宫、大辟五种刑罚。 **用:**施行。五用,施于这五类罪人。 12 **懋:**勤勉,努力。 13 **聪:**听,指听取意见。 **明:**视,指观察问题。 14 **明畏:**明,表彰。畏,惩治。《蔡传》说:"明者显其善,畏者威其恶。" 15 **达:**通。 **上下:**上天和下民。 16 **有土:**有土地的君王。 17 **惠:**语中助词。 **厎:**致。致,用。见《淮南子·修务训》注。 18 **绩:**成功。 19 **曰:**语中助词。 **赞赞:**连言赞赞,模仿重言的语气。 **襄:**辅助。

以上第三段,皋陶进一步论述安民之法。

益 稷

导读

本篇记录了舜和禹、皋陶的讨论,又记录了讨论之后奏乐和舞蹈的盛况,以及舜与皋陶吟诗唱和的欢情。益和稷都是舜的大臣,篇首禹提到了益和稷的功劳,因以《益稷》名篇。本篇与《皋陶谟》文势相接,原是一篇。晚出《孔传》分"帝曰来禹"以下为《益稷》,破坏了原文的完整性,读者宜合观之。

原文

帝曰:"来,禹!汝亦昌言[1]。"

禹拜曰:"都[2]!帝,予

译文

舜帝说:"来吧,禹!你也发表高见吧。"

禹拜谢说:"啊!君王,我说什么

何言？予思日孜孜[3]。”

皋陶曰：“吁！如何？”

禹曰：“洪水滔天，浩浩怀山襄陵[4]，下民昏垫[5]。予乘四载[6]，随山刊木[7]，暨益奏庶鲜食[8]。予决九川距四海[9]，浚畎浍距川[10]。暨稷播，奏庶艰食鲜食[11]。懋迁有无[12]，化居[13]。烝民乃粒[14]，万邦作乂[15]。”

皋陶曰：“俞！师汝昌言[16]。”

呢？我只想每天努力工作罢了。”

皋陶说：“啊！究竟怎么样呢？”

禹说：“大水弥漫接天，浩浩荡荡地包围了山顶，漫没了丘陵，老百姓沉没陷落在洪水里。我乘坐四种运载工具，沿着山路砍削树木作为路标，同伯益一起把新杀的鸟兽肉送给百姓们。我疏通了九州的河流，使它们流到四海，挖深疏通了田间的大水沟，使它们流进大河。同后稷一起播种粮食，把百谷、鸟兽肉送给老百姓。让他们调剂余缺，迁徙居积的货物。于是，百姓们就安定下来了，各个诸侯国开始得到了治理。”

皋陶说：“好啊！这是你的高见啊。”

注释　1 **昌言：**美言。 2 **都：**叹词，表赞美。 3 **孜孜：**勤敏，努力不懈。 4 **怀：**包围。 **襄：**上。 5 **昏垫：**沉没陷落。郑玄说：“昏，没也。垫，陷也。禹言洪水之时，民有没陷之害。” 6 **四载：**四种运载工具，车船之类。 7 **随：**顺着。 **刊：**砍斫，用刀斧砍伐树木作为路标。 8 **暨：**和、同。 **奏：**进。 **庶：**众。 **鲜：**新杀的鸟兽。 9 **决：**疏通。 **九川：**九州之川。 **距：**至，到。 10 **浚：**深深疏通。 **畎浍：**音 quǎn kuài，田间的水沟。 11 **艰食：**马融说：“根生之食，谓百谷。” 12 **懋：**通“贸”，伏生《大传》作“贸”。贸迁，即贸易。贸迁有无，是说调有余补不足。 13 **化居：**《史记·夏本纪》作“徙居”，迁移居积的货物。14 **粒：**王引之读为“立”，定的意思。《史记·夏本纪》作“定”。 15 **作：**开始。王引之说：“作之言乍，乍者始也。作与乃相对成文。” **乂：**治理。16 **师：**当作“斯”，代词。《史记·夏本纪》作“此”。江声说。

以上第一段，禹论述治民须致力民生。

原文

禹曰："都！帝。慎乃在位[1]。"

帝曰："俞！"

禹曰："安汝止[2]，惟幾惟康[3]。其弼直[4]，惟动丕应。徯志以昭受上帝[5]，天其申命用休[6]。"

帝曰："吁！臣哉邻哉[7]！邻哉臣哉！"

禹曰："俞！"

译文

禹说："啊！舜帝。你要诚实地对待你的在位的大臣。"

舜帝说："是啊！"

禹说："要安静你的心意，考虑天下的安危。用正直的人做辅佐，只要你行动，天下就会大力响应。依靠有德的人指导接受上帝的命令，上天就会再三用休美赐予你。"

舜帝说："唉！靠大臣啊四邻啊！靠四邻啊大臣啊！"

禹说："对呀！"

注释　1 **在位：**在位的大臣。 2 **安汝止：**《正义》说："止，谓心之所止。"安汝止，是说安你的心。 3 **惟：**思。 **幾：**危险。 **康：**安康。 4 **弼：**辅佐。 **直：**正直。 5 **徯：**音 xī，等待。 **志：**德，指有德的人。见《吕览·遇合》："凡举人之本，太上以志"注。 **昭：**通"诏"，指导。 6 **其：**将。 **申：**重复。 **休：**休美。 7 **邻：**四邻。最亲近的大臣。

原文

帝曰："臣作朕股肱耳目[1]。予欲左右有民[2]，汝翼[3]。予欲宣力四方[4]，汝为。予欲观古人之象[5]，日、月、星辰、山、龙、华虫[6]，作会[7]；宗彝[8]、藻[9]、火、粉米[10]、黼[11]、黻[12]、绨绣[13]，以五采彰施于五色[14]，作

译文

舜帝说："大臣做我的股肱耳目。我想帮助百姓，你辅佐我。我想用力治理好四方，你帮助我。我想显示古人衣服上的图像，用日、月、星辰、山、龙、雉六种图形绘在上衣上；用虎、水草、火、白米、黑白相间的斧形花纹、黑青相间像两个"弓"字相背的花纹绣在下裳上，用五种颜料明显地做成五种色彩，制成礼服，你要做好。我要听六种乐律、五种声音、八类乐器的演奏，从声音的哀乐考察治乱，取舍各

服[15]，汝明。予欲闻六律五声八音[16]，在治忽[17]，以出纳五言[18]，汝听。予违，汝弼。汝无面从[19]，退有后言[20]。钦四邻[21]！庶顽谗说[22]，若不在时[23]，侯以明之[24]，挞以记之[25]，书用识哉[26]，欲并生哉[27]！工以纳言[28]，时而飏之[29]，格则承之庸之[30]，否则威之[31]。”

方的意见，你要听清，我有过失，你就辅助我。你不要当面顺从，背后又去议论。要敬重左右辅弼的近臣！至于一些愚蠢而又喜欢谗毁、谄媚的人，如果不能明察做臣的道理，就要用射侯之礼明确地教训他们，用鞭打警戒他们，用刑书记录他们的罪过，要让他们共同上进！任用官吏要根据他所进纳的言论，好的就称颂宣扬，正确的就进献上去以便采用，否则就要惩罚他们。”

注释　1 **股肱**：指足和手。 2 **左右**：帮助。 **有**：助词。 3 **翼**：辅佐。 4 **宣**：用。 5 **观**：示，显示。 **象**：衣服上的图像。 6 **华虫**：郑玄说为“五色之虫”，《孔传》说为“雉”。 7 **会**：马郑本作“绘”。绘，画。 8 **宗彝**：宗庙彝器。它的上面刻有虎形，因此用它来指虎。 9 **藻**：水草。 10 **粉米**：白米。 11 **黼**：音 fǔ，黑白相间像斧形的花纹。 12 **黻**：音 fú，黑青相间像两个“弓”字相背的花纹。 13 **絺**：音 chī。郑玄说：“絺读为黹。黹，紩也。”紩，缝的意思。絺绣，缝以为绣。 14 **五采**：五种颜料。 **彰**：明显。 **于**：《经传释词》说：“于，犹‘为’也。” 15 **作服**：做成五个等级的礼服。 16 **六律**：古代有十二乐律，阴六为吕，阳六为律。 **五声**：宫、商、角、徵、羽。 **八音**：八种乐器。指金、石、丝、竹、匏、土、革、木。 17 **在**：察。 **治忽**：治乱。 18 **出纳**：进退。 **五言**：东西南北中五方的言论。 19 **无**：不要。 **面从**：当面听从。 20 **后言**：背后议论。 21 **四邻**：郑玄说：“左辅、右弼、前疑、后丞。”都是天子身边的亲近大臣。 22 **庶**：众。 **顽**：愚。 **谗**：喜说人之恶。 23 **在**：察。 **时**：是。代词，指股肱耳目。 24 **侯以明之**：侯，箭靶，这里指用箭射靶。明，勉。古代不贤的人不能参加射侯，所以射侯之礼可以勉励人。 25 **挞**：扑打。 **记**：孙诒让读为“諅”，《说文》：“諅，诫也。” 26 **识**：音 zhì，记。 27 **生**：上进。《说文》：“生，进也。” 28 **工**：官。 **纳**：采纳。 29 **时**：善。 **飏**：宣扬。 30 **格**：正。 **承**：进。 **庸**：用。 31 **威**：惩罚。

原文

禹曰："俞哉！帝。光天之下[1]，至于海隅苍生[2]，万邦黎献[3]，共惟帝臣，惟帝时举[4]。敷纳以言[5]，明庶以功[6]，车服以庸[7]。谁敢不让，敢不敬应[8]？帝不时敷[9]，同，日奏，罔功。

译文

禹说："好啊！舜帝，普天之下，至于海内的百姓，各国的众贤，都是您的臣子，您要善于举用他们。依据言论广泛地接纳他们，依据工作明确地考察他们，用车马衣服酬劳他们。这样，谁敢不让贤，谁敢不恭敬地接受您的命令？帝不善加分别，好的坏的混同不分，虽然天天进用人，也会劳而无功。

注释 1 **光**:广。2 **隅**:边隅。**苍生**:百姓。3 **黎**:众。**献**:贤。4 **时**:善。5 **敷**:遍。 6 **庶**:章太炎读为"度"，考察。 7 **庸**:劳，功劳。 8 **应**:应承。9 **时**:善。 **敷**:分别。

以上第二段，禹和舜讨论为君为臣之道。

原文

"无若丹朱傲[1]，惟慢游是好，傲虐是作[2]，罔昼夜頟頟[3]。罔水行舟[4]，朋淫于家[5]，用殄厥世[6]。予创若时[7]。娶于涂山[8]，辛壬癸甲[9]。启呱呱而泣[10]，予弗子[11]，惟荒度土功[12]。弼成五服[13]，至于五千。州十有二师[14]，外薄四海[15]，咸建五长[16]，各迪有功[17]。

译文

"没有像丹朱那样傲慢的，只喜欢懒惰逸乐，只作戏谑，不论白天晚上都不停止。洪水已经退了，他还要乘船游玩，又成群地在家里淫乱，因此不能继承尧的帝位。我为他的这些行为感到悲伤。我娶了涂山氏的女儿，结婚四天就治水去了。后来，启生下来呱呱地啼哭，我顾不上慈爱他，只忙于考虑治理水土的事。我重新划定了五种服役地带，一直到五千里远的地方。每一个州征集三万人，从九州到四海边境，每五个诸侯国设立一个长，各诸侯长领导治水工作。只有三苗顽抗，不肯接受工作任务，舜帝您要为这事忧虑啊！"

苗顽弗即工[18],帝其念哉!"

帝曰:"迪朕德[19],时乃功[20],惟叙[21]。皋陶方祗厥叙,方施象刑,惟明。[22]"

舜帝说:"宣扬我们的德教,依时布置工役,三苗应该会顺从。皋陶正敬重那些顺从的,对违抗的,正示以刑杀的图像警戒他们,三苗的事应当会办好。"

注释 1 **若:**如。**丹朱:**尧的儿子。2 **虐:**通"谑",戏谑。3 **罔:**无论。**頟頟:**音 è。《孔传》:"頟頟,肆恶无休息。" 4 **罔水行舟:**洪水已平,犹乘舟遨游。 5 **朋:**群。 6 **用:**因此。 **殄:**灭绝。 **世:**父子相继。 7 **创:**伤。 **时:**是,代词。 8 **涂山:**国名。 9 **辛壬癸甲:**从辛日到甲日,共四天。 10 **启:**禹的儿子。《帝系》说:"禹娶涂山氏之子,谓之女娲,是生启。" 11 **子:**爱。见《礼记·中庸》郑注。 12 **荒:**通"忙"。孙星衍说。 **度:**谋虑。 **土功:**治理水土的事。 13 **弼:**《尔雅·释诂》:"重也。" **成:**定。见《吴语》韦昭注。 **五服:**指甸服、侯服、绥服、要服、荒服。 14 **师:**二千五百人。十二师是三万人。15 **薄:**靠近。 16 **咸:**都。**五长:**五国之长。《礼记·王制》:"五国以为属,属有长。" 17 **迪:**领导。 **功:**工作。 18 **苗:**三苗,我国古代的部族。 **顽:**顽凶。 **即工:**接受工作。 19 **迪:**开导、教导。 20 **时:**依时。 21 **惟:**宜。见《吕览》注。 **叙:**顺从。 22 **象刑:**在器物上刻画刑罚的图像,以示警戒。 **惟:**宜。 **明:**《释诂》:"明,成也。"

以上第三段,禹和舜讨论对待苗民之方。

原文

夔曰[1]:"戛击鸣球[2]、搏拊[3]、琴、瑟,以咏[4]!"祖考来格[5],虞宾在位[6],群后德让[7]。下管鼗鼓[8],合止柷敔?[9],笙镛以间[10]。鸟兽跄跄[11],

译文

夔说:"敲起玉磬,打起搏拊,弹起琴瑟,唱起歌来吧!"先祖、先父的灵魂降临了,我们舜帝的宾客就位了,各个诸侯国君登上了庙堂互相揖让。庙堂下吹起管乐,打着小鼓,合乐敲着柷,止乐敲着敔,笙和大钟交替演奏。扮演飞禽走兽的舞队踏着节奏跳舞,《箫韶》之乐演奏了九次以后,扮演凤凰的舞队出来表演了。

《箫韶》九成[12],凤皇来仪[13]。

夔曰:"於[14]! 予击石拊石[15],百兽率舞,庶尹允谐[16]!"

夔说:"唉! 我轻敲重击着石磬,扮演百兽的舞队都跳起舞来,各位官长也和着乐曲一同跳起来吧!"

注释 1 **夔**:音 kuí。人名,舜的乐官。2 **戛**:音 jiá,敲击。**鸣球**:玉磬。3 **搏拊**:一种打击乐器。4 **咏**:演唱诗歌。5 **祖考**:祖考之神。**格**:至,降临。6 **虞宾**:虞舜的宾客,指前代帝王的后裔来做舜的宾客。7 **群后**:众诸侯之君。**德**:《说文》:"升也。"升堂。**让**:揖让。宾主相见时的一种礼仪。8 **下**:堂下。郑玄说:"已上皆宗庙堂上之乐所感也。'下管'以下言舜庙堂下之乐,故言下也。" **管**:管乐。**鼗**:音 táo。一种小鼓。9 **合止**:合乐和止乐。**柷**:音 zhù。一种打击乐器,乐曲开始时,先击它。**敔**:音 yǔ。一种打击乐器,乐曲结束时击它。10 **笙**:一种管乐器。**镛**:大钟。11 **跄跄**:跳动。指扮演飞禽走兽的舞队跄跄而舞。12《**箫韶**》:舜时的乐曲名。**九成**:郑玄说:"成,犹终也。每曲一终,必变更奏。若乐九变,人鬼可得而礼。"意思是演奏乐曲,每曲一终,要变更九次才结束。13 **凤皇来仪**:扮演凤皇的舞队出来跳舞。曾运乾说:"来仪者,言婆娑而舞也。"14 **於**:音 wū,叹词。15 **石**:石磬。**拊**:轻轻地击。16 **庶**:众。**尹**:正,官长。**允**:进,见《尚书易解》。**谐**:通"偕",偕同。

以上第四段,记朝会时音乐舞蹈之盛况。

原文

帝庸作歌[1]。曰:"敕天之命[2],惟时惟幾[3]。"乃歌曰:"股肱喜哉! 元首起哉[4]! 百工熙哉[5]!"

皋陶拜手稽首飏言曰[6]:"念哉! 率作兴事[7],慎乃宪[8],钦哉! 屡省乃成[9],钦

译文

舜帝因此作歌。说:"勤劳天命,这样子就差不多了。"于是唱道:"大臣欢悦啊,君王奋发啊,百事发达啊!"

皋陶跪拜叩头继续说:"要念念不忘啊! 统率起兴办的事业,慎守你的法度,要认真啊! 经常考察你的成就,要认真啊!"于是继续作歌说:"君王英明

哉！”乃赓载歌曰[10]：“元首明哉！股肱良哉！庶事康哉[11]！”又歌曰：“元首丛脞哉[12]！股肱惰哉！万事堕哉[13]！”

帝拜曰：“俞，往钦哉！”

啊！大臣贤良啊！诸事安康啊！”又继续作歌说：“君王琐碎啊！大臣懈怠啊！诸事荒废啊！”

舜帝拜谢说：“对啊！我们去认真干吧！”

注释　1 **庸**：因，因此。指这次盛会。 2 **敕**：劳，勤劳。 3 **时**：是，代词。指下文“股肱”三句。 **幾**：将近，接近。见《尚书易解》。 4 **起**：兴起，奋发。 5 **工**：功，事。 **熙**：兴盛。 6 **拜手**：古代的一种跪拜礼。双膝下跪，两手拱合齐心，俯首到手。 **稽首**：古代的最敬跪拜礼。双膝下跪，叩头到地。 **飏**：《史记·夏本纪》作“扬”，继续。 7 **率**：统率。 8 **乃**：你的。 **宪**：法度。 9 **省**：音 xǐng，省察。 12 **赓**：继续。 11 **康**：安。 12 **丛脞**：细碎，烦琐。脞，音 cuǒ。 13 **堕**：坏。

以上第五段，记君臣作歌唱和的欢欣。

夏书

禹　贡

导读

禹，又称大禹，是舜的大臣，夏朝的开国君主。贡，功也。见《周礼·大宰》注和《广雅·释言》。《说文》说："贡，献功也。"禹贡，就是禹的功绩。《史记·五帝本纪》说："唯禹之功为大，披九山，通九泽，决九河，定九州，各以其职来贡，不失厥宜。"《史记·匈奴列传》说："尧虽贤，兴事业不成，得禹而九州宁。"可见尧舜的时候，禹的功劳最大。洪水平定以后，万民安居乐业，深深怀念尧舜的德泽和大禹的功绩，史官写了这篇文章，表扬大禹的功勋，名叫《禹贡》。

本篇是我国最早最有价值的地理著作，历来受到重视。后来的《汉书·地理志》和《水经注》等，都受了它的影响。研究它的著作很多，胡渭的《禹贡锥指》最完善，最闳博。

原文

禹敷土[1]，随山刊木，奠高山大川。[2]

冀州[3]：既载壶口[4]，治梁及岐[5]。既修太原[6]，至于岳阳[7]。覃怀厎绩[8]，至于衡漳[9]。厥土惟白壤[10]，厥赋惟上上[11]，错[12]，厥田惟中中。恒、

译文

禹划分土地的疆界，顺着山势行走时砍削树木作为路标，以高山大河奠定界域。

冀州：从壶口开始施工以后，就治理梁山和它的支脉。太原治理好了以后，又治理到太岳山的南面。覃怀一带的治理取得了成效，又到了横流入河的漳水。那里的土是白壤，那里的赋税是第一等，也夹杂着第二等，那里的田地是第五等。恒水、卫水已经

原文	译文
卫既从[13]，大陆既作[14]。岛夷皮服[15]，夹右碣石入于河[16]。	顺着河道而流，大陆泽也已治理了。岛夷用皮服来进贡，先接近右边的碣石山，再进入黄河。

注释 1 **敷土**：划分九州的土地。敷，分，马融说。 2 **随**：行走。 **刊**：砍伐。 **奠**：定。以山川定界域。 3 **冀州**：《尔雅·释地》说："两河间曰冀州。"在今山西与河北西部。尧时的政治中心。 4 **载**：事，施工。 **壶口**：山名，在今山西省吉县南。 5 **梁**：山名，在今陕西韩城市西。 **岐**：通"歧"，山的支脉。日本人所写《史记》残卷作"歧"。 6 **太原**：今山西太原一带，汾水上游。 7 **岳阳**：《水经·汾水注》："《禹贡》所谓岳阳也，即霍太山。"霍太山即太岳山，在今山西霍州东，汾水所经之地。阳，山的南面。 8 **覃怀**：地名，在今河南武陟、沁阳一带。**厎**：致，获得。**绩**：功绩。9 **衡**：通"横"。《孔传》说："漳水横流入河。"所以说横漳。漳水在覃怀之北。 10 **厥**：其，指冀州。 **惟**：为。 **壤**：柔土。 11 **赋**：赋税。 **上上**：《禹贡》将赋税和土质分为九等，上上是第一等。 12 **错**：杂。杂出第二。 13 **恒**：滱水。 **卫**：滹沱河。 **从**：顺着河道。 14 **大陆**：泽名，在今河北巨鹿县西北。 **作**：治理。 15 **岛夷**：住在海上的东方民族。 16 **夹**：近，接近。 **碣石**：山名，在今河北昌黎西北。

以上第一段第一节，记叙大禹治理冀州的功绩。

原文	译文
济、河惟兖州[1]：九河既道[2]，雷夏既泽[3]，灉、沮会同[4]。桑土既蚕[5]，是降丘宅土[6]。厥土黑坟[7]，厥草惟繇[8]，厥木惟条[9]。厥田惟中下，厥赋贞[10]，作十有三载乃同[11]。厥贡漆	济水与黄河之间是兖州：黄河下游的九条支流疏通了，雷夏也已经成了湖泽，灉水和沮水会合流进了雷夏泽。栽种桑树的地方都已经养蚕，于是人们从山丘上搬下来住在平地上。那里的土质又黑又肥，那里的草是茂盛的，那里的树是修长的。那里的田地是第六等，赋税是第九等，耕作了十三年才与其它八个州相同。那里的贡物是漆和丝，还

丝[12]，厥篚织文[13]。浮于济、漯[14]，达于河。

有那竹筐装着的彩绸。进贡的船只行于济水、漯水到达黄河。

注释 1 **济**：水名。源出河南济源，汉代在今河南武陟流入黄河，又向南溢出，流向山东，与黄河平行入海。 **兖州**：今河北、山东境。 2 **九河**：黄河流到兖州，分为九条河。 **郑玄说**："九河之名：徒骇、太史、马颊、覆釜、胡苏、简、洁、钩盘、鬲津。" **道**：通"导"，疏导。 3 **雷夏**：泽名，在今山东菏泽东北。 4 **灉**：黄河的支流，已湮灭。 **沮**：灉河的支流，也湮灭了。 **会同**：会合流入雷夏泽。5 **桑土**：郑玄说："其地尤宜蚕桑，因以名之。" **蚕**：养蚕。6 **是降丘宅土**：是，于是。降，下。宅，居。 7 **坟**：马融说："有膏肥也。" 8 **繇**：音 yáo，茂盛。 9 **条**：长。 10 **贞**：《孔疏》说："贞即下下，为第九也。" 11 **乃同**：才与其它八州相同。 12 **漆丝**：《孔传》："地宜漆林，又宜桑蚕。" 13 **厥篚织文**：篚，竹器。《孔传》说："织文，锦绮之属，盛之筐篚而贡焉。" 14 **漯**：音 tà，水名，黄河的支流。

以上第一段第二节，记叙大禹治理兖州的功绩。

原文

海、岱惟青州[1]：嵎夷既略[2]，潍、淄其道[3]。厥土白坟，海滨广斥[4]。厥田惟上下，厥赋中上。厥贡盐、𫄨[5]，海物惟错[6]。岱畎丝、枲、铅、松、怪石[7]。莱夷作牧[8]。厥篚檿丝[9]。浮于汶[10]，达于济。

译文

渤海和泰山之间是青州：嵎夷治理好以后，潍水和淄水也已经疏通了。那里的土又白又肥，海边有一片广大的盐碱地。那里的田是第三等，赋税是第四等。那里进贡的物品是盐和细葛布，海产品多种多样。还有泰山谷的丝、大麻、锡、松和奇特的石头。莱夷一带可以放牧。进贡的物品是那筐装的柞蚕丝。进贡的船只行于汶水到达济水。

注释 1 **海**：今渤海。 **岱**：泰山。 **青州**：今山东半岛。 2 **嵎夷**：地名。 **略**：治。 3 **潍、淄**：二水名，在今山东。 **道**：通"导"，疏通。 4 **斥**：郑玄说:“斥谓地碱卤。”《说文》:“卤,西方碱地也。……东方谓之斥,西方谓之卤。” 5 **绨:**细葛布。 6 **错:**《孔传》说:“杂,非一种。” 7 **畎:**山谷。 **枲:**音 xǐ,不结子的大麻。 **铅:**锡。 8 **莱夷作牧:**《孔传》:“莱夷,地名,可以放牧。”胡渭说:“今莱州、登州二府皆《禹贡》莱夷之地。” 9 **檿:**音 yǎn,山桑,柞树。 10 **汶:**水名。在今山东。

以上第一段第三节,记叙大禹治理青州的功绩。

原文

海、岱及淮惟徐州[1]:淮、沂其乂[2],蒙、羽其艺[3],大野既猪[4],东原厎平[5]。厥土赤埴坟[6],草木渐包[7]。厥田惟上中,厥赋中中。厥贡惟土五色[8],羽畎夏翟[9],峄阳孤桐[10],泗滨浮磬[11],淮夷蠙珠暨鱼[12]。厥篚玄纤缟[13]。浮于淮、泗,达于河[14]。

译文

黄海、泰山及淮河之间是徐州:淮河、沂水治理好以后,蒙山、羽山一带已经可以种植了,大野泽已经停聚着深水,东原地方也获得治理。那里的土是红色的,又粘又肥,草木不断滋长而丛生。那里的田是第二等,赋税是第五等。那里的贡品是五色土,羽山山谷的大山鸡,峄山南面的特产桐木,泗水边上的可以做磬的石头,淮夷之地的蚌珠和鱼。还有那筐子装着的黑色的绸和白色的绢。进贡的船只行于淮河、泗水,到达与济水相通的荷泽。

注释 1 **海:**指黄海。 **淮:**淮河。 **徐州:**今江苏、安徽北部,山东南部。 2 **沂:**沂水,在山东。 **乂:**治。 3 **蒙:**山名,在山东蒙阴县西南。 **羽:**羽山,在今江苏连云港市赣榆区西南。 **艺:**种植。 4 **大野:**巨野泽,在山东巨野县。 **猪:**通“潴”,水停聚的地方。 5 **东原:**今山东东平县地,在汶水济水之间。 **厎:**致,得到。 **平:**治理。 6 **埴:**《孔传》说:“土粘曰埴。” 7 **渐包:**滋长而丛生。又写作“渐苞”。 8 **土五色:**五色土,《孔传》说:“王者封五色土为社,建诸侯则各割其方色土与之。” 9 **畎:**山谷。 **夏:**大。 **翟:**音 dí,山雉,羽毛可作装饰品。 10 **峄:**峄山,在江苏邳州境。 **阳:**山的南面。**孤桐：**特生的桐木。11 **泗：**水名，源出今山东泗水县，下流入淮河。**浮磬：**一种可以做磬的石头。12 **蠙珠：**蠙蚌所产之珠。蠙，音 bīn，又读 pín。13 **玄：**黑色。**纤：**细缯，绸。**缟：**白缯，绢。14 **达于河：**金履祥说："达于河，古文《尚书》作'达于菏'。《说文》引《书》亦作'菏'。今俗本误作'河'耳。菏泽水与济水相通。"

以上第一段第四节，记叙大禹治理徐州的功绩。

原文

淮、海惟扬州：彭蠡既猪[1]，阳鸟攸居[2]。三江既入[3]，震泽底定[4]。筱簜既敷[5]，厥草惟夭[6]，厥木惟乔[7]。厥土惟涂泥[8]。厥田惟下下，厥赋下上，上错[9]。厥贡惟金三品[10]，瑶、琨、筱、簜、齿、革、羽、毛惟木[11]。岛夷卉服[12]。厥篚织贝[13]，厥包橘柚[14]，锡贡[15]。沿于江、海，达于淮、泗。

译文

淮河与黄海之间是扬州：彭蠡泽已经汇集了深水，南方各岛可以安居。三条江水已经流入大海，震泽也获得了安定。小竹和大竹已经遍布各地，那里的草很茂盛，那里的树很高大。那里的土是潮湿的泥。那里的田是第九等，那里的赋是第七等，杂出第六等。那里的贡品是金、银、铜、美玉、美石、小竹、大竹、象牙、犀皮、鸟的羽毛、旄牛尾和木材。东南沿海各岛的人穿着草编的衣服。这一带把那筐装的贝锦，那包裹的橘柚作为贡品。进贡的船只沿着长江、黄海到达淮河、泗水。

注释 1 **彭蠡：**今鄱阳湖。**猪：**潴，水停聚。2 **阳鸟：**曾运乾说："'鸟'当读为'岛'，《说文》所谓'海中往往有山，可依止，曰岛'是也。本经皆假鸟为之。'岛夷皮服''岛夷卉服'，古今文本皆作'鸟'。……阳岛，即扬州附海岸各岛。大者则台湾、海南是也。云阳岛者，南方阳位也。"3 **三江：**岷江、汉水与彭蠡。郑玄说："三江，左合汉为北江，会彭蠡为南江，岷江居其中则为中江。"**入：**入海。4 **震泽：**江苏太湖。**底定：**获得安定。5 **筱：**音 xiǎo，小竹。**簜：**音 dàng，大竹。6 **夭：**茂盛。7 **乔：**高大。8 **涂泥：**

潮湿的泥土。 9 **上错**:依阮元校增“上”字。 10 **金三品**:王肃说:“金、银、铜也。” 11 **瑶**:美玉。 **琨**:美石。 **齿**:象牙。 **革**:犀皮。 **羽**:鸟羽。 **毛**:旄牛尾。 **惟**:与,和。《经传释词》:“惟,犹‘与’也,及也。” 12 **岛夷**:沿海各岛的人。 **卉服**:草服,蓑衣草笠之属。 13 **织贝**:贝锦。 14 **包**:包裹。 15 **锡贡**:黄式三曰:“锡亦贡也。”

以上第一段第五节,记叙大禹治理扬州的功绩。

原文

荆及衡阳惟荆州[1]:江、汉朝宗于海[2],九江孔殷[3]。沱、潜既道[4],云土、梦作乂[5]。厥土惟涂泥[6],厥田惟下中,厥赋上下。厥贡羽、毛、齿、革惟金三品,杶、榦、栝、柏,[7]砺、砥、砮、丹惟箘簵、楛[8]。三邦底贡厥名[9],包匦菁茅[10],厥篚玄纁玑组[11],九江纳锡大龟[12]。浮于江、沱、潜、汉,逾于洛[13],至于南河[14]。

译文

荆山与衡山的南面是荆州:长江、汉水像诸侯朝见天子一样奔向海洋,洞庭湖的水系大定了。沱水、潜水疏通以后,云梦泽一带可以耕作了。那里的土是潮湿的泥,那里的田是第八等,那里的赋是第三等。那里的贡物是羽毛、旄牛尾、象牙、犀皮和金、银、铜,椿树、柘树、桧树、柏树,粗磨石、细磨石、造箭镞的石头、丹砂和美竹、楛木。三个诸侯国进贡他们的名产,包裹好了的杨梅、菁茅,装在筐子里的彩色丝绸和一串串的珍珠。九江进贡大龟。这些贡品经长江、沱水、潜水、汉水,到达汉水上游,改走陆路到洛水,再到南河。

注释 1 **荆**:山名,在今湖北南漳县。 **衡**:山名,在今湖南衡山县。 2 **朝宗**:诸侯朝见天子,春天朝见叫朝,夏天朝见叫宗。这里比喻长江汉水归向大海。 3 **九江**:《蔡传》说:“九江,即今之洞庭也。” **孔**:大。 **殷**:定。 4 **沱、潜**:沱水,长江的支流,在今湖北枝江市。潜水,汉水的支流,在今湖北潜江市。 **道**:通。 5 **云土、梦**:即云梦,二泽名。杜预注《左传》说:“江南为云,江北为梦。” **作**:指耕作。 **乂**:治理。 6 **惟**:与。 7 **毛**:通“旄”,旄牛尾。**杶**:

音 chūn,椿树。 **榦:**柘木,可做弓。 **栝:**音 guā,桧树。 8 **砺:**粗磨刀石。 **砥:**细磨刀石。 **砮:**石制的箭镞。 **丹:**丹砂。 **箘簵:**《孔传》说:“美竹。” **楛:**木名,可作箭杆。 9 三**邦:**《孔传》说:“近泽三国。” **名:**名产。 10 **包:**包裹。 **匦:**音 guǐ,杨梅。匦,《说文》:“匦,古文簋,或从轨。杭,亦古文簋。”《异物志》云:“杨梅,一名杭。” **菁茅:**《管子·轻重篇》:“江淮之间有一茅而三脊,母至其本,名之曰菁茅。 11 **玄纁:**指彩色丝绸。玄,赤黑色。纁,音 xūn,黄赤色。 **玑组:**珍珠串。玑,不圆的珠。组,丝带。 12 **纳:**入。 **锡:**赐,贡献。 13 **逾:**越。舍舟陆行叫逾。 14 **南河:**颜师古说:“在冀州南。” 指今巩义一带的河。

以上第一段第六节,记叙大禹治理荆州的功绩。

原文

荆、河惟豫州[1]:伊、洛、瀍、涧既入于河[2],荥波既猪[3]。导菏泽[4],被孟猪[5]。厥土惟壤,下土坟垆[6]。厥田惟中上,厥赋错上中。厥贡漆、枲、絺、纻[7],厥篚纤、纩[8],锡贡磬错[9]。浮于洛,达于河。

译文

荆山、黄河之间是豫州:伊水、瀍水和涧水都已流入洛水,又流入黄河,荥波泽已经停聚了大量的积水。疏通了菏泽,并在孟猪泽筑起了堤防。那里的土是柔软的壤土,低地的土是肥沃的黑色硬土。那里的田是第四等,那里的赋税是第二等,杂出第一等。那里的贡物是漆、麻、细葛、苎麻,那篚装的绸和细绵,又进贡治玉磬的石头。进贡的船只行于洛水到达黄河。

注释 1 **荆:**荆山,在今湖北南漳县西北。 2 **伊:**水名,源出今河南卢氏县。 **洛:**水名,源出今陕西洛南县。 **瀍:**音 chán,水名,源出今河南孟津县。 **涧:**水名,源出今河南渑池县。 3 **荥波:**即荥播,泽名,在今河南荥阳市境。 **猪:**通“潴”,聚水。 4 **导:**通“道”,疏通。 **菏泽:**在今山东菏泽市。 5 **被:**通“陂”,修筑堤防。按《墨子·兼爱中》叙禹治水说“防孟诸之泽”,可证。 **孟猪:**泽名,在今河南商丘市东北。 6 **垆:**黑刚土。 7 **纻:**苎麻。 8 **纩:**细绵。 9 **磬错:**治玉磬的石头。

以上第一段第七节,记叙大禹治理豫州的功绩。

原文

华阳、黑水惟梁州[1]：岷、嶓既艺[2]，沱、潜既道。蔡、蒙旅平[3]，和夷厎绩[4]。厥土青黎[5]，厥田惟下上，厥赋下中、三错[6]。厥贡璆、铁、银、镂、砮、磬、熊、罴、狐、狸[7]。织皮、西倾因桓是来[8]。浮于潜，逾于沔[9]，入于渭，乱于河[10]。

译文

华山南部到怒江之间是梁州：岷山、嶓冢山治理以后，沱水、潜水也已经疏通了。峨嵋山、蒙山治理后，和夷一带也取得了治理的功效。那里的土是疏松的黑土，那里的田是第七等，那里的赋税是第八等，还杂出第七等和第九等。那里的贡物是美玉、铁、银、刚铁、作箭镞的石头、磬、熊、马熊、狐狸、野猫。织皮和西倾山的贡物沿着桓水而来。进贡的船只行于潜水，然后离船上岸陆行，再进入沔水，进到渭水，最后横渡渭水到达黄河。

注释　1 **华：**华山。 **黑水：**众说不一。陈澧认为是怒江，今从陈说。 2 **岷：**岷山，在四川北部。 **嶓：**嶓冢山，在陕西宁强县西北。 **艺：**治。 3 **蔡：**峨嵋山，见《禹贡锥指》。 **蒙：**山名，在今四川雅安北。 **旅：**治。 4 **和：**水名，胡渭认为是涐水，即今大渡河。 5 **青：**黑。 **黎：**疏散。 6 **三错：**《孔传》说："杂出第七第九三等。" 7 **璆：**音 qiú，通"球"，美玉。 **镂：**刚铁。 8 **织皮：**西戎之国。**西倾：**山名，在甘肃青海交界处。**桓：**桓水，即白水，今名白龙江。 9 **沔：**汉水的上游。 10 **乱：**横渡。

以上第一段第八节，记叙大禹治理梁州的功绩。

原文

黑水、西河惟雍州[1]：弱水既西[2]，泾属渭汭[3]，漆沮既从[4]，沣水攸同[5]。荆、岐既旅[6]，终南、惇物，至于鸟鼠[7]。原隰厎

译文

黑水到西河之间是雍州：弱水疏通已向西流，泾河流入渭河之湾，漆沮水已经会合洛水流入黄河，沣水也向北流同渭河会合。荆山、岐山治理以后，终南山、惇物山一直到鸟鼠山都得到了治理。原隰的治理取得了成绩，至于猪野泽也得到了治理。三危山已经可以居住，

绩[8],至于猪野[9]。三危既宅[10],三苗丕叙[11]。厥土惟黄壤,厥田惟上上,厥赋中下。厥贡惟球、琳、琅玕[12]。浮于积石[13],至于龙门、西河[14],会于渭汭。织皮昆仑、析支、渠搜[15],西戎即叙[16]。

三苗就安定了。那里的土是黄色的,那里的田是第一等,那里的赋税是第六等。那里的贡物是美玉、美石和珠宝。进贡的船只从积石山附近的黄河,行到龙门、西河,与从渭河逆流而上的船只会合在渭河以北。织皮的人民定居在昆仑、析支、渠搜三座山下,西戎各族就安定顺从了。

注释　1 **西河:**冀州西边的黄河。 2 **弱水:**又叫张掖河。西流入居延海。 3 **泾、渭:**都是陕西的大河。泾水流入渭水处叫渭汭。 **属:**注入。 4 **漆沮:**即洛水,漆沮流入洛水,所以洛水又叫漆沮。 5 **沣水:**流入渭河。沣,音 fēng。 **同:**会合。 6 **荆:**荆山,在今陕西富平县西南,与湖北的荆山不同。 **岐:**岐山,在今陕西岐山县东北。 **旅:**治理。 7 **终南:**今称秦岭。 **惇物:**太白山。 **鸟鼠:**山名,在今甘肃渭源县西南。 8 **原隰:**指邠地,今之彬州和旬邑县。 9 **猪野:**泽名,在今甘肃民勤县。 10 **三危:**山名。郑玄说:“三危之山,在鸟鼠之西,南当岷山。” 11 **三苗:**《史记·五帝本纪》说:“迁三苗于三危。” **叙:**顺。 12 **球:**美玉。 **琳:**美石。 **琅玕:**似珠之玉。 13 **积石:**山名,在今青海西宁西南。 14 **龙门:**山名,在今陕西韩城市东北。 15 **析支:**山名,在今青海西宁西南。 **渠搜:**山名。 16 **西戎:**古代我国西北部民族的总称。 **即:**就。

以上第一段第九节,记叙大禹治理雍州的功绩。

原文

导岍及岐,至于荆山,[1]逾于河。壶口、雷首至于太岳[2]。厎柱、析城至于王屋[3]。太行、恒山至于碣石[4],入于海。

译文

开通了岍山和岐山的道路,到达荆山,越过黄河。又开通壶口山、雷首山,到达太岳山。又开通厎柱山、析城山,到达王屋山。又开通太行山、恒山,到达碣石山,从这里进入渤海。

西倾、朱圉、鸟鼠至于太华[5]。熊耳、外方、桐柏至于陪尾[6]。

导嶓冢至于荆山[7]。内方至于大别[8]。岷山之阳至于衡山[9]，过九江至于敷浅原[10]。

开通西倾山、朱圉山、鸟鼠山，到达太华山。又开通熊耳山、外方山、桐柏山，到达陪尾山。

开通嶓冢山到达荆山。开通内方山到达大别山。开通岷山的南面到达衡山，过洞庭湖到达庐山。

注释 1 **导**：通道，开通道路。 **岍**：山名，在今陕西陇县。 **岐**：岐山，在今陕西岐山县。 **荆**：荆山，在今陕西富平。 2 **壶口**：山名，在今山西吉县。**雷首**：山名，在今山西永济市。 **太岳**：霍太山。 3 **厎柱**：即三门山，在今山西平陆县。 **析城**：山名，在今山西阳城县。 **王屋**：山名，在今山西垣曲县。4 **太行**：山名，在今山西、河南、河北三省交界处。 **恒山**：在今河北曲阳县，古称北岳。 **碣石**：山名，在今河北昌黎、抚宁二县交界处。 5 **朱圉**：山名，在今甘肃甘谷县。 **太华**：即华山，古称西岳。 6 **熊耳**：山名，在今河南桐柏县。 **外方**：即嵩山，古称中岳。 **桐柏**：山名，在今河南桐柏县。 **陪尾**：山名，在今湖北安陆县。 7 **嶓冢**：山名，在今陕西宁强县西北。 **荆山**：在今湖北南漳县西南。8 **内方**：山名，在今湖北钟祥市西南。**大别**：即大别山。9 **岷山**：在今四川松潘县北。 **衡山**：在今湖南衡山县，古称南岳。 10 **九江**：洞庭湖。 **敷浅原**：庐山，曾运乾说。

以上第二段第一节，记叙大禹治山的功绩。

原文

导弱水至于合黎[1]，余波入于流沙[2]。

导黑水至于三危，入于南海。

导河，积石，至于龙门；南至于华阴[3]；东至于厎柱；

译文

疏通弱水到合黎山，下游流到沙漠。

疏通黑水到三危山，流入南海。

疏导黄河，从积石山开始，到达龙门山；再向南到达华山的北面；再向东到达厎柱山；又向东到达孟津；又向东经过洛水与黄河会合的地方，到达大伾山；然后又东至于孟津[4]；东过洛汭，至于大伾[5]；北过降水[6]，至于大陆；又北，播为九河[7]，同为逆河[8]，入于海。

嶓冢导漾[9]，东流为汉；又东，为沧浪之水[10]；过三澨[11]，至于大别，南入于江。东，汇泽为彭蠡；东，为北江[12]，入于海。

向北经过降水，到达大陆泽；又向北，分成九条支流，再会合成一条逆河，流进大海。

从嶓冢山开始疏导漾水，向东流成为汉水；又向东流，成为沧浪水；经过三澨水，到达大别山，向南流进长江。向东，汇成的湖泽叫彭蠡泽；向东，称为北江，流进大海。

注释 1 **导：**疏导。 **合黎：**山名，在今甘肃山丹、张掖、高台、酒泉之北。 2 **余波：**指下游。 **流沙：**郑玄引《地理志》说："流沙在居延西北，名居延泽。"流沙指居延泽一带的沙漠。 3 **华阴：**华山的北面。 4 **孟津：**今河南孟津县。 5 **大伾：**山名，在今河南浚县西南。 6 **降水：**指漳、泽合流的漳水，在今河北曲周、肥乡间进入黄河。 7 **播：**分布。 **九河：**指兖州之九河。 8 **同为逆河：**同，合。下游又合而名为逆河。 9 **漾：**汉水上游。 10 **沧浪：**即汉水。 11 **三澨：**澨，音 shì。郑玄说："水名，在江夏竟陵界。"竟陵，今之钟祥。 12 **北江：**即汉水。

原文

岷山导江，东别为沱[1]；又东至于澧；过九江，至于东陵[2]；东迆北[3]，会于汇[4]；东为中江[5]，入于海。

导沇水[6]，东流为济，入于河，溢为荥[7]；东出于陶丘北[8]，又东至于菏；又东北，会于汶；又北东，入于海。

译文

从岷山开始疏导长江，向东另外分出一条支流称为沱江；又向东到达澧水；经过洞庭湖，到达东陵；再向东斜行向北，与淮河会合；向东称为中江，流进大海。

疏导沇水，向东流就称为济水，流入黄河，河水溢出成为荥泽；又从定陶的北面向东流，再向东到达菏泽县；又向东北，与汶水会合；再向北，转向东，流进大海。

从桐柏山开始疏导淮河，向东与泗

导淮自桐柏，东会于泗、沂[9]，东入于海。

水、沂水会合，向东流进大海。

导渭自鸟鼠同穴[10]，东会于沣，又东会于泾；又东过漆沮，入于河。

从鸟鼠同穴山开始疏导渭水，向东与沣水会合，又向东与泾水会合；又向东经过漆沮水，流入黄河。

导洛自熊耳，东北，会于涧、瀍；又东，会于伊；又东北，入于河。

从熊耳山开始疏导洛水，向东北，与涧水、瀍水会合；又向东，与伊水会合；又向东北，流入黄河。

注释 1 **沱：**长江的支流。 2 **东陵：**旧注认为是汉代卢江郡金兰县西北的东陵乡。 3 **迤：**音 yǐ，水斜流着。 4 **汇：**曾运乾说："'汇'为'淮'之假借字，两大水相合曰会。江、淮势均力敌，故云会。古江、淮本通。" 5 **中江：**指岷江。 6 **沇：**音 yǎn，水名。济水的上游。 7 **溢：**水动荡奔突而出。**荥：**荥泽，汉代已成平地。 8 **陶丘：**在今山东菏泽市定陶区。 9 **东会于泗、沂：**沂水流入泗水，泗水流入淮河。淮河在今江苏阜宁县东入海。 10 **鸟鼠同穴：**山名，即鸟鼠山。

以上第二段第二节，记叙大禹治水的功绩。

原文

九州攸同：四隩既宅[1]，九山刊旅[2]，九川涤源[3]，九泽既陂[4]，四海会同[5]。六府孔修[6]，庶土交正[7]，厎慎财赋[8]，咸则三壤成赋[9]。中邦锡土、姓[10]，祗台德先[11]，不距朕行[12]。

译文

九州由此统一了：四方的土地都已经可以居住了，九条山脉都伐木修路可以通行了，九条河流都疏通了水源，九个湖泽都修筑了堤防，四海之内进贡的道路都畅通无阻了。水火金木土谷六府都治理得很好，各处的土地都要征收赋税，并且规定慎重征取财物赋税，都要根据土地的上中下三等来确定它。中央之国赏赐土地和姓氏给诸侯，敬重以德行为先，又不违抗我的措施的贤人。

注释 1 **隩:**音 ào。可以定居的地方。 **宅:**居住。 2 **九山:**上文所举的九条山脉。 **刊:**削除。 **旅:**道。 3 **九川:**上文所举的九条河流。 **涤源:**疏通水源。 4 **九泽:**上文所举的九个湖泽。 **陂:**修筑堤防。 5 **四海:**《尔雅·释地》:“九夷八狄七戎六蛮,谓之四海。” **会同:**会同京师,指进贡的道路畅通了。 6 **六府:**水火金木土谷。 **孔:**很。 **修:**治理。 7 **交:**《孔传》:“俱也。” **正:**征。8 **底:**定,规定。9 **则:**准则。三**壤:**上中下三等土壤。**成:**定。 10 **中邦:**中央之国,指天子之邦。 **锡:**赐。 11 **祗:**敬。 **台:**音 yí,以。于省吾说。 12 **不距朕行:**郑玄说:“不距违我天子政教所行。”

原文

五百里甸服[1]。百里赋纳总[2],二百里纳铚[3],三百里纳秸服[4],四百里粟,五百里米。

五百里侯服[5]。百里采[6],二百里男邦[7],三百里诸侯[8]。

五百里绥服[9]。三百里揆文教[10],二百里奋武卫[11]。

五百里要服[12]。三百里夷[13],二百里蔡[14]。

五百里荒服[15]。三百里蛮[16],二百里流[17]。

译文

国都以外五百里叫做甸服。离国都最近的一百里缴纳连秆的禾;二百里的,缴纳禾穗;三百里的,缴纳带稃的谷;四百里的,缴纳粗米;五百里的缴纳精米。

甸服以外五百里是侯服。离甸服最近的一百里替天子服差役;二百里的,担任国家的差役;三百里的,担任侦察工作。

侯服以外五百里是绥服。三百里的,考虑推行天子的政教;二百里的,奋扬武威保卫天子。

绥服以外五百里是要服。三百里的,约定和平相处;二百里的,约定遵守条约。

要服以外五百里是荒服。三百里的,维持隶属关系;二百里的,进贡与否流动不定。

注释 1 **甸服:**古代在天子领地外围,每五百里为一服役地带,按远近分为甸服、侯服、绥服、要服、荒服。胡渭说:“五千里内皆供王事,故通谓之服,而甸服则主为天子治田出谷者也。” 2 **纳:**交纳。 **总:**指禾的总体。

3 **铚：**音 zhì，《孔疏》说："铚谓禾穗也。" 4 **秸服：**带稃的谷。 5 **侯服：**江声说："侯之言候，候顺逆，兼司候王命。" 6 **采：**事，指替天子服差役。 7 **男邦：**男，任。男邦，担任国家的差事。 8 **诸侯：**《孔传》说："同为王者斥候。"《孔疏》说："斥候，谓检行险阻，伺候盗贼。" 9 **绥服：**《孔传》说："安服王者之政教。" 指替天子做安抚的事。 10 **揆文教：**《孔传》说："揆，度也。度王者文教而行之。" 11 **奋武卫：**奋扬武威保卫王者。 12 **要服：**接受王者约束而服事之。要，约。 13 **夷：**平，谓相约和平共处。 14 **蔡：**法，谓相约遵守王法。 15 **荒服：**荒，远。替天子守边远之区叫荒服。 16 **蛮：**郑玄说："蛮者，听从其俗，羁縻其人耳，故云蛮。蛮之言缗也。" 意思是维持隶属关系。 17 **流：**郑玄说："流谓夷狄流移，或贡或不。" 意思是贡否不定。

原文

东渐于海[1]，西被于流沙[2]，朔南暨声教讫于四海[3]。

禹锡玄圭[4]，告厥成功。

译文

东方进至大海，西方到达沙漠，北方、南方同声教都到达外族居住的地方。

于是禹被赐给玄色的美玉，表示大功告成了。

注释 1 **渐：**入。 2 **被：**及，到。 3 **朔南暨声教讫于四海：**九字一句，谓北方南方和声教皆止于夷狄之区。见《尚书易解》。 4 **锡：**赐，被赐。**玄圭：**玄色的瑞玉。

以上第三段，记叙大禹统一中国的功绩。

甘 誓

导读

甘，地名，在有扈氏国都的南郊。誓，是古代告诫将士的言辞。据《史记·夏本纪》记载，大禹十年，东巡狩，死在会稽，政权交给了益。三年以后，益又把政权让给禹的儿子启，启很贤明，受到诸侯的拥护，于是继承了帝位，称夏后帝启。夏的同姓诸侯有扈氏不服。夏启举兵讨伐它，在甘地大战。战前，夏启誓师告诫六军将士。史官记录了启的告诫之辞，写成《甘誓》。《淮南子·齐俗》说："昔有扈氏为义而亡。"高诱注说："有扈，夏启之庶兄也，以尧舜举贤，禹独与子，故伐启。启亡之。"高诱揭示了新旧制度之争是这次战争的真正原因。

原文

大战于甘，乃召六卿[1]。王曰："嗟！六事之人[2]，予誓告汝：有扈氏威侮五行[3]，怠弃三正[4]，天用剿绝其命[5]，今予惟恭行天之罚[6]。

译文

将在甘地进行大战，夏王启就召见了六军的将领。王说："啊！六军的将士们，我告诫你们：有扈氏轻慢洪范大法，废弃正德、利用、厚生三大政事，因此，上天要断绝他的国运。现在我只有奉行上天对他的惩罚。

注释 1 **六卿：**六军的主将。 2 **六事：**六军的将士。 3 **威侮五行：**王引之说："威，疑当作'威'，威者，'蔑'之假借也。蔑，轻也。蔑侮五行，言轻慢五行也。"所谓轻慢五行，夏曾佑说："即言有扈氏不遵洪范之道。"

4 **怠**:懈怠。 **三正**:按‘正’与‘政’通,谓政事。三正,指正德、利用、厚生三大政事。《左传·文公七年》晋郤缺解《夏书》云:“正德、利用、厚生谓之三事。”三事即三正也。 5 **用**:因此。 **剿**:绝。剿、绝同义。 6 **恭行**:恭,《墨子·明鬼》和《史记·夏本纪》都作“共”。共行,就是奉行。

以上第一段,说明兴师讨伐的缘由。

原文

“左不攻于左[1],汝不恭命;右不攻于右[2],汝不恭命;御非其马之正[3],汝不恭命。用命,赏于祖[4];弗用命,戮于社[5],予则孥戮汝[6]。”

译文

“车左的兵士不善于射箭,你们就是不奉行我的命令;车右的兵士不善于用戈矛刺杀,你们也是不奉行我的命令;驾车的兵士违反驭马的规则,你们也是不奉行我的命令。服从命令的,我会在先祖的神位面前赏赐你们;不服从命令的,我会在社神的神位面前惩罚你们,我就会把你们降为奴隶,或者杀掉你们。”

注释 1 **左**:车左。《孔传》说:“左方主射。” **攻**:善。 2 **右**:车右。《孔传》说:“右,勇力之士,执戈矛以退敌。” 3 **御**:驾车的人。 **非**:违背。 **正**:通“政”,事。 4 **赏于祖**:天子亲征,载着祖庙的神主。有功的,就赏于神主之前,表示不敢自己专行。 5 **戮于社**:天子亲征,又载着社主。不听命的,就在社主前处罚,也是表示不敢自己专行。 6 **孥戮**:孥,通“奴”,指降为奴隶。戮,刑戮。颜师古说:“孥戮者,或以为奴,或加刑戮,无有所赦耳。”

以上第二段,宣布赏罚的办法。

五子之歌

导读

五子是夏启的五个儿子，太康的兄弟，具体名字不明。《史记·夏本纪》说："帝太康失国，昆弟五人，须于洛汭，作《五子之歌》。"须，待。汭，水曲。须于洛汭，在洛水之曲等待着太康。五子怨恨，于是追述大禹的教戒，写了一组诗歌，名叫《五子之歌》。这是梅氏伪古文《尚书》之二。

原文

太康尸位[1]，以逸豫灭厥德，黎民咸贰。乃盘游无度[2]，畋于有洛之表[3]，十旬弗反。有穷后羿因民弗忍[4]，距于河。厥弟五人御其母以从[5]，徯于洛之汭[6]。五子咸怨，述大禹之戒以作歌。

译文

太康处在尊位而不理事，又喜好安乐，丧失君德，众民都怀着二心。竟至盘乐游猎没有节制，到洛水的南面打猎，百天还不回来。有穷国的君主羿，因人民不能忍受，在河北抵御太康，不让他回国。太康的弟弟五人，侍奉他们的母亲以跟随太康，在洛水湾等待他。这时五人都埋怨太康，因此叙述大禹的教导而写了歌诗。

注释

1 **太康尸位：**太康，夏王启的儿子，大禹的孙子。尸，主。古代祭祀时，鬼神的代表叫尸。像鬼神的代表一样处在位子上，而不做事，叫尸位。 2 **盘游：**盘，乐。游，游猎。 3 **畋：**音 tián，田猎。 **有洛之表：**谓洛水的南面。有洛，洛水。 4 **有穷后羿：**有穷，国名。后，君主。羿，音 yì，人名，有穷国的君主。 5 **御：**侍奉。 6 **徯于洛之汭：**徯，音 xī，等待。汭，河水的弯曲处。

以上第一段，史官叙事之辞。

原文

其一曰："皇祖有训，民可近，不可下。民惟邦本，本固邦宁。予视天下，愚夫愚妇一能胜予[1]。一人三失，怨岂在明？不见是图。予临兆民，懔乎若朽索之驭六马[2]；为人上者，奈何不敬？"

其二曰："训有之。内作色荒[3]，外作禽荒[4]，甘酒嗜音，峻宇雕墙。有一于此，未或不亡[5]。"

其三曰："惟彼陶唐[6]，有此冀方[7]。今失厥道，乱其纪纲。乃底灭亡[8]。"

其四曰："明明我祖，万邦之君。有典有则[9]，贻厥子孙。关石和钧[10]，王府则有。荒坠厥绪，覆宗绝祀。"

其五曰："呜呼曷归？予怀之悲。万姓仇予，予将畴依[11]？郁陶乎予心[12]，颜厚有忸怩[13]。弗慎厥德，

译文

其中一首说："伟大的祖先曾有明训，人民可以亲近而不可看轻。人民是国家的根本，根本牢固，国家就安宁。我看天下的人，愚夫愚妇都能胜过我。一人多次失误，难道要等民怨显明？应当趁它还未形成便考虑它。我治理兆民，恐惧得像用坏绳索驾着六匹马；做君主的人，怎么能不敬不怕？"

其中第二首说："禹王的教诲是这样：在内迷恋女色，在外游猎翱翔；喜欢喝酒，沉迷声乐，高高建筑大殿又雕饰宫墙。这些事只要有一桩，就没有谁能不灭亡。"

其中第三首说："那陶唐氏的尧皇帝，曾经据有冀州这地方。现在废弃他的治道，紊乱他的政纲。就是自己导致灭亡！"

其中第四首说："我的辉煌的祖父，是万国的大君。有典章有法度，传给他的子孙。征赋和计量平均，王家府库丰殷。现在废弃他的传统，就断绝祭祀又危及宗亲！"

其中第五首说："唉！哪里可以回归？我的心情伤悲！万姓都仇恨我们，我们将依靠谁？我的心思郁闷，我的颜面惭愧。

虽悔可追？”

不愿慎行祖德，即使改悔又岂可挽回？”

注释 1 **一:**皆，都。 2 **懔:**危惧，害怕。 **六马:**六匹马驾车，不容易调和。用朽索驾驭六匹马，形容危险得很。 3 **色荒:**荒，迷乱。迷乱于女色，叫色荒。 4 **禽荒:**禽，鸟兽。迷乱于打鸟兽，叫禽荒。 5 **或:**有。 6 **陶唐:**指尧帝，尧帝属陶唐氏。 6 **冀方:**冀州，指今山西和河北西部，是尧帝的政治中心。 8 **厎:**致，导致。 9 **典:**法。 10 **关石和钧:**关，门关的税收。石，斛，指计量单位。和，平。钧，通均。关石和钧，赋税和计量都平均。《国语·周语》“关石和钧”注:“关，门关之征也。石，今之斛也。言征赋调钧，则王之府藏常有也。一曰:关，衡也。” 11 **畴:**谁。 12 **郁陶:**郁闷、悲哀。 13 **忸怩:**心里惭愧。

以上第二段，五子的歌辞。

胤　征

导读

胤，国名。胤侯，夏帝仲康的臣子，掌管军事。征，上伐下。《史记·夏本纪》说:“太康崩，弟中康立，是为帝中康。帝中康时，羲和湎淫，废时乱日。胤往征之，作《胤征》。”据《竹书纪年》记载，这次征伐在仲康五年的秋天。这是梅氏伪古文《尚书》之三。

原文

惟仲康肇位四海[1]，胤侯命掌六师。羲和废厥职[2]，酒荒于厥邑[3]。

译文

夏帝仲康开始治理四海，胤侯受命掌管夏王的六师。羲和放弃他的职守，在他的私邑嗜酒荒乱。胤侯接受王命，去征伐羲和。

胤后承王命徂征。

告于众曰："嗟！予有众。圣有谟训，明征定保[4]。先王克谨天戒[5]，臣人克有常宪，百官修辅，厥后惟明明[6]。每岁孟春，遒人以木铎徇于路[7]，官师相规，工执艺事以谏，其或不恭[8]，邦有常刑。

胤侯告诫军众说："啊！我的众位官长。圣人有谟有训，明白有经验，可以定国安邦。先王能谨慎对待上天的警戒，大臣能遵守常法，百官修治职事辅佐君主，君主就明而又明。每年孟春之月，宣令官员用木铎在路上宣布教令，官长互相规劝，百工依据他们从事的技艺进行谏说。他们有不奉行的，国家将施以常刑。

注释　1 **位**：治理。《广雅》："位，莅也。"莅，临视，视事。 2 **羲和**：羲氏、和氏，掌管天地四时的官。 3 **酒荒**：迷乱于嗜酒，叫酒荒。 4 **明征定保**：明，明白。征，征验。定保，定国安邦。明征定保，明白有验，可以定国安邦。 5 **天戒**：上天垂象示戒，指日食月食之类。 6 **明明**：明而又明，英明。 7 **遒人**：宣布命令的官。 **木铎**：铎，铃。木铎，有木舌的铃。古代宣传政教时用它来号召听众。 **徇**：巡行宣传教令。 8 **恭**：奉行。《尚书·甘誓》孔传："恭，奉也。"

原文

"惟时羲和颠覆厥德，沈乱于酒，畔官离次[1]，俶扰天纪[2]，遐弃厥司。乃季秋月朔[3]，辰弗集于房[4]。瞽奏鼓[5]，啬夫驰[6]，庶人走。羲和尸厥官[7]，罔闻知，昏迷于天象，以干先王之诛[8]。《政典》曰[9]：'先时者杀无赦，不及时者杀无赦。'

译文

"这个羲和颠倒他的行为，沉醉在酒中，背离职位，开始搞乱了日月星辰的运行历程，远远废弃他所掌管的事。前些时候季秋月的朔日，日月不会合于房，出现日食。乐官进鼓而击，啬夫奔驰取币以礼敬神明，众人跑着供役。羲和主管其官却不知道这件事，对天象昏迷无知，因此触犯了先王的诛罚。先王的《政典》说：'历法出现先于天时的事，杀掉无赦，出现后于天时的事，杀掉无赦。'

注释 1 **畔官:**畔,通"叛"。畔官,《孔疏》:"违叛其所掌之官。" **离次:**次,位。离次,离开职位。 2 **俶扰天纪:**俶,始。扰,乱。天纪,指日月星辰的运行历程。 3 **乃:**从前,前些时。《词诠》:"乃,始也,初也。" 4 **辰弗集于房:**日和月在天上运行,每年相会十二次。日月相会叫做辰。相会的位置叫做房。集,会合。日月相会于某一位置而不见相会于房,叫辰不集于房。辰不集于房,是日被月遮掩了,也就是发生了日食。 5 **瞽:**指乐官。 **奏:**进献。 6 **啬夫驰:**啬夫,主管布币的官。驰,驰走取币以敬天神。 7 **尸:**主管。 8 **干:**触犯。 9 **政典:**指导行政的书。《孔传》:"政典,夏后为政之典籍。"

以上第一段,胤侯奉命出征,宣布羲和的罪行。

原文

"今予以尔有众奉将天罚[1]。尔众士同力王室,尚弼予钦承天子威命[2]!火炎昆冈[3],玉石俱焚;天吏逸德,烈于猛火。歼厥渠魁[4],胁从罔治;旧染污俗,咸与惟新[5]。

"呜呼!威克厥爱允济[6];爱克厥威允罔功。其尔众士,懋戒哉[7]!"

译文

"现在我率领你们全体士众,奉行上天的惩罚。你等众士要对王室同心协力,辅助我认真奉行天子的庄严命令!火烧昆山,玉和石同样被焚烧;天王的官吏如有过恶行为,害处将比猛火更甚。消灭那个为恶的大首领,胁从的人不要惩治;旧时染有污秽习俗的人,都允许改过自新。

"啊!严明胜过慈爱,就真能成功;慈爱胜过严明,就真会无功。你等众士要努力要戒慎呀!"

注释 1 **奉将:**奉行。《孔传》:"将,行也。" 2 **弼:**辅佐。 3 **昆冈:**昆山。《孔传》:"山脊曰冈。昆山出玉。" 4 **渠魁:**《孔传》:"渠,大也。魁,帅也,指谓羲和。" 5 **与:**允许。 6 **克:**胜,胜过。 **允:**信,真的。 **济:**成功。 7 **懋戒:**懋,勉励,勉励听命。戒,戒慎,戒慎避免违反军法。

以上第二段,胤侯勉励军士同心王室,消灭罪魁。

商 书

汤 誓

导读

汤名履，又称天乙，舜的大臣契的十四代孙，商朝的开国君主。当时夏王桀荒淫暴虐，民怨很大；侵削诸侯，诸侯怨恨。诸侯昆吾氏举兵叛乱，汤率领诸侯讨伐昆吾。消灭昆吾以后，汤又乘胜讨伐夏桀。伐桀以前，汤的军民不愿征战。汤在都城亳(bó)告喻众人吊民伐罪的道理。史官记录这篇誓词，名叫《汤誓》。篇中"时日曷丧？予及汝皆亡"，真实反映了夏国人民痛恨暴君暴政的心情，十分可贵。

原文

王曰："格尔众庶[1]，悉听朕言。非台小子敢行称乱[2]！有夏多罪，天命殛之。[3]今尔有众[4]，汝曰：'我后不恤我众，舍我穑事而割正夏[5]？'予惟闻汝众言[6]，夏氏有罪，予畏上帝，不敢不正！今汝其曰：'夏罪其如台[7]？'夏王率遏众力[8]，率割夏邑[9]。有众率怠弗协，曰：'时日曷丧[10]？

译文

王说："来吧！你们众位，都听我说。不是我小子敢行作乱！因为夏国犯下许多罪行，天帝命令我去讨伐它。现在你们众人，你们说：'我们的君王不怜悯我们众人，荒废我们的农事，为什么要征伐夏国呢？'我虽然理解你们的话，但是夏氏有罪，我畏惧上帝，不敢不去征伐啊！现在你们会问：'夏的罪行究竟怎么样呢？'夏王耗尽民力，剥削夏国的人民。民众怠慢不恭，同他很不和谐，他们说：'这个太阳什么时候消失呢？我们愿意

原文	译文
予及汝皆亡。'夏德若兹[11]，今朕必往。	同你一起灭亡。'夏的品德这样坏，现在我一定要去讨伐它。

注释　1 **格**:来。2 **台**:音 yí。我。3 **有夏**:夏国。有,助词。**殛**:诛杀。4 **有众**:众人。有,助词。5 **穑事**:农事。**割**:通"曷",为什么。**正**:通"征",征伐。6 **惟**:同"虽"。杨树达说。7 **如台**:如何。台,音 yí。8 **率遏众力**:竭尽民力。率,语气助词。遏,通"竭",尽。9 **割**:剥削。10 **时**:是,这个。**曷**:何,什么时候。11 **兹**:此,这样。

以上第一段说明兴师征伐的原因。

原文	译文
"尔尚辅予一人[1]，致天之罚[2]，予其大赉汝[3]！尔无不信，朕不食言[4]。尔不从誓言，予则孥戮汝[5]，罔有攸赦。"	"你们要辅佐我，实行天帝对夏的惩罚，我将重重地赏赐你们！你们不要不相信，我不会说假话。如果你们不听从誓言，我就会把你们降成奴隶，或者杀死你们，不会有所赦免。"

注释　1 **尚**:庶几,表祈使语气。**一人**:君王自谦的话,言自己只能当一人。2 **致**:用。见《淮南子·修务训》注。3 **其**:将。**赉**:音 lài,赏赐。4 **食言**:伪言,说假话。《尔雅·释诂》:"食,伪也。" 5 **孥戮**:或以为奴,或加刑戮。孥,通"奴"。降成奴隶。戮,刑戮。

以上第二段,申明赏罚的办法。

仲虺之诰

导读

仲虺(huǐ),成汤的左相。诰,告。《史记·殷本纪》说:“汤乃践天子位,平定海内。汤归至于泰卷陶,中𧑲(仲虺)作诰。”这里说明了仲虺作诰的时间和地点。仲虺为什么作诰呢?成汤放桀居于南巢,自惭自己的行为赶不上古帝。仲虺针对汤的思想加以解释,说了一篇话,名叫《仲虺之诰》。这是梅氏伪古文《尚书》之四。

原文

成汤放桀于南巢[1],惟有惭德。曰:“予恐来世以台为口实[2]。”仲虺乃作诰。

曰:“呜呼!惟天生民有欲,无主乃乱,惟天生聪明时乂[3]。有夏昏德,民坠涂炭[4];天乃锡王勇智[5],表正万邦,缵禹旧服[6]。兹率厥典[7],奉若天命[8]!

译文

成汤放逐夏桀让他住在南巢,心里有些惭愧。他说:“我怕后世拿我作为话柄。”仲虺于是向汤作了解释。

仲虺说:“啊!上天生养人民,人人都有情欲,没有君主,人民就会乱,因此上天又生出聪明的人来治理他们。夏桀行为昏乱,人民陷于泥涂火炭一样的困境;上天于是赋予勇敢和智慧给大王,使您做万国的表率,继承大禹长久的事业。您现在要遵循大禹的常法,顺从上天的大命!

注释

1 **南巢:**地名。在今安徽巢湖市东北。 2 **台:**音 yí,我。 **口实:**话柄。 3 **时乂:**时,是,这些。乂,治理。时乂,治理这些人民。 4 **民坠涂炭:**

坠，陷入。涂，泥。炭，火。言人民像陷入涂泥炭火之中。5 **锡：**通“赐”，赐予。6 **缵：**音 zuǎn，继承。 **服：**事。 7 **率：**遵循。 8 **奉若：**奉顺。

以上第一段，说明伐桀是奉天救民，可以无惭。

原文

“夏王有罪，矫诬上天[1]，以布命于下。帝用不臧，式商受命[2]，用爽厥师[3]。简贤附势[4]，实繁有徒。肇我邦于有夏[5]，若苗之有莠[6]，若粟之有秕[7]。小大战战，罔不惧于非辜[8]，矧予之德言足听闻[9]？

译文

夏王桀有罪，假托上天的意旨，在天下施行他的教命。上天因此认为他不善，要我商家承受王命，使他的众庶觉悟。怠慢贤明依从权势的，这种人徒众很多。从前我商家立国于夏世，像苗中有莠草，像粟中有秕谷一样。上下战栗恐惧，无不害怕无辜受罚；何况我商家的德和言都可听闻呢？

注释 1 **矫诬：**矫，假托。诬，欺骗。 2 **式：**用。 3 **爽：**明，使之明晓。《墨子》引作“丧”，音近而误。 4 **简贤：**简，慢、怠慢。简贤，怠慢贤人。 5 **邦于有夏：**建国于夏世。邦，建邦、建国。于，原作“予”，依阮氏校改。 6 **莠：**农作物中的杂草。 7 **秕：**音 bǐ，中空的谷粒。 8 **非辜：**辜，罪。非辜，不当的罪。9 **矧：**何况。

原文

“惟王不迩声色，不殖货利[1]；德懋懋官[2]，功懋懋赏；用人惟己[3]，改过不吝；克宽克仁，彰信兆民。乃葛伯仇饷[4]，初征自葛。东征西夷怨，南征北狄怨。曰：‘奚独

译文

“大王不近声色，不聚货财；德盛的人用官职劝勉他，功大的人用奖赏劝勉他；用人之言像自己说的一样，改正过错毫不吝惜；能宽能仁，昭信于万民。从前葛伯跟馈食的人为仇，我们的征伐从葛国开始。大王东征则西夷怨恨，南征则北狄怨恨。他们说：‘怎么独独把我们摆在后面？’我军过往的人民，室家

后予[5]？’攸徂之民[6]，室家相庆。曰：‘徯予后[7]。后来其苏[8]。’民之戴商，厥惟旧哉[9]。”

互相庆贺。他们说：‘等待我们的君主。君主来临，我们就会复活了！’天下人民爱戴我们商家，已经很久了啊！”

注释 1 **殖**：聚集。 2 **德懋懋官**：“懋”字有盛美、劝勉二义。这里是说：德盛的用官职劝勉他。下文“功懋懋赏”，用法相同。 3 **用人惟己**：《孔传》：“用人之言，若自己出。” 4 **乃葛伯仇饷**：乃，从前。《孔疏》：“此言乃者，却说已过之事。《胤征》云：‘乃季秋月朔，其义亦然。’”葛伯，葛国的君主。饷，馈送食物。有人送食物给耕田的人，葛伯夺其食物，又杀了这人。葛伯以饷田的人为仇，所以叫葛伯仇饷。 5 **奚**：何，怎么。 6 **攸徂**：攸，所。徂，往。攸徂，所往的处所。 7 **徯**：音 xī，等待。 8 **苏**：复生。 9 **旧**：久。

以上第二段，说明汤受到人民爱戴，可以无惭。

原文

“佑贤辅德，显忠遂良[1]；兼弱攻昧，取乱侮亡。推亡固存[2]，邦乃其昌。

“德日新，万邦惟怀；志自满，九族乃离[3]。王懋昭大德，建中于民[4]，以义制事，以礼制心，垂裕后昆[5]。予闻曰：‘能自得师者王，谓人莫己若者亡。好问则裕，自用则小[6]。’

“呜呼！慎厥终，惟其始。殖有礼[7]，覆昏暴。钦崇天道，永保天命。”

译文

“佑助贤德的诸侯，显扬忠良的诸侯；兼并懦弱的，讨伐昏暗的，夺取荒乱的，轻慢走向灭亡的。推求灭亡的道理，以巩固自己的生存，国家就将昌盛。

“德行日新不懈，天下万国就会怀念；志气自满自大，亲近的九族也会离散。大王要努力显扬大德，对人民建立中道，用义裁决事务，用礼制约思想，把宽裕之道传给后人。我听说：“能够自己求得老师的人就会为王，以为别人不及自己的人就会灭亡。爱好问，知识就充裕；只凭自己，闻见就狭小。’

“啊！慎终要像它的开始。扶植有礼之邦，灭亡昏暴之国。敬重上天这种规律，就可以长久保持天命了。”

注释 1 **遂良：**遂，进用。进用善良的人。 2 **推亡固存：**推求灭亡之道，以巩固自己的生存。《蔡传》：“‘推亡’者，兼攻取侮也；‘固存’者，佑辅显遂也。推彼之所以亡，固我之所以存，邦国乃其昌矣。” 3 **九族：**指亲属，父族四、母族三、妻族二，共称九族。 4 **建中：**《孔传》：“立大中之道。” 5 **垂裕后昆：**垂，传。裕，宽裕。昆，后裔。言传宽裕之道给后人。 6 **自用：**用自己，凭自己。 7 **殖：**封殖，培植。

以上第三段，劝勉成汤继续施行德政，永保天命。

汤诰

导读

成汤战胜夏桀，回到都城亳邑，诸侯都来朝见。成汤告诫诸侯，阐明伐桀的重大意义，勉励诸侯各守常法，以承天休。史官记录成汤的讲话，名叫《汤诰》。《史记·殷本纪》载有《汤诰》全文，与此篇不同，足以证明本篇是伪造的。这是梅氏伪古文《尚书》之五。

原文

王归自克夏，至于亳[1]，诞告万方。

王曰：“嗟！尔万方有众，明听予一人诰[2]。惟皇上帝降衷于下民[3]。若有恒性[4]，克绥厥猷惟后[5]。夏王灭德作威，以

译文

汤王在战胜夏桀后回来，到了亳邑，大告万方诸侯。

汤王说：“啊，你们万方众长，明白听从我的教导。伟大的上帝，降善于下界人民。顺从人民的常性，能使他们安于教导的就是君主。夏王灭弃道德滥用威刑，向你们万方百姓施行虐政。你们万方百姓遭受他的残

敷虐于尔万方百姓[6]。尔万方百姓罹其凶害[7]，弗忍荼毒[8]，并告无辜于上下神祇[9]。天道福善祸淫，降灾于夏，以彰厥罪。肆台小子将天命明威[10]，不敢赦。敢用玄牡[11]，敢昭告于上天神后[12]，请罪有夏，聿求元圣，与之戮力，[13]以与尔有众请命。

害，痛苦不堪，普遍向上下神祇申诉无罪。天道福佑善人惩罚坏人，降灾于夏国，以显露他的罪过。所以我小子奉行天命明法，不敢宽宥。敢用黑色牡牛，敢向天神后土祷告，请求惩治夏桀，就邀请了大圣伊尹与我共同努力，为你们众长请求保全生命。

注释　1 **亳：**地名，成汤的国都，在今河南商丘市。 2 **予一人：**古代天子自称为予一人。 3 **衷：**善。 4 **若有恒性：**若，顺；恒，常。《孔传》："顺人有常之性。" 5 **克绥厥猷：**克，能。绥，安。猷，导，教。言能使人民安于教导。 6 **敷：**布，施行。 7 **罹：**被，遭受。 8 **荼毒：**痛苦。荼，苦菜，味道苦。毒，指毒人的虫，是人之所苦。所以用荼毒比喻痛苦。 9 **辜：**罪。 **神祇：**神，天神；祇，地祇。10 **肆：**故，所以。**台：**音yí，我。**将：**行，奉行。11 **玄牡：**玄，黑色。牡，公牛。 12 **神后：**后土，指地神。 13 **聿：**遂。《孔传》："聿，遂也。" **元圣：**大圣，指伊尹。 **戮力：**努力。

以上第一段，言桀政暴虐，伐桀是为民请命。

原文

"上天孚佑下民[1]，罪人黜伏[2]。天命弗僭[3]，贲若草木，兆民允殖。[4]俾予一人辑宁尔邦家[5]，兹朕未知获戾于上下[6]，栗栗危惧[7]，若将陨于深渊[8]。凡我造邦[9]，无从匪彝[10]，无即慆淫[11]，各守尔典，以承天休。尔有善，

译文

"上天保佑天下人民，罪人夏桀被废黜了。天道不差，灿然像草木的滋生繁荣，兆民真的乐于生活了。上天使我和睦安定你们的国家，这回伐桀我不知道得罪了天地没有，惊恐畏惧，像要落到深渊里一样。凡我建立的诸侯，不要施行非法，不要追求安乐；要各自遵守常法，以接受上天的福禄。你们有善行，

朕弗敢蔽；罪当朕躬，弗敢自赦，惟简在上帝之心[12]。其尔万方有罪，在予一人；予一人有罪，无以尔万方。

"呜呼！尚克时忱[13]，乃亦有终。"

我不敢掩盖；罪过在我自身，我不敢自己宽恕，因为这些在上帝心里都明明白白。你们万方有过失，原因都在于我；我有过失，不会连及你们万方诸侯。

"啊！但愿能够这样诚信不疑，也就会获得好的结局。"

注释 1 **孚**：保。古文以孚为保，见《说文》段注。 2 **黜伏**：退伏。《孔传》："桀知其罪，退伏远屏。" 3 **僭**：差错。 4 **贲**：音 bì，文饰。 **允**：信。 **殖**：生活。《孔传》："贲，饰也。言福善祸淫之道不差。天下恶除，焕然咸饰，若草木同华，民信乐生。" 5 **辑宁**：辑，和睦。宁，安宁。 6 **戾**：罪。 7 **栗栗**：危惧的样子。 8 **陨**：坠落。 9 **造邦**：建立的国家。 10 **匪彝**：匪，通"非"。彝，法。《蔡传》："匪彝，指法度言。" 11 **慆淫**：慆，怠慢。淫，纵乐。《蔡传》："慆淫，指逸乐言。" 12 **简**：明白。 13 **时忱**：时，此、这。忱，信，诚信。时忱，这样诚信。

以上第二段，言自己责任重大，愿与诸侯共守常法，以承天休。

伊 训

导读

伊，伊尹。训，教导。《史记·殷本纪》："汤崩，太子太丁未立而卒，于是乃立太丁之弟外丙，是为帝外丙。帝外丙即位三年，崩，立外丙之弟中壬，是为帝中壬。帝中壬即位四年，崩，伊尹乃立太丁之子太甲。太甲，成汤適（通"嫡"）长孙也，是为帝太甲。帝太甲元年，伊尹作《伊训》。"这是史官记录伊尹教导太甲的话，所以叫做《伊训》。这是梅氏伪古文《尚书》之六。

原文

惟元祀十有二月乙丑[1]，伊尹祠于先王[2]，奉嗣王祗见厥祖[3]。侯甸群后咸在[4]，百官总己以听冢宰[5]。伊尹乃明言烈祖之成德[6]，以训于王。

译文

太甲元年十二月乙丑日，伊尹祭祀先王，侍奉嗣王恭敬地拜见他的祖先。侯服甸服的诸侯都在祭祀行列，百官率领自己的官员，听从太宰伊尹的命令。伊尹于是明白说明大功之祖成汤的盛德，来教导太甲。

注释 1 **祀：**年。夏代叫岁，商代叫祀，周代叫年。 2 **祠：**告祭于庙。 3 **祗：**恭敬。 4 **侯甸：**侯服、甸服。王畿之外方五百里叫侯服，又其外方五百里叫甸服。5 **冢宰：**冢，大。宰，治。冢宰，又叫太宰，百官之长。6 **烈祖：**有功之祖。《孔疏》说："烈，训业也。汤有定天下之功业，为商家一代之太祖，故以烈祖称焉。" **成德：**盛德。

以上第一段，史官叙事的话。

原文

曰："呜呼！古有夏先后，方懋厥德[1]，罔有天灾，山川鬼神亦莫不宁[2]，暨鸟兽鱼鳖咸若[3]。于其子孙弗率，皇天降灾，假手于我[4]。有命造攻自鸣条[5]；朕哉自亳[6]。惟我商王布昭圣武[7]，代虐以宽，兆民允怀。今王嗣厥德，罔不在初[8]！立爱惟亲，立敬惟长，始于家邦，终于四海。

译文

伊尹说："啊！从前夏代的先君，当他勉力施行德政的时候，没有发生天灾，山川的鬼神也没有不安宁的，连同鸟兽鱼鳖各种动物的生长都很顺遂。到了他的子孙，不遵循先人的德政，上天降下灾祸，借助我汤王的手。上天有命，先从夏桀讨伐；我就从亳都执行。我商王宣明德威，用宽和代替暴虐，所以天下兆民相信我、怀念我。现在我王嗣行成汤的美德，不可不考虑开头！行爱于亲人，行敬于长上，从家和国开始，最终推广到天下。

注释 1 **懋**:勉行。 2 **山川鬼神**:《孔疏》说:“山川鬼神谓山川之鬼神也。” 3 **暨**:及,连同。 **咸若**:咸,都。若,顺、顺遂。 4 **假手**:借手。 5 **有命**:有命令。指下文“造攻自鸣条”这句话。 **造攻自鸣条**:造,始。攻,讨伐。自,从。鸣条,夏桀所居,即指夏桀。《孔疏》说:“诛桀始攻从鸣条之地而败之。” 6 **朕哉自亳**:朕,我。哉,通“载”,行。亳,汤的国都。这是说,我从亳都执行上天之命。《尧典》“熙帝之载”郑注:“载,行也。” 7 **布昭**:宣明、宣扬。 8 **罔不在初**:罔,不可。在,省察、考虑。《释诂》:“在,察也。”初,开初。这句是说,不可不考虑开头。

以上第二段,勉励嗣王施行成汤的美德。

原文

“呜呼!先王肇修人纪[1],从谏弗咈[2],先民时若[3];居上克明,为下克忠;与人不求备[4],检身若不及。以至于有万邦,兹惟艰哉!

“敷求哲人,俾辅于尔后嗣。制《官刑》[5],儆于有位。曰:敢有恒舞于宫、酣歌于室[6],时谓巫风[7]。敢有殉于货色[8]、恒于游畋[9],时谓淫风。敢有侮圣言[10]、逆忠直、远耆德[11]、比顽童[12],时谓乱风。惟兹三风十愆,卿士有一于身,家必丧;邦君有一于身,国必亡。臣下不匡[13],其刑墨[14]。具训于蒙士[15]。

译文

“啊!先王努力讲求做人的纲纪,听从谏言而不违反,顺从前贤的话;处在上位能够明察,为臣下能够尽忠;结交人不求全责备,检点自己好像来不及一样。因此达到拥有万国,这是很难的呀!

“又普求贤智,使他们辅助你们后嗣。制定《官刑》来警戒百官。《官刑》上说:敢有经常在宫中舞蹈、在房中饮酒酣歌的,这叫做巫风。敢有贪求财货女色、经常游乐田猎的,这叫做淫风。敢有轻视圣人教训、拒绝忠直谏戒、疏远年老有德、亲近顽愚童稚的,这叫做乱风。这些三风十过,卿士身上只要有一种,他的家一定会丧失;国君身上只要有一种,他的国一定会灭亡。臣下不匡正君主,其刑罚就是墨刑。这些要详细教导到下士。

注释　1 **肇:**勉力。《尔雅·释言》:"肇,敏也。"敏,即勉的意思。 **人纪:**纪,纲纪。人纪,为人的纲纪。《孔传》:"言汤始修为人纲纪。" 2 **咈:**音 fú,违背。 3 **先民时若:**时,是,表示宾语前置的结构助词。若,顺从。《孔传》:"先民之言是顺。" 4 **与人:**与,交与、交接。与人,结交别人。 5 **《官刑》:**治理官吏的刑法。 6 **酣:**乐酒,嗜酒行乐。 7 **巫:**以祈祷鬼神为职业的人。《孔传》:"废德事鬼神曰巫。" 8 **殉:**求,贪求。《孔传》:"殉,求也。" 9 **畋:**音 tián,田猎。 10 **侮:**轻慢。《孔疏》说:"侮谓轻慢。" 11 **远耆德:**远,疏远。耆,老。《孔疏》说:"疏远耆年有德。" 12 **比顽童:**比,亲近。顽,愚。童,童稚。《孔疏》说:"亲比顽愚幼童。" 13 **匡:**正。 14 **墨:**墨刑,凿额涂墨的刑罚。 15 **具:**详细。 **蒙士:**下士。《孔疏》说:"蒙谓蒙稚,卑小之称,故蒙士例谓下士也。"

以上第三段,言成汤修己求贤和制定《官刑》。

原文

"呜呼!嗣王祗厥身,念哉!圣谟洋洋[1],嘉言孔彰!惟上帝不常,作善,降之百祥;作不善,降之百殃。尔惟德罔小[2],万邦惟庆;尔惟不德罔大[3],坠厥宗[4]。"

译文

"啊!嗣王当以这些教导警戒自身,念念不忘呀!圣谟美好,嘉训很明显啊!上帝的眷顾不常在一家,行善事的,就赐给他百福;行不善的,就赐给他百殃。你修德不论多小,天下的人都会感到庆幸;你行不善,不论多大,也会丧失国家。"

注释　1 **洋洋:**美好。《孔传》说:"洋洋,美。" 2 **尔惟德:**《孔疏》说:"尔惟修德而为善。" **罔小:**不论多小。 3 **尔惟不德:**《孔疏》说:"谓不修德为恶也。" **罔大:**不论多大。 4 **坠厥宗:**坠,失。宗,宗庙。《孔传》:"必坠失宗庙。"这里的宗庙,指代国家。

以上第四段,勉励嗣王敬身修德。

太甲上

导读

太甲初立为君主，不遵守成汤的法典，伊尹把他放逐到桐宫，让他思过。太甲在桐宫三年，悔过自新，于是伊尹又迎接他回到亳都。自太甲初立到放于桐宫，又从桐宫回来，伊尹多次开导过他。史官记述这些重要训话，写了《太甲》三篇。太甲上篇是写把太甲放到桐宫的历史事实。它是梅氏伪古文《尚书》之七。

原文

惟嗣王不惠于阿衡[1]，伊尹作书曰："先王顾諟天之明命[2]，以承上下神祇、社稷宗庙罔不祗肃[3]。天监厥德，用集大命[4]，抚绥万方[5]。惟尹躬克左右厥辟宅师[6]，肆嗣王丕承基绪[7]。惟尹躬先见于西邑夏，自周有终[8]，相亦惟终；其后嗣王罔克有终，相亦罔终。嗣王戒哉！祗尔厥辟[9]，辟不辟[10]，忝厥祖[11]。"

译文

嗣王太甲对伊尹不顺从，伊尹作书给王说："先王成汤顾念天的明命是正确的，因此供奉上下神祇、宗庙社稷无不恭敬严肃。上天看到汤的善政，因此降下重大使命，使他抚安天下。我伊尹亲身能辅助君主安定人民，所以嗣王就承受了先王的基业。我伊尹亲身先见到西方夏邑的君主，用忠信取得成就，辅相大臣也取得成就；他们的后继王不能取得成就，辅相大臣也没有成就。嗣王要警戒呀！应当敬重你做君主的法则，做君主而不尽君道，将会羞辱自己的祖先。"

注释 1 **惠:**顺从。 **阿衡:**阿,倚。衡,平。阿衡,商代官名,是说它是天下之所倚平。一说为伊尹之号。 2 **顾𬤇:**顾,顾念。𬤇,是、正确。这里用作"认为正确"的意思。 3 **祗肃:**敬肃。 4 **集:**降下。《淮南子·说山训》注:"集,下也。" 5 **绥:**安抚。 6 **左右:**帮助。 **辟:**君主。 **宅师:**宅,安。《礼记·郊特牲》疏:"宅,安也。"师,众人。宅师,安定众人。 7 **绪:**业。 8 **自周:**自,用。周,忠信。 **终:**成。终训成,见《国语·周语》注。下文的"终",意义相同。 9 **祗:**恭敬。 **辟:**君主,这里指君道。 10 **辟不辟:**君主不尽君主之道。后一"辟"字,用为动词。 11 **忝:**羞辱。

以上第一段,伊尹勉励太甲重视天命,认真当好国君。

原文

王惟庸罔念闻[1]。伊尹乃言曰:"先王昧爽丕显[2],坐以待旦。旁求俊彦[3],启迪后人[4]。无越厥命以自覆[5]。慎乃俭德,惟怀永图。若虞机张[6],往省括于度[7],则释;钦厥止[8],率乃祖攸行!惟朕以怿[9],万世有辞[10]。"

译文

王像往常一样不念不闻。伊尹就说:"先王在天将明未明的时刻,就思考国事,坐着等待天明。又遍求俊彦的臣子,开导后人。您不要忘记先祖的教导以自取灭亡。要慎行俭约的美德,怀着长久的计谋。好像虞人张开了弓,还要去察看箭尾与瞄准器才发射一样;您要重视自己的目的,遵行您的祖先的措施!这样我就高兴了,千秋万世您将会得到美好的声誉。"

注释 1 **庸:**常。 2 **昧爽:**昧,昏暗。爽,明亮。昧爽,指将明未明的时刻。 **丕:**乃。 **显:**通"宪",思也。《诗·假乐》"显显",《礼记·中庸》引作"宪宪"。孔子弟子原宪,字子思,可见宪有思义。 3 **彦:**美士曰彦。 4 **启迪:**启,开。迪,导、引导。启迪,今说"开导"。 5 **越:**失、忘记。 **覆:**失败、灭亡。 6 **虞机:**虞人之机。主管山林的人叫虞人。机,弓弩上的发射机关。 7 **括:**矢括,箭末扣弦处。 **于:**与。连词。 **度:**瞄准器。 8 **止:**至、到。《诗·泮水》传:"止,至也。"引申为所到的地方、目的。这里是用引申义。 9 **怿:**音yì,喜悦。

10 **辞**:指好的言辞、美誉。

以上第二段,伊尹又勉励太甲遵守成汤之道。

原文

王未克变。伊尹曰:“兹乃不义。习与性成,予弗狎于弗顺[1]。营于桐宫[2],密迩先王其训[3],无俾世迷[4]。”

王徂桐宫,居忧[5],克终允德[6]。

译文

太甲未能改变。伊尹对群臣说:“嗣王这样就是不义。习惯将同生性相结合,我不能轻视不顺教导的人。要在桐营造宫室,使他亲近先王的教训,莫让他终身迷误。”

嗣王去桐宫,处在忧伤的环境,能够成就诚信的美德。

注释 1 **狎**:轻忽,轻视。 2 **桐**:地名,在今河南虞城县东北。3 **迩**:近。**其**:相当于“之”。 4 **世**:终生,一世。 5 **居忧**:居于忧患的境遇。一说为执行丧礼。《孔传》“居忧位”,《孔疏》说:“谓服治丧礼也。” 6 **终**:成。 **允**:诚信。允德,诚信之德,就是上文“自周有终”之周,《孔传》说:“周,忠信也。”

以上第三段,叙述太甲不顺伊尹的教导,伊尹把他放到桐宫的事。

太甲中

导读

本篇是记叙伊尹迎接太甲回到亳都以后对太甲的教导,为梅氏伪古文《尚书》之八。

原文

惟三祀十有二月朔，伊尹以冕服奉嗣王归于亳[1]。作书曰："民非后，罔克胥匡以生[2]；后非民，罔以辟四方[3]。皇天眷佑有商[4]，俾嗣王克终厥德[5]，实万世无疆之休！"

译文

三年十二月朔日，伊尹戴着礼帽穿着礼服迎接嗣王太甲回到亳都。作书告王说："人民没有君主，不能互相匡正而生活；君主没有人民，无法治理四方。上天顾念帮助商家，使嗣王能成就君德，实在是商家万代无疆之美啊！"

注释 1 **冕服:**古代王侯、卿大夫的礼帽礼服。冕，王冠、礼帽。 2 **胥匡:**胥，相。匡，正、救助。 3 **辟四方:**辟，君。用作动词，治理的意思。 4 **眷佑:**眷，顾念。佑，帮助。 5 **克终:**克，能。终，成就。

以上第一段，伊尹欢迎太甲之辞。

原文

王拜手稽首[1]，曰："予小子不明于德，自厎不类[2]。欲败度，纵败礼，以速戾于厥躬[3]。天作孽[4]，犹可违；自作孽，不可逭[5]。既往背师保之训，弗克于厥初[6]；尚赖匡救之德，图惟厥终。"

译文

嗣王拜跪叩头说："我小子不明于德行，自己招致不善。多欲就败坏法度，放纵就败坏礼节，因此给自身招来了罪过。上天造成的灾祸，还可回避；自己造成的灾祸，不可逃脱。以前我违背师保的教训，不能谋求于开初；还望依靠您的匡救的恩德，谋求我的好结局。"

注释 1 **拜手稽首:**古代最敬的跪拜礼。拜手，跪拜而头俯至手。稽首，跪拜而头俯至地。 2 **厎:**至，致，导致。 **类:**善。 3 **速戾:**速，召。戾，罪。速戾，招来罪咎。 4 **孽:**灾祸。 5 **逭:**音 huàn，逃跑。 6 **克:**能。"克"下省略"图"字，探下文而省。

以上第二段，太甲悔过之辞。

原文

伊尹拜手稽首，曰："修厥身，允德协于下[1]，惟明后。先王子惠困穷[2]，民服厥命，罔有不悦。并其有邦厥邻[3]，乃曰[4]：'徯我后[5]，后来无罚。'王懋乃德[6]，视乃烈祖[7]，无时豫怠[8]。奉先思孝，接下思恭。视远惟明，听德惟聪。朕承王之休无斁[9]。"

译文

伊尹跪拜叩头，说："修治自身，又用诚信的美德和谐臣下，就是明君。先王成汤慈爱穷困的人民，人民服从他的教导，没有不喜悦的。连他的友邦和邻国，也这样说：'等待我们的君主吧，我们的君主来了，就没有祸患了。'大王要勉力增进你的德行，效法你的烈祖，不可有顷刻的安乐懈怠。侍奉先人，当思孝顺；接待臣下，当思恭敬。观察远方要眼明，顺从有德要耳聪。能够这样，我享受王的幸福就会没有止境。"

注释 1 **允德：**允，诚信。允德，诚信之德。 2 **子惠：**子，通"慈"。惠，爱。子惠，即慈爱。 3 **并其有邦：**并，连。《词诠》："并，连也。"有，通"友"。有邦，即友邦。 4 **乃：**如此，这样。《词诠》："乃，如此也。" 5 **徯：**等待。 6 **懋：**勉力。 7 **视乃烈祖：**视，效法。《广雅·释诂三》："视，效也。"烈祖，有功之祖，指成汤。烈，原作"厥"，今从《蔡传》本。 8 **无时豫怠：**无，不要。时，顷刻。豫，安乐。《蔡传》："不可顷刻而逸豫怠惰也。" 9 **斁：**音 yì，已，止。

以上第三段，伊尹勉励太甲效法先王励精图治。

太甲下

导读

本篇记叙太甲改悔之后，伊尹再三告诫太甲，希望太甲施行德政，做一个英明的君主。这是梅氏伪古文《尚书》之九。

原文

伊尹申诰于王曰[1]:"呜呼!惟天无亲[2],克敬惟亲;民罔常怀[3],怀于有仁;鬼神无常享[4],享于克诚。天位艰哉[5]!

"德惟治,否德乱。与治同道,罔不兴;与乱同事,罔不亡。终始慎厥与[6],惟明明后[7]。

"先王惟时懋敬厥德,克配上帝。今王嗣有令绪[8],尚监兹哉!

译文

伊尹向王反复告诫说:"呀!上天没有恒定的亲人,能敬天的,天就亲近;人民没有恒定归附的君主,他们归附仁爱的君主;鬼神没有恒定的享食,它们只享食于能诚信的人。处在天子的位置很不容易呀!

"用有德的人就治,不用有德的人就乱。与治者办法相同,没有不兴盛的;与乱者办法相同,没有不灭亡的。终和始都慎择自己的同事,就是英明的君主。

"先王因此勉力敬修自己的德行,所以能够匹配上帝。现在我王继续享有好的基业,希望看到这一点呀!

注释 1 **申诰:**申,反复。诰,告诫。 2 **无亲:**谓无常亲,"常"字探下文而省。 3 **怀:**归。《孔传》:"民所归无常。" 4 **享:**食,指享受祭祀。《国语》注:"享,食也。" 5 **天位:**大位,指天子之位。 6 **与:**指同事,共事的人。《周礼·大卜》"三曰与"注:"与,谓所与共事也。" 7 **明明:**大明、英明。《孔疏》:"重言明明,言其为大明耳。" 8 **令绪:**令,善。绪,业。《诗·闷宫》传:"绪,业也。"

以上第一段,伊尹勉励嗣王行德,慎择贤能。

原文

"若升高,必自下;若陟遐[1],必自迩。无轻民事,惟难;无安厥位,

译文

"如果升高,一定要从下面开始;如果行远,一定要从近处开始。不要轻视人民的事务,要想到它的难处;不要苟安君位,要想到

惟危。慎终于始！

“有言逆于汝心，必求诸道[2]；有言逊于汝志[3]，必求诸非道。

“呜呼！弗虑胡获[4]？弗为胡成？一人元良[5]，万邦以贞[6]。君罔以辩言乱旧政[7]，臣罔以宠利居成功。邦其永孚于休[8]。”

它的危险。慎终要从开头做起啊！

“有些话不顺你的心意，一定要从道义来考求；有些话顺从你的心意，一定要从不道义来考求。

“啊呀！不思考，怎么收获？不做事，怎么成功？天子大善，天下因此而得正。君主不要使用巧辩扰乱旧政，臣下不要凭仗骄宠和利禄而安居成功。这样，国家将永久保持在美好之中。”

注释 1 **陟遐:**陟，行。遐，远。 2 **诸:**之于。 3 **逊:**顺。 4 **胡:**何，怎么。 5 **一人元良:**一人，指天子。《孔疏》:“一则，天子自称一人，是为谦辞，言己是人中之一耳。一则，臣下谓天子为一人，是为尊称，言天下惟一人而已。”元，大。良，善、好。 6 **贞:**正，纯正。《孔传》:“天子有大善，则天下得其正。” 7 **辩言:**巧辩之言。 8 **孚:**保。《说文》:“古文孚，从禾。古文保(保)。保(保)亦声。”(段注本)段注:“古文以孚为保(保)也。”

以上第二段，伊尹阐明行德的具体办法。

咸有一德

导读

太甲被放居桐宫，伊尹主持政事。太甲后来回到亳都，又亲自主持政事。伊尹年老，将回到他的私邑，恐太甲二三其德，就向王进言，以一德勉励他。一德，谓纯一不杂之德。史官记录这件事，因篇中有“咸有一德”的话，所以便以“咸有一德”名篇。本篇是梅氏伪古文《尚书》之十。按《史记·殷本纪》叙述《咸有一德》在成汤之时，而本篇则以为作于太甲之日。即以时间而论，也可证明本篇是伪作。

原文

伊尹既复政厥辟，将告归，乃陈戒于德。

曰：“呜呼！天难谌[1]，命靡常。常厥德，保厥位；厥德匪常，九有以亡[2]。夏王弗克庸德，慢神虐民。皇天弗保，监于万方，启迪有命[3]，眷求一德，俾作神主[4]。惟尹躬暨汤咸有一德，克享天心[5]，受天明命，以有九有之师，爰革夏正[6]。非天私我有商，惟天佑于一德；非商求于下民，惟民归于一德。德惟一，动罔不吉；德二三，动罔不凶。惟吉凶不僭，在人；[7]惟天降灾祥，在德！[8]

译文

伊尹已经把政权归还给太甲，将要告老回到他的私邑，于是陈述修德的事，告诫太甲。

伊尹说：“唉！上天难信，天命无常。经常修德，可以保持君位；不能经常修德，就会因此失掉九州。夏桀不能经常修德，怠慢神明，虐待人民。皇天不安，观察万方，开导佑助天命的人，眷念寻求纯德的君，使他作为百神之主。只有我伊尹自己和成汤都有纯一之德，能合天心，接受上天的明教，因此拥有九州的民众，于是革除了夏王的虐政。这不是上天偏爱我们商家，而是上天佑助纯德的人；不是商家求请于民，而是人民归向纯德的人。德纯一，行动起来无不吉利；德不纯一，行动起来无不凶险。吉和凶不出差错，虽然在人；上天降灾降福，却在于德啊！

注释 1 **谌**：信。 2 **九有**：九州。 3 **启迪**：启，开。迪，导。 **有命**：有，通“佑”，佑助。有命，帮助天命的人。 4 **神主**：百神之主。 5 **享**：当，合。《孔传》：“享，当也。” 6 **爰**：于是。 **正**：通“政”。 7 **僭**：差错。 **在人**：在于人的所行。 8 **祥**：福，灾之反。 **在德**：孔疏：“在德，谓为德有一不一。”

以上第一段，伊尹阐明人君当有纯一之德。

原文

"今嗣王新服厥命[1]，惟新厥德；终始惟一，时乃日新。任官惟贤材，左右惟其人[2]。臣为上为德[3]，为下为民[4]；其难其慎[5]，惟和惟一[6]。德无常师，主善为师[7]；善无常主，协于克一[8]。俾万姓咸曰：大哉！王言。又曰：一哉！王心。克绥先王之禄[9]，永厎烝民之生[10]。

译文

"现在嗣王新受天命，要更新自己的德行；始终如一而不间断，这样就会日新。任命官吏当用贤才，任用左右大臣当用忠良。大臣协助君上施行德政，协助下属治理人民；对他们要重视，要慎重，当和谐，当专一。德没有不变之法，要以主善为法；善没有不变的准则，要协合于能一。要使万姓都说：重要呀！君王的话。又说：纯一呀！君王的心。这样，就能安享先王的福禄，长久安定众民的生活。

注释　1 **服：**受，接受。 2 **左右惟其人：**左右，指大臣。惟其人，指忠良的人。《孔传》："选左右必忠良，不忠良，非其人。" 3 **臣为上为德：**大臣辅助君上施行德政。《战国策·魏策》注："为，助也。"《广雅·释诂》："为，施也。"
4 **为下为民：**帮助下属治理人民。《左传·昭公元年》注："为，治也。"
5 **其难其慎：**其，尚、庶几，表祈使。《蔡传》："难者，难于任用。慎者，慎于听察。" 6 **惟和惟一：**惟，当。《蔡传》："和者，可否相济。一者，终始如一。"
6 **主善：**以善为主。《国语·周语》注："主，正也。" 8 **协于克一：**协，合。克，能。一，纯一。《孔传》："言以合于能一为常德。" 9 **绥：**安。 **禄：**福禄。
10 **厎：**安定。《尧典》"乃言厎可绩"，马融注："厎，定也。" **烝：**众。

以上第二段，伊尹勉励嗣王勤于修德，纯一其心。

原文

"呜呼！七世之庙，可以观德；[1] 万夫之长，可以观政。[2] 后非民罔使，

译文

"啊呀！供奉七世祖先的宗庙，可以看到功德；万夫的首长，可以看到行政才能。君主没有人民就无人任用，人民没有

民非后罔事[3]。无自广以狭人[4],匹夫匹妇不获自尽[5],民主罔与成厥功。”

君主就无处尽力。不可自大而小视人,平民百姓如果不得各尽其力,人君就得不到人跟他建立功业。”

注释 1 **七世之庙,可以观德:**天子的宗庙供奉七代祖先,见到七世的宗庙,就可以看到他们的功德。 2 **万夫之长,可以观政:**《孔疏》:“万夫之长,能使其整齐,可以观知其善政也。” 3 **罔事:**无处尽力。《小尔雅·广诂》:“事,力也。” 4 **狭人:**小视人。小视人则不能尽人的心力。 5 **匹夫匹妇:**庶民百姓。 **自尽:**自己尽其心意。

以上第三段,伊尹勉励嗣王依靠人民,尊重人民。

盘庚上

导读

盘庚,成汤的第十世孙,祖丁的儿子,继承他哥哥阳甲的帝位,是商朝的第二十位君王。他为了避免水患,抑制奢侈的恶习,想从山东曲阜(奄)迁往河南安阳(殷),遭到了臣民的反对。盘庚先后三次告喻臣民,终于迁徙了。《史记·殷本记》说:“帝盘庚崩,弟小辛立,是为帝小辛。帝小辛立,殷复衰。百姓思盘庚,乃作《盘庚》三篇。”司马迁认为《盘庚》是小辛时的史官所追记,应当可信。《史记》和晚出《孔传》本把《盘庚》分为上、中、下三篇,伏生本和《汉石经》则是一篇。这是分合的不同,其实并无区别。上篇记录盘庚迁殷之前告诫群臣的话。

原文

盘庚迁于殷[1]。民不适有居[2]，率吁众慼出，矢言。[3]曰：“我王来[4]，即爰宅于兹[5]，重我民[6]，无尽刘[7]。不能胥匡以生[8]，卜稽[9]，曰其如台[10]？先王有服[11]，恪谨天命[12]，兹犹不常宁？不常厥邑，于今五邦[13]！今不承于古[14]，罔知天之断命[15]，矧曰其克从先王之烈[16]？若颠木之有由蘖[17]，天其永我命于兹新邑[18]，绍复先王之大业[19]，厎绥四方[20]。”

译文

盘庚将把都城迁到殷。臣民不愿往那个处所，相率呼吁一些贵戚大臣出来，向他们陈述意见。臣民说：“我们的君王迁来，既已改居在这里，是看重我们臣民，不使我们受到伤害。现在我们不能互相救助，以求生存，用龟卜稽考一下，将怎么样呢？先王有事，敬慎地遵从天命。这里还不能长久安宁吗？不能长久住在一个地方，到现在已经五个国都了！现在不继承先王敬慎天命的传统，就不知道老天将断绝我们的命运，更何况说能继承先王的事业呢？好像倒伏的树又长出了新枝、被砍伐的残余又发出嫩芽一样，老天将使我们的国运在这个新都奄邑延续下去，继续复兴先王的大业，安定天下。”

注释

1 **迁于殷：**殷，今河南安阳。迁于殷，将迁于殷。句例与《甘誓》“大战于甘”相同。杨遇夫说：“此定计决迁之辞，实为未迁也。” 2 **适：**往。**有居：**住地。有，助词。 3 **率吁众慼出：**率，人民相率。从姚鼐、段玉裁说，见《尚书易解》。慼，音 qī，当从《说文》作“戚”，贵戚大臣。 **矢：**陈，陈述。 4 **我王：**指南庚。王船山说：“《盘庚》所谓我王来者，谓南庚来奄，非谓祖乙来耿也。”见《书经稗疏》卷三。 5 **爰：**易，改。 **宅：**居住。 **兹：**这里，指奄。 6 **重：**重视。江声说：“重，厚，厚待之也。” 7 **刘：**伤害。《尔雅·释诂》：“刘，杀也。” 8 **胥：**相。 **匡：**救助。 9 **卜稽：**稽，考。卜稽，卜而考之。《周礼·大卜》：“国大迁，大师，则贞龟。” 10 **曰：**语首助词。 **其：**将。 **如台：**如何，怎样。台，音 yí。 11 **服：**事。见《释诂》。 12 **恪：**音 kè，恭敬。 **谨：**慎。 13 **五邦：**杨遇夫说：“五邦，中丁迁嚣，一也；河亶甲迁相，二也；祖乙迁耿，三也；

耿圮迁庇，四也；南庚迁奄，五也。中丁迁嚣，河亶甲迁相，祖乙居庇，南庚迁奄，并见古本《竹书纪年》，祖乙圮于耿，见《书序》。” 14 **承**：继承。 **古**：指先王恪谨天命。 15 **断命**：断绝我命。 16 **矧**：音 shěn，况且。 **烈**：事业。 17 **颠**：倒仆。 **由**：倒木新生的枝条。 **蘖**：音 niè，树被砍伐后长出的新芽。 18 **新邑**：指奄。杨遇夫说：“合计南庚、阳甲、盘庚三王居奄之时月，不过二十一二年，故殷民仍称奄为新邑也。”见《尚书说》。 19 **绍**：继续。 **复**：兴复。 20 **厎**：定。 **绥**：安。

原文

盘庚敩于民[1]，由乃在位以常旧服、正法度[2]。曰：“无或敢伏小人之攸箴[3]！”王命众[4]，悉至于廷。

译文

盘庚开导臣民，又教导在位的大臣遵守旧制、正视法度。他说：“不允许有人敢凭借小民的谏诫，反对迁都！”于是，王命令众人，都来到朝廷。

注释 1 **敩**：音 xiào。教，开导。 2 **由**：《方言》：“正也。” **乃**：《经传释词》：“乃，犹‘其’也。” **常**：遵守。《诗·閟宫》“鲁邦是常”，郑玄说：“常，守也。” **旧服**：旧制。 **正法度**：以法度为正，正视法度。 3 **或**：有人。 **伏**：凭借。见《西京赋》薛综注。 **攸**：所。 **箴**：规劝。小人所箴，即指上文所引不欲迁徙者之言。 4 **众**：群臣。王先谦说：“《经》言众，皆谓群臣。”

以上第一段，记叙殷民反对迁都的理由。

原文

王若曰：“格汝众[1]，予告汝训汝。猷黜乃心[2]，无傲从康[3]。古我先王，亦惟图任旧人共政[4]。王播告之修[5]，不匿厥指[6]，王用丕钦[7]。罔有逸言[8]，民用丕变。

译文

王这样说：“来吧，你们各位，我要告诉你们，开导你们。可克制你们的私心，不要傲上求安。从前我们的先王，也只是谋求任用旧臣共同管理政事。施行先王的教令，他们不隐瞒教令的旨意，先王因此敬重他们。他们没有错误的言论，百姓们因此也大变了。现在你们拒绝我的好意，自以为是，起来申说危今汝聒聒[9]，起信险肤[10]，予弗知乃所讼[11]。

害虚浮的言论，我不知道你们争辩的意图。

注释　1 **格**：来。2 **猷**：可。黄以周说："猷，犹可也。"见《尚书启幪》。**黜**：降。**乃**：你们的。黜心，望群臣降心相从。3 **无**：不要。**傲**：傲上。**从康**：从，追求。康，安乐。4 **旧人**：长期在位的人。**共政**：共同管理政事。5 **王**：先王。**播告之修**：播告，指教令。播告之修，黄式三说："谓修明王之教令也。"6 **匿**：隐瞒。**指**：通"旨"，意旨。7 **丕**：大。**钦**：敬重。8 **逸**：过。见《尔雅·释言》9 **聒聒**：音 guō。马融说："拒善自用之意。"是说拒绝好意而自以为是。10 **起**：兴起。**信**：通"申"。申说。**险**：险恶。**肤**：虚浮。11 **讼**：争辩。

原文

"非予自荒兹德[1]，惟汝含德，不惕予一人。[2]予若观火，予亦拙谋作[3]，乃逸[4]。若网在纲[5]，有条而不紊[6]；若农服田[7]，力穑乃亦有秋[8]。汝克黜乃心[9]，施实德于民[10]，至于婚友[11]，丕乃敢大言汝有积德[12]。乃不畏戎毒于远迩[13]，惰农自安，不昏作劳[14]，不服田亩，越其罔有黍稷[15]。

译文

"并不是我自己放弃了任用旧人的美德，而是你们包藏好意而不施给我。我对当前形势像看火一样地清楚，我如果又不善于谋划和行动，那就错了。好像把网结在纲上，才能有条理而不紊乱；好像农民从事田间劳动，努力耕种，才会大有收成。你们能克制私心，把实际的好处施给百姓，以至于亲戚朋友，于是才敢扬言你们有积德，如果你们不怕远近会出现大灾害，像懒惰的农民一样自求安逸，不努力操劳，不从事田间劳动，就会没有黍稷。

注释　1 **荒**：废弃。**兹德**：这种美德。指任用旧人的美德。2 **含**：怀，藏。**惕**：通"施"。《白虎通》引作"施"。俞樾说。**予一人**：盘庚自称。3 **谋作**：谋划和劳作。4 **乃**：则。**逸**：过错。5 **纲**：网的总绳。6 **紊**：乱。7 **服**：

治，作。 8 **穑**：收获，泛指耕种。 **秋**：收成。 9 **黜**：降，降低。 **乃心**：你们的傲慢之心。 10 **实德**：曾运乾说："不迁为顺民之虚名，迁则为惠民之实德也。" 11 **婚**：姻亲，指亲戚。12 **丕乃**：《词诠》："丕乃，犹言于是。" 13 **乃**：若，如果。 **戎毒**：戎，大。毒，害。指大水的灾害。 **迩**：近。 14 **昏**：加强。《尔雅·释诂》："昏，强也。" 15 **越其**：于是就。《经传释词》："越其，犹爰乃也。"

原文

"汝不和吉言于百姓[1]，惟汝自生毒[2]，乃败祸奸宄[3]，以自灾于厥身。乃既先恶于民[4]，乃奉其恫[5]，汝悔身何及？相时憸民[6]，犹胥顾于箴言，其发有逸口[7]，矧予制乃短长之命[8]？汝曷弗告朕[9]，而胥动以浮言，恐沈于众[10]？若火之燎于原，不可向迩，其犹可扑灭？则惟汝众自作弗靖[11]，非予有咎。

译文

"你们不向老百姓宣布我的善言，这是你们自生祸害，即将发生灾祸邪恶，而自己害自己。假若已经引导人们做了坏事，而又承受那些痛苦，你们悔恨自己又怎么来得及？看看这些小人吧，他们尚且顾及规劝的话，顾及发出错误言论，何况我掌握着你们或短或长的生命呢？你们为什么不告诉我，却用些无稽之谈互相鼓动，恐吓煽动民众呢？好像大火在原野上燃烧一样，不能向它靠近，还能够扑灭吗？这都是你们众人自己做了不好的事，不是我有过错。"

注释 1 **和**：宣，宣布。俞樾说。2 **毒**：祸害。3 **败**：危败。**祸**：灾祸。**奸**：在外作恶。 **宄**：在内作恶。 4 **先**：倡导。《礼记·郊特牲》注："先谓倡导之也。" 5 **奉**：承受。 **恫**：痛苦。《尔雅·释言》："恫，痛也。" 6 **相**：看。 **时**：通"是"，这些。 **民**：《蔡传》说："小民也。" 7 **逸口**：错误言论。《蔡传》说："过言也。" 黄式三说："小人犹顾畏箴言之来于人，逸口之发于己。" 8 **制**：掌握。 **短长之命**：或短或长的生命。 9 **曷**：何，为什么。 10 **恐**：恐吓。 **沈**：通"扰"。黄式三说："沈、扰通。告言不正以惑之也。言恐吓扰惑乎众也。" 11 **靖**：善。

以上第二段，记盘庚责备群臣不遵旧制。

原文

“迟任有言曰[1]：‘人惟求旧，器非求旧，惟新。’古我先王暨乃祖乃父胥及逸勤[2]，予敢动用非罚[3]？世选尔劳[4]，予不掩尔善[5]。兹予大享于先王[6]，尔祖其从与享之[7]。作福作灾，予亦不敢动用非德[8]。

译文

“迟任说过：‘人要寻求旧的，器物不要寻求旧的，要新。’过去我们的先王同你们的祖辈父辈共同勤劳，共享安乐，我怎么敢对你们施行不恰当的刑罚呢？世世代代都会说到你们的功劳，我不会掩盖你们的好处。现在我要祭祀我们的先王，你们的祖先也将跟着享受祭祀。赐福降灾，我也不敢动用不恰当的赏赐或惩罚。

注释　1 **迟任：**郑玄说：“迟任，古之贤史。” 2 **暨：**与，和。**胥：**相。**逸勤：**安乐、勤劳。 3 **非罚：**不当的惩罚。 4 **选：**《孔传》说：“数也。”谓数说。**劳：**劳绩。 5 **掩：**掩蔽。 6 **享：**祭祀。 7 **尔祖其从与享之：**古代天子祭祀祖先，也让功臣的祖先同时享受祭祀。 8 **非德：**不当的恩惠。

原文

“予告汝于难，若射之有志[1]。汝无侮老成人[2]，无弱孤有幼[3]。各长于厥居[4]，勉出乃力，听予一人之作猷[5]。无有远迩，用罪伐厥死[6]，用德彰厥善[7]。邦之臧[8]，惟汝众；邦之不臧，惟予一人有佚罚[9]。

“凡尔众，其惟致告[10]：自今至于后日，各恭尔事[11]，齐乃位[12]，度乃口[13]。

译文

“我在患难的时候告诉你们，要像射箭有箭靶一样，你们不能偏离我。你们不要轻视成年人，也不要看不起年幼的人。你们各人领导着自己的封地，要努力使出你们的力量，听从我一人的谋划。没有远和近的分别，我用刑罚惩处那些坏的，用赏赐表彰那些好的。国家治理得好，是你们众人的功劳；国家治理得不好，是我有过有罪。

“你们众人，要思考我告诫的话：从今以后，各人履行你们的职务，摆正你们的职位，闭上你们的口，不许乱说。否则，惩罚及尔身,弗可悔。”

罚到你们身上,后悔也不可能啊!”

注释 1 **志**:射箭的标志,即箭靶。 2 **侮老**:轻视。《唐石经》作“老侮”。 3 **弱孤**:王引之说:“弱孤连言,以为孤弱而轻忽之也。” **有**:助词。 4 **长**:为长,为领导。 **厥居**:居住的地方,指各自的封邑。 5 **作猷**:所作所谋。江声说:“作,为。猷,谋也。” 6 **罪**:刑罚。 **死**:恶。说见《尚书易解》。 7 **德**:罪罚之反,奖赏。 **彰**:表彰。 8 **臧**:善。 9 **佚罚**:罪过。佚,《周语》作“逸”,韦昭注:“逸,过也。罚,犹罪也。” 10 **惟**:思。 **致告**:致,传达。告,告诫。 11 **恭尔事**:履行你们的职务,戒毋从康。 12 **齐乃位**:齐,正,摆正。位,职位。正尔职位,言当若网在纲,戒毋傲上。 13 **度乃口**:度,通“敷”,闭也。闭乃口,闭住你们的口。

以上第三段,记盘庚对群臣申明赏罚。

盘庚中

导读

中篇是记录盘庚将迁时告诫臣民的话。

原文

盘庚作[1],惟涉河以民迁[2]。乃话民之弗率[3],诞告用亶[4]。其有众咸造[5],勿亵在王庭[6]。盘庚乃登,进厥民。

译文

盘庚做了君主以后,计划渡过黄河带领臣民迁移。于是,集合了那些不服从的臣民,用至诚普告他们。那些臣民都来了,还没有靠近王庭。盘庚于是登上高处,招呼他们靠前一些。

注释 1 **作**:立为君。与《易》“神农氏作”“黄帝尧舜氏作”同。黄式三说。2 **惟**:谋。 **涉**:渡。奄在河之南,殷在河之北,所以要渡河。 3 **话**:会合。《说文》:“话,会合善言也。” **率**:循。 4 **诞**:大。 **亶**:诚。 5 **有**:助词。 **咸**:都。 **造**:到。 6 **勿亵**:亵,近。孙星衍云:“言未近在王廷。”

原文

曰:“明听朕言,无荒失朕命[1]!呜呼!古我前后,罔不惟民之承保[2]。后胥慼鲜[3],以不浮于天时[4]。殷降大虐[5],先王不怀厥攸作[6],视民利用迁[7]。汝曷弗念我古后之闻?承汝俾汝惟喜康共[8],非汝有咎比于罚[9]。予若吁怀兹新邑[10],亦惟汝故,以丕从厥志?[11]

译文

盘庚说:“你们要听清楚我的话,不要忽视我的命令!啊!从前我们的先王,没有谁不想顺承和安定人民。君王清楚大臣也明白,因此没有被天灾所惩罚。从前上天盛降大灾,先王不安于自己所作的都邑,考察臣民的利益而迁徙。你们为什么不想想我们先王的这些传闻呢?我顺从你们喜欢安乐和稳定的心愿,反对你们有灾难而陷入刑罚。我若呼吁你们安居在这个新都,也是关心你们的祸灾,并且永遵先王的意愿吗?

注释 1 **荒**:废。 **失**:通“佚”,《说文》:“佚,忽也。”轻忽的意思。 2 **罔不惟民之承保**:江声说:“当读至‘保’字断句。保,安也。言前后无不承安其民也。” 3 **胥**:古“谞”字。章太炎《文始》五说:“凡古言谞者,今言清楚,或言清爽。” **慼**:通“戚”。贵戚大臣。 **鲜**:明。后胥戚鲜,言君主清楚、贵戚明白。 4 **浮**:《小尔雅·广言》:“浮,罚也。” 5 **殷降**:殷,盛。降,下。谓天盛降。 **虐**:灾。指洪水的灾害。 6 **怀**:安。 **攸作**:所作,指所作之居邑。7 **视民利用迁**:言视民利所在以迁徙。用,以。 8 **承**:顺。 **俾**:从。 **康**:安康。 **共**:通“拱”,《广雅》:“拱,固也。”俞樾说。 9 **非**:反对。 **咎**:过错。 **比**:入,陷入。 10 **吁**:呼吁。 **怀**:安。 **新邑**:指奄。 11 **惟**:思念。 **故**:灾祸,见《周礼·宫正》注。 **丕**:大。 **从**:遵从。 **厥志**:先王保民之志。按:“亦惟”九字，是反问句，省略了“乎”字。意思是，也是思念你们的灾祸而永遵先王保民之志吗？

以上第一段，盘庚说明迁都是继承先王保民的志愿。

原文

“今予将试以汝迁，安定厥邦。汝不忧朕心之攸困，乃咸大不宣乃心[1]，钦念以忱动予一人[2]。尔惟自鞠自苦[3]，若乘舟，汝弗济，臭厥载[4]。尔忱不属[5]，惟胥以沉[6]。不其或稽[7]，自怒曷瘳[8]？汝不谋长以思乃灾，汝诞劝忧[9]。今其有今罔后[10]，汝何生在上？

“今予命汝一[11]，无起秽以自臭[12]，恐人倚乃身，迂乃心[13]。予迓续乃命于天[14]，予岂汝威，用奉畜汝众[15]。

译文

“现在我打算率领你们迁移，使国家安定。你们不忧虑我内心的困苦，你们的心竟然都很不和顺，很想用些不正确的话来动摇我。你们自己搞得走投无路，自寻烦恼，譬如坐在船上，你们不渡过去，这将会坏事。你们诚心不合作，那就只有一起沉下去。不能前进，只是自己怨怒，又有什么好处呢？你们不作长久打算，不想想灾害，你们普遍安于忧患。这样下去，将会有今天而没有明天了，你们怎么能生活在这个世上呢？

“现在我命令你们同心同德，不要传播谣言来败坏自己，恐怕有人会使你们的身子不正，使你们心地歪邪。我向上天劝说延续你们的生命，我哪里是要虐待你们啊，我是要帮助你们、养育你们众人。

注释 1 **宣：**孙星衍读为“和”，和协。 2 **钦：**甚。见《尚书易解》。 **忱：**读为“抌”，不正的话。庄述祖说。 3 **鞠：**穷困。 4 **臭：**朽。《广雅》：“朽，败也。” **载：**事。 5 **忱：**诚。 **属：**合。《礼记·经解》注：“属，犹合也。” 6 **胥以：**相与。 7 **不其或稽：**其，助词。或，克。稽，当依汉石经作“迪”，进也。不其或迪，言不能前进。 8 **曷：**何，怎么。 **瘳：**音 chōu，病好了。 9 **劝：**乐，安于。《吕览·适威》注：“劝，乐也。” 10 **其：**将。 **有今罔后：**罔，无。

无后,言将死亡。 11 一:同心一志。 12 **起秽**:扬起污秽,比喻传播谣言。 13 **倚乃身**:使你们身子不正。倚,偏斜。 **迂乃心**:使你们思想歪斜。迂,邪,歪斜。 14 **迓**:《匡谬正俗》引作“御”。《曲礼》注:“劝侑曰御。”这里是劝请的意思。 15 **奉**:助。 **畜**:养。

以上第二段,盘庚说明迁都是为了拯救臣民,安定国家。

原文

“予念我先神后之劳尔先[1],予丕克羞尔用怀尔[2],然失于政,陈于兹[3],高后丕乃崇降罪疾[4],曰:‘曷虐朕民[5]?’汝万民乃不生生[6],暨予一人猷同心[7],先后丕降与汝罪疾,曰:‘曷不暨朕幼孙有比[8]?’故有爽德[9],自上其罚汝[10],汝罔能迪[11]。

“古我先后既劳乃祖乃父,汝共作我畜民[12],汝有戕则在乃心[13]! 我先后绥乃祖乃父[14],乃祖乃父乃断弃汝[15],不救乃死。兹予有乱政同位[16],具乃贝玉[17]。乃祖乃父丕乃告我高后曰:‘作丕刑于朕孙!’迪高后丕乃崇降弗祥[18]。

译文

“我想到我们神圣的先王曾经烦劳你们祖先,我不能使你们前进以安定你们,而耽误政事,长久居住在这里,先王就会重重地降下罪疾,问道:‘为什么虐待我的臣民?’你们万民如果不去谋生,不和我同心同德,先王也会对你们降下罪责,问道:‘为什么不同我的幼孙亲近友好?’因此,有了过错,上天就将惩罚你们,你们不能长久。

“从前我们的先王已经烦劳你们的祖先和父辈,你们都作为我养育的臣民,你们内心却又怀着恶念! 我们的先王将会告诉你们的祖先和父辈,你们的祖先和父辈就会断然抛弃你们,不会挽救你们的死亡。现在我有乱事的大臣,聚集财物。你们的祖先和父辈于是就会告诉我们的先王说:‘对我们的子孙用大刑吧!’于是,先王就会重重地降下刑罚。

注释 1 **神后**:神圣的君主。2 **丕**:当依汉石经作“不”。**羞尔**:羞,进也。羞尔,使你们前进。 3 **陈**:居处。《周礼·内宰》注:“陈,犹处也。” 4 **丕乃**:

于是就。**崇**:重。5 **曷**:何,为什么。**虐**:虐待。6 **乃**:若。**生生**:营生。《庄子·大宗师》"生生者不生"崔注:"常营其生为生生。"孙星衍说。7 **猷**:谋求。8 **幼孙**:盘庚自指。**有比**:亲近。9 **爽**:差错。10 **上**:上天。11 **迪**:读为"攸",长也。孙星衍说。12 **作**:为。**畜**:养。13 **有**:又。**戕**:残害。**则**:通"贼",害。14 **绥**:曾运乾说:"绥,安也。引伸之,安人以言亦曰绥。下文'绥爰有众',即'告于有众'也。"15 **断**:断然。16 **乱政**:乱政之臣。**同位**:同事。17 **乃**:其。**贝玉**:贝和玉,指财物。18 **迪**:语首助词。**崇**:重。

以上第三段,盘庚说明离心失德,将受到先祖的惩罚。

原文

"呜呼!今予告汝:不易[1]!永敬大恤[2],无胥绝远[3]!汝分猷念以相从[4],各设中于乃心[5]。乃有不吉不迪[6],颠越不恭[7],暂遇奸宄[8],我乃劓殄灭之[9],无遗育[10],无俾易种于兹新邑[11]。

"往哉生生!今予将试以汝迁,永建乃家。"

译文

"啊!现在我告诉你们:不要轻举妄动!要永远警惕大的忧患,不要互相疏远!你们应当考虑顺从我,各人心里都要和和善善。假如有人不善良,不走正道,违法不恭,欺诈奸邪,胡作非为,我就要断绝消灭他们,不留他们的后代,不让他们在这个新国都里延续种族。

"去吧,去谋生吧!现在我将率领你们迁徙,永久建立你们的家园。"

注释 1 **易**:轻易。2 **敬**:警,警戒。庄述祖说:"敬,当读'儆',戒也。"**恤**:忧患。3 **胥**:相。**绝远**:隔绝疏远。4 **分**:当。见《文选·神女赋》注。**猷**:谋。5 **中**:和。见《说文》。6 **乃**:若。**吉**:善。**迪**:道,正路。7 **颠**:陨,坠落。**越**:越轨,违法。8 **暂**:王引之读为"渐",欺诈。**遇**:王引之读为"隅",奸邪。9 **劓**:同"剿"。《广雅·释诂》:"剿,断也。"孙星衍说。**殄**:灭绝。10 **育**:王引之读为"胄",后代。11 **俾**:使。**易**:延续。王引之说:"易,延也。"**种**:种族。

以上第四段,盘庚发布禁令。

盘庚下

导读

下篇是记录盘庚迁殷之后告诫臣民的话。

原文

盘庚既迁，奠厥攸居[1]，乃正厥位，绥爰有众[2]。

曰："无戏怠，懋建大命[3]！今予其敷心腹肾肠[4]，历告尔百姓于朕志[5]。罔罪尔众，尔无共怒，协比谗言予一人[6]。

译文

盘庚迁都以后，定好住的地方，才决定宗庙朝廷的位置，然后告诫众人。

盘庚说："不要戏乐、懒惰，努力传达我的教命吧！现在我将披肝沥胆把我的意思告诉你们各位官员。我不会惩罚你们众人，你们也不要一起发怒，联合起来，毁谤我一个人。

注释 1 **奠**:定。**攸**:所。2 **绥**:告诉。**爰**:于。**有**:助词。3 **懋**:勉力。**建**:布告。《周礼·天官冢宰·小宰》"掌建邦之宫刑"郑注:"建，明布告之。"4 **敷**:布。布心腹肾肠，即披肝沥胆的意思。5 **历**:数说。**百姓**:百官。**于**:以。6 **协比**:协同一致。

原文

"古我先王将多于前功[1]，适于山[2]。用降我凶[3]，德嘉绩于朕邦[4]。

译文

"从前我们的先王想光大前人的功业，迁往山地。因此减少了洪水给我们的灾祸，在我国获得了好效果。现在我们的臣民由今我民用荡析离居[5]，罔有定极[6]，尔谓朕曷震动万民以迁[7]！肆上帝将复我高祖之德[8]，乱越我家[9]。朕及笃敬[10]，恭承民命[11]，用永地于新邑[12]。肆予冲人[13]，非废厥谋[14]，吊由灵各[15]；非敢违卜，用宏兹贲[16]。

于洪水动荡奔腾而流离失所，没有固定的住处，你们反而问我为什么要惊动众人迁徙！现在上帝要兴复我们高祖的美德，光大我们的国家。我急切、笃实、恭谨，奉命延续你们的生命，率领你们长远居住在新都。所以我这个年轻人，不是废弃你们的谋划，是要善于遵行上帝的考虑；不是敢于违背卜兆，是要发扬光大上帝这一美好的指示。

注释　1 **将**:欲。见《广雅·释诂》。 **多**:读为"侈"，光大的意思。吴汝纶说。**前功**:前人的功劳。 2 **适**:往，迁往。 3 **用**:因此。 **降**:减少。 **凶**:灾祸。 4 **德**:升。见《说文》。 5 **荡析**:荡泆。段玉裁说:"荡泆者，动荡奔突而出。" 6 **极**:止。 7 **曷**:何，为什么。 **震动**:惊动。 8 **肆**:今。 **将**:欲。 9 **乱**:助词。 **越**:扬。《释言》:"越，扬也。" 10 **及**:汲汲。《公羊传·隐公元年》传云:"及，犹汲汲也。" 11 **承**:续，延续。 12 **用**:率领，见《词诠》。 **永地**:永久居住。地字用作动词。 13 **肆**:故。 **冲人**:年幼的人，盘庚自指。 14 **厥谋**:你们的谋划。 15 **吊**:善。 **灵各**:灵，神，指上帝。各，读为格，《仓颉篇》:"格，量度也。"吊由灵各，谓善用上帝的谋度。见《尚书易解》。 16 **宏**:宏扬。 **贲**:美。

以上第一段，解除臣民的疑惧心理。

原文

"呜呼！邦伯师长百执事之人[1]，尚皆隐哉[2]！予其懋简相尔念敬我众[3]。朕不肩好货[4]，敢恭生生[5]。鞠人

译文

"啊！各位诸侯、各位官长以及全体官员，你们都要考虑考虑啊！我将要尽力考察你们惦念尊重我们民众的情况。我不会任用贪财的人，只任用经营民生的人。对于那些能养育民众并能谋求他们安居的人，我将依

谋人之保居[6]，叙钦[7]。今我既羞告尔于朕志若否[8]，罔有弗钦！无总于货宝[9]，生生自庸[10]！式敷民德[11]，永肩一心[12]！”

次敬重他们。现在我已经把我心里的好恶告诉你们了，不要有不敬慎的！不要聚敛财宝，要经营民生以自立功勋！应当把恩惠施给民众，永远能够与民众同心！”

注释 1 **邦伯：**邦国之长，指诸侯。**师长：**众位官长。**百执事：**执行政事的众位官员。2 **尚：**庶几，表祈使。**隐：**度，考虑。3 **懋：**勉力。**简相：**简，阅。相，视。简相，视察。4 **肩：**任用。**好货：**喜好财货的官吏。5 **恭：**举用。**生生：**营生的人。6 **鞠：**养，抚养。**保：**安。7 **叙：**次序。**钦：**敬。8 **羞：**进。**若否：**顺与否。9 **总：**聚敛。10 **庸：**功，谓建功。11 **式：**应当。**敷：**施。**德：**恩惠。12 **肩：**克，能够。

以上第二段，申明自己的好恶。

说命上

导读

《史记·殷本纪》记载：殷王武丁即位，想复兴殷国，没有得到贤相。他把政事交给冢宰，三年不言，以考察国家的风俗。一天夜间，武丁梦见一位圣人名叫说，于是将梦中所见的形象来对照群臣百官，都不像。又派遣官员到城外去寻找，终于在傅险之中找到了。这个人在傅险中筑土。于是领他进见武丁，武丁说，正是的。武丁同他谈论，果然是一位圣人。武丁用他做宰相，殷国大治。《说命》共三篇，记录的全是关于傅说的命辞或讲话，所以叫《说命》。本篇记叙武丁得到傅说后命他为相之辞和傅说的答辞。是梅氏伪古文《尚书》之十一。

原文

王宅忧[1]，亮阴三祀[2]。既免丧，其惟弗言[3]。群臣咸谏于王曰："呜呼！知之曰明哲，明哲实作则[4]。天子惟君万邦[5]，百官承式。王言惟作命，不言，臣下罔攸禀令。"

王庸作书以诰曰[6]："以台正于四方[7]，惟恐德弗类[8]，兹故弗言。恭默思道，梦帝赉予良弼[9]，其代予言。"乃审厥象，俾以形旁求于天下[10]。说筑傅岩之野[11]，惟肖[12]。爰立作相[13]，王置诸其左右[14]。

译文

高宗居父丧，信任冢宰默默不言，已经三年。免丧以后，他还是不论政事。群臣都向王进谏说："啊！通晓事理的叫做明哲，明哲的人实可制作法则。天子统治万邦，百官承受法式。王的话就是教命，王不说，臣下就无从接受教命。"

王因作书告喻群臣说："要我做四方的表率，我惟恐德行不好，所以不发言。我恭敬沉默思考治国的办法，梦见上帝赐给我贤良的辅佐，他将代替我发言。"于是详细画出了他的形像，使人拿着图像到天下普遍寻找。傅说在傅岩之野筑土，同图像相似。于是立他为相，王把他设置在左右。

注释 1 **王宅忧：**王，指武丁。宅，居。忧，指父丧。武丁居父亲小乙之丧。 2 **亮阴：**信默，信任冢宰默而不言。马融说："亮，信也。阴，默也。为听于冢宰，信默而不言。"《孔传》解释相同。郑玄读为"梁暗"，解为居丧之庐。今从马说。 **祀：**年。 3 **其惟弗言：**《孔传》："犹不言政。" 4 **则：**法则。 5 **君：**用作动词，统治的意思。 6 **庸：**用。 7 **台：**音 yí，我。 8 **类：**善。 9 **赉：**音 lài，与。 **良弼：**贤良的辅臣。 10 **旁：**普遍。 11 **傅岩：**地名。《孔传》："傅氏之岩，在虞、虢之界。"按虞，今山西平陆县一带。虢，今河南三门峡市陕州区一带。 12 **肖：**相似。《孔传》："肖，似。似所梦之形。" 13 **爰：**于是。 14 **诸：**之于。

以上第一段，叙述武丁请傅说为相的经过。

原文

命之曰:“朝夕纳诲[1],以辅台德[2]!若金[3],用汝作砺[4];若济巨川,用汝作舟楫[5];若岁大旱,用汝作霖雨[6]。启乃心[7],沃朕心[8]!若药弗瞑眩[9],厥疾弗瘳[10];若跣弗视地[11],厥足用伤。惟暨乃僚,罔不同心以匡乃辟,俾率先王,迪我高后[12],以康兆民[13]。

“呜呼!钦予时命[14],其惟有终[15]!”

译文

王命令他说:“请早晚进谏,以帮助我修德吧!比如铁器,要用你作磨石;比如渡大河,要用你作船和桨;比如年岁大旱,要用你作霖雨。敞开你的心泉来灌溉我的心吧!比如药物不猛烈,疾病就不会好,比如赤脚而不看路,脚因此会受伤。希望你和你的同僚,无不同心来匡正你的君主,使我依从先王,追随成汤,来安定天下的人民。

“啊!重视我的这个命令,要考虑取得成功!”

注释 1 **朝夕纳诲:**纳诲,进赐教诲之言。《蔡传》:“‘朝夕纳诲’者,无时不进善言也。” 2 **台:**音 yí,我。 3 **金:**金属工具,指铁器。 4 **砺:**磨石。《孔传》:“铁须砺以成利器。” 5 **舟楫:**楫,划船的桨。《孔传》:“渡大水待舟楫。” 6 **霖:**连续三天的雨。《孔传》:“霖,三日雨,霖以救旱。” 7 **启乃心:**启,开。乃,你的。敞开你的心。 8 **沃:**灌溉、滋润。 9 **瞑眩:**音 mián xuàn,眼睛昏花,服了药物,使眼睛昏花,形容药物猛烈。《孔疏》:“瞑眩者,令人愤闷之意也。” 10 **瘳:**音 chōu,病好了。 11 **跣:**音 xiǎn,赤脚。 12 **迪:**蹈,踏。这里作“追随”解。**高后:**指成汤。 13 **康:**安定。 14 **钦:**敬。**时:**通“是”,这。 15 **其:**表祈使。 **惟:**思,考虑。 **有:**取得。《玉篇》:“有,得也,取也。” **终:**成。

以上第二段,记武丁命相之辞。

原文

说复于王曰:“惟木从绳则正[1],后从谏则圣。后克圣,臣不

译文

傅说向王答复说:“木依从绳墨砍削就会正直,君主依从谏言行事就会圣明。君主能够圣明受谏,臣下不待教命犹将承意进

命其承[2]，畴敢不祗若王之休命[3]？”

谏，谁敢不恭敬顺从我王的美好教导呢？”

注释 1 **绳**：指木工的绳墨。 2 **不命其承**：承，承意。不等待命令就会承意进行。《孔传》：“君能受谏，则臣不待命其承意而谏之。” 3 **畴**：谁。 **祗**：敬。 **若**：顺。

以上第三段，记傅说答武丁之辞。

说命中

导读

本篇记录了傅说对高宗的建议和他们之间的对话。傅说的建议是根据当时的政治情况，对症下药。他说：树立君臣上下，不是为了逸豫，而是为了治民。这真是医治天下君臣的良好药方。在对话中，傅说强调了“非知之艰，行之惟艰”的主张，对后人也富有指导意义。这是梅氏伪古文《尚书》之十二。

原文

惟说命总百官[1]，乃进于王曰：“呜呼！明王奉若天道[2]，建邦设都，树后王君公[3]，承以大夫师长[4]，不惟逸豫，惟以乱民[5]。惟天聪明，惟圣

译文

傅说接受王命总理百官，于是向王进言说：“啊！古代明王承顺天道，建立邦国，设置都城，树立侯王君公，又以大夫众长辅佐他们，这不是为了逸乐，而是用来治理人民。上天聪明公正，圣主效法它，臣下敬顺它，人民就顺从治理了。号令轻出会引起羞辱；甲

时宪[6]，惟臣钦若[7]，惟民从乂。惟口起羞[8]，惟甲胄起戎[9]，惟衣裳在笥[10]，惟干戈省厥躬[11]。王惟戒兹！允兹克明，乃罔不休。

胄轻用会引起战争；衣裳放在箱子里不用来奖励，会损害自己；干戈藏在府库里不用来讨伐，会伤害自身。王应该警戒这些！这些真能明白，政治就无不美好了。

注释 1 **总百官**：总理百官之职，指在冢宰之位。 2 **奉若**：奉，承受。若，顺从。3 **树**：立。**后王**：侯王。**君公**：诸侯。4 **承**：佐。《左传·哀公十八年》注："承，佐也。" 5 **乱**：治理。 6 **时宪**：时，通"是"，代词。宪，法。时宪，效法它。7 **钦若**：钦，敬。若，顺。 8 **惟口起羞**：《孔疏》："惟口出令不善以起羞辱。"言不可轻出号令。 9 **惟甲胄起戎**：甲，铠甲。胄，首铠，即头盔。《孔疏》："惟甲胄伐非其罪以起戎兵。"此言不可轻易用兵。 10 **衣裳在笥**：笥，箱子。在笥，言不用来奖给功臣。此文未完，当是"衣裳在笥，省厥躬"，与下文互文见义。 11 **干戈省厥躬**：干戈，当谓干戈在库，与上文互文见义。省，通"眚"，《释文》："一本作眚。"眚，灾祸、伤害。全句是说，干戈在库而不用来止暴禁兵，将伤害自身。参见《孔疏》。

以上第一段，傅说阐述治民要道。

原文

"惟治乱在庶官。官不及私昵[1]，惟其能；爵罔及恶德[2]，惟其贤。虑善以动，动惟厥时。有其善，丧厥善；矜其能，丧厥功。惟事事[3]，乃其有备，有备无患。无启宠纳侮[4]，无耻过作非[5]。惟厥攸居[6]，政事

译文

"治和乱在于众官。官职不可授予亲近的人，当授予那些能者；爵位不可赐给坏人，当赐给那些贤人。考虑妥善而后行动，行动当把握好时机。夸自己美好，就会失掉其美好；夸自己能干，就会失去其事功。做事情，就要有准备，有准备才没有后患。不要开宠幸的途径而受侮辱；不要以改过为耻而形成大非。这样思考所担任的事，政事就不会杂乱。"

惟醇[7]。

"黩于祭祀[8],时谓弗钦。礼烦则乱,事神则难。"

"轻慢对待祭祀,这叫不敬。礼神烦琐就会乱,这样,侍奉鬼神就难了。"

注释 1 **昵:**亲近。 2 **爵:**爵位。《礼记·王制》:"王者之制禄爵,公侯伯子男凡五等。" 3 **惟事事:**惟,语首助词。事事,动宾结构,做事情。 4 **启宠纳侮:**启,开。宠,宠幸。纳,受。侮,侮辱,《孔传》:"开宠非其人,则纳侮之道。" 5 **耻过作非:**耻过,以过错为耻。《孔传》:"耻过误而文之,遂成大非。" 6 **攸居:**攸,所。居,当、担任。 7 **醇:**不杂。 8 **黩:**轻忽,轻慢。

原文

王曰:"旨哉!说。乃言惟服[1]。乃不良于言,予罔闻于行[2]。"

说拜稽首,曰:"非知之艰,行之惟艰。王忱不艰[3],允协于先王成德[4],惟说不言,有厥咎。"

译文

王说:"好呀!傅说。你的话应当实行。你如果不善于进言,我就不能勉力去做了。"

傅说跪拜叩头,说道:"不是知道它艰难,而是实行它很难。王诚心不以实行为难,就真合于先王的盛德,我傅说如果不说,就有罪过了。"

注释 1 **惟服:**惟,当。服,行。 2 **罔闻于行:**罔,不。"闻于行"与"良于言"相对,"闻"当训为"勉"。闻于行,是说勉力于行。"闻"字的古文从昏得声,《西京赋》薛综注:"昏,勉也。"《尔雅·释诂》:"昏,强也。"强也是勉力的意思。 3 **忱:**诚,信。 4 **成德:**盛德。《释名》:"成,盛也。"

以上第二段,傅说和武丁谈论知与行。

说命下

导读

本篇记叙傅说和高宗讨论学习的问题，史官用对话的形式记录下来。傅说的讲话，谈到学习的目的在于建立事业，学习的态度要谦逊，学习的方法要常念于学，时时努力学，都有指导意义。这是梅氏伪古文《尚书》之十三。

原文

王曰："来！汝说。台小子旧学于甘盘[1]，既乃遁于荒野，入宅于河，[2]自河徂亳，暨厥终罔显[3]。尔惟训于朕志[4]，若作酒醴[5]，尔惟麹糵[6]；若作和羹[7]，尔惟盐梅。尔交修予[8]，罔予弃；予惟克迈乃训[9]。"

译文

王说："来呀！你傅说。我旧时候向甘盘学习过，不久就出巡到荒野，入居于河洲，又从河洲回到亳都，到后来学习没有显著进展。你当顺从我想学的志愿，比如做甜酒，你就做麹糵；比如做羹汤，你就做盐和梅。你要多方指正我，不要抛弃我；我当能够履行你的教导。"

注释 1 **台**：音 yí，我。 **甘盘**：殷之贤臣。《孔传》："甘盘，殷贤臣，有道德者。" 2 **遁**：巡，出巡。见《匡谬正俗》。 **宅**：居。 **河**：河洲。《孔传》："其父欲使高宗知民之艰苦，故使居民间。" 3 **徂亳**：徂，往。亳，亳邑，商的国都。 **暨**：到。 4 **训**：顺。《广雅·释诂》："训，顺也。" **朕志**：我的志愿，指要继续学习。 5 **醴**：甜酒。 6 **麹糵**：音 qū niè，酿酒的发酵剂，今称酒药子。7 **和羹**：五味调和的羹汤。《孔传》："盐，咸；梅，醋。羹须咸醋以和之。"

8 **交修**:交,多次。修,治。《孔传》:“交,非一之义。” 9 **迈**:行,履行。

原文

说曰:“王!人求多闻,时惟建事。学于古训乃有获;事不师古,以克永世,匪说攸闻[1]。惟学逊志[2],务时敏[3],厥修乃来[4]。允怀于兹,道积于厥躬。惟斅学半[5],念终始典于学[6],厥德修罔觉[7]。监于先王成宪[8],其永无愆[9]。惟说式克钦承[10],旁招俊乂[11],列于庶位。”

译文

傅说说:“王!人们要求增多知识,这是想建立事业。要学习古训,才会有得;建立事业不效法古训,而能长治久安的,这不是我傅说所知道的。学习要心志谦逊,务必时刻努力,所学才能增长。相信和记住这些,治道在自己身上将积累增多。教人是学习的一半,思念终和始常在于学习,道德不知不觉就会增长了。借鉴先王的成法,将永久没有失误,我傅说因此能够敬承你的意旨,广求贤俊,把他们安排在各种职位上。”

注释 1 **攸闻**:攸,所。闻,知。《广雅·释诂》:“闻,知也。” 2 **逊志**:逊,谦逊。言谦逊其志。 3 **时敏**:时时努力。 4 **来**:通“徕”。伸展,增长。《广雅·释诂》:“徕,伸也。” 5 **斅**:音 xiào,教。斅学半,教是学之半。 6 **典**:常。7 **德修**:德的增长。 8 **监**:察,审察。借鉴。 9 **愆**:过失。 10 **式**:用,因。11 **旁**:广,普遍。 **俊乂**:材能过人的人。

以上第一段,傅说与高宗讨论学习问题。

原文

王曰:“呜呼!说。四海之内咸仰朕德[1],时乃风[2]。股肱惟人[3],良臣惟圣。昔先正保衡作我先王[4],乃曰:予弗克

译文

王说:“啊!傅说。天下的人都敬仰我的德行,是你的教化所致。手足完备就是成人,良臣具备就是圣君。从前先正伊尹使我的先王兴起,他这样说:‘我不能使我的君王做尧舜,我心惭愧耻辱,好比在闹市受到鞭

俾厥后惟尧舜，其心愧耻，若挞于市[5]。’一夫不获[6]，则曰：‘时予之辜。’佑我烈祖[7]，格于皇天[8]。尔尚明保予[9]，罔俾阿衡专美有商[10]。惟后非贤不乂，惟贤非后不食[11]。其尔克绍乃辟于先王，永绥民[12]。”

说拜稽首[13]，曰：“敢对扬天子之休命[14]！”

打一样。’一人不得其所，他就说：‘这是我的罪过。’他辅助我的烈祖成汤受到皇天赞美。你要勉力扶持我，不要让伊尹专美于我商家！君主得不到贤人就不会治理，贤人得不到君主就不会被录用。你要能让你的君主继承先王，长久安定人民。”

傅说跪拜叩头，说：“请让我报答、宣扬天子的美好教导！”

注释 1 **咸仰**：咸，都。仰，敬仰。2 **风**：教化。3 **股肱**：股，指足。肱，指手。《孔传》：“手足具乃成人，有良臣乃成圣。” 4 **先正**：先世的长官。 **保衡**：指伊尹。 **作**：兴起。这里用为使动词，使兴起的意思。 5 **挞**：鞭打。 **市**：指闹市。 6 **不获**：获，得。不获，不得其所。 7 **烈祖**：烈，功业。有功业之祖，指成汤。 8 **格**：通“假”。嘉许，赞美。 9 **明保**：明，勉力。保，持，扶持。 10 **阿衡**：伊尹。 11 **食**：用，录用。《易象下传》“井泥不食”虞注：“食，用也。” 12 **绥**：安。 13 **稽首**：拜跪而叩头至地。现在叫做叩头。 14 **敢**：表敬之辞。 **对扬**：答扬。 **休命**：美命，美好教导。《孔传》：“对，答也。答受美命而称扬之。”

以上第二段，高宗勉励傅说效法伊尹。

高宗肜日

导读

高宗，指殷王武丁。他是盘庚的侄子，殷商的二十三代君主。他在商王朝的发展中，起着重要作用。肜，音融，又祭叫肜。肜日，又祭之日。祭谁呢？旧说以为高宗又祭成汤。金履祥说："似是祖庚绎于高宗之庙。"近人研究甲骨卜辞的记载，发现肜日上的人名是受祭的祖先，因此认为高宗肜日确是祖庚又祭高宗，证实了金履祥的预见。后说依据卜辞，大约接近真实。高宗的儿子祖庚在又祭高宗的时候，忽有一只野鸡飞到鼎耳上鸣叫，祖庚为此恐惧，他的大臣祖己趁此机会开导祖庚改革当时的祭祀制度。史官记录了这件事，名叫《高宗肜日》。

原文

高宗肜日[1]，越有雊雉[2]。祖己曰[3]："惟先格王[4]，正厥事[5]。"乃训于王。

译文

又祭高宗的那一天，有一只野鸡在鼎耳上鸣叫。祖己说："要先宽解君王的心，然后纠正他祭祀的事。"于是开导祖庚。

注释 1 **高宗肜日**：祖庚又祭高宗之日。肜，音 róng。 2 **越**：语首助词。**雊**：音 gòu，野鸡叫。 **雉**：野鸡。 3 **祖己**：祖庚的贤臣。 4 **格**：当作"假"。《汉书·五行志》引作"假"。假，通"暇"，宽暇，宽解。 5 **正**：纠正。 **事**：政事，指祭祀之事。

以上一段，史官记事之辞。

原文

曰："惟天监下民[1]，典厥义[2]。降年有永有不永[3]，非天夭民[4]，民中绝命[5]。民有不若德[6]，不听罪[7]。天既孚命正厥德[8]，乃曰：'其如台[9]？'

"呜呼！王司敬民[10]，罔非天胤[11]，典祀无丰于昵[12]！"

译文

祖己说："上天监视下民，赞美他们合宜行事。上天赐给人的年寿有长有短，并不是上天使人夭折，而是有些人自己断绝自己的性命。有些人有不好的品德，有不顺从天意的罪过。上天已经发出命令纠正他们的品德，您说：'要怎么样呢？'

"啊！先王继承帝位被百姓敬重，无非都是老天的后代，常祭的时候，近亲中的祭品不要过于丰厚啦！"

注释 1 **监**:视。 2 **典**:通“腆”,善,以为善。 **义**:宜,指行事合宜。《淮南子·齐俗训》说:“义者,循理而行宜也。” 3 **永**:长。指寿命长久。 4 **夭**:夭折。 5 **中**:身,自己。《礼记·檀弓下》“文子其中退然如不胜衣”注:“中,身也。” 6 **若**:《尔雅·释诂》:“善也。” 7 **听**:顺从。 8 **孚**:通“付”,交付,给予。《汉石经》《汉书·孔光传》都作“付”。 9 **乃**:汝。见《词诠》。 **如台**:如何。台,音 yí。 10 **王**:泛指先王。 **司**:嗣,嗣位。 11 **胤**:后代。 12 **典**:常。 **昵**:近亲。《孔传》说:“昵,近也。祭祀有常,不当特丰于近庙。”

以上一段,祖己劝导祖庚之辞。

西伯戡黎

导读

西伯,指周文王。戡,胜。黎,殷的属国,又写作“耆”或“饥”,在今山西省长治市西南。据《史记·周本纪》记载,西伯在讨伐犬戎、密须之后,第二年,又打败了黎国。纣的大臣祖伊听说这事,很恐惧,于是往谏纣王。纣王说:“不有天命吗?”史官记录了这件事,写成《西伯戡黎》。《竹书纪年》说:“帝辛二十四年,周师取耆及邗。”则以为是周武王时事,西伯也指武王。这是传闻的不同。纣王说我有命在天。祖伊反对说:您的失误很多,而又懒惰在上,能向上天祈求福命吗?这里明显地表现了祖伊的非命思想。祖伊接着说:殷商行将灭亡,要指示它的政事,不可不为您的国家而努力啊!他勉励纣王振作,挽救殷国的危亡,这里又显示了他光辉的爱国思想。

原文

西伯既戡黎[1],祖伊恐[2],奔告于王。

译文

周文王打败了黎国以后,祖伊恐慌,跑来告诉纣王。

曰:"天子!天既讫我殷命[3]。格人元龟[4],罔敢知吉[5]。非先王不相我后人[6],惟王淫戏用自绝[7]。故天弃我,不有康食[8]。不虞天性[9],不迪率典[10]。今我民罔弗欲丧[11],曰:'天曷不降威[12]?'大命不挚[13],今王其如台[14]?"

祖伊说:"天子,天意恐怕要终止我们殷商的国运了!贤人和神龟都不能觉察出吉兆。不是先王不扶助我们后人,而是大王淫荡嬉戏自绝于天。所以上天将抛弃我们,不让我们得到糟糠之食。大王不揣度天性,不遵循法律。如今百姓没有谁不希望大王灭亡,他们说:'老天为什么不降威罚呢?'天命不再归向我们了,现在大王将要怎么办呢?"

注释 1 **西伯:**周文王。《史记·周本纪》说:"公季卒,子昌立,是为西伯。西伯曰文王。"文王居岐山,封为雍州伯,雍州在西,因称西伯。 **戡:**战胜。 **黎:**殷的诸侯国,在今山西黎城县,一说在长治市西南。 2 **祖伊:**祖己的后代,商纣王的贤臣。 3 **既:**通"其",恐怕。俞樾说:"古书'既'与'其'每通用……'天既讫我殷命',当作'天其讫我殷命'。盖以'格人元龟,罔敢知吉',故推度天意如此也。" **讫:**终止。 **殷命:**殷商的国运。 4 **格人:**能知天地吉凶的至人、贤人。《孔疏》:"格,训为'至'。至人谓至道之人,有所识解者也。" **元龟:**大龟。 5 **罔敢:**不能。 **知:**觉察。 6 **相:**辅佐。 7 **淫戏:**淫荡嬉戏。李斯说:"放弃《诗》《书》,极意声色,祖伊所以惧也。" **用:**以。 **自绝:**《孔疏》说:"纣既自绝于先王,亦自绝于天。" 8 **康食:**糟糠之食,指低劣生活。章太炎说。 9 **虞:**度。 **天性:**上天安民之性。《左传·襄公十四年》说:"天之爱民甚矣,岂其使一人肆于民上以从其淫而弃天地之性?必不然矣。"可以互证。 10 **迪:**由,遵行。 **率典:**法典。 11 **罔弗欲丧:**没有人不希望纣灭亡。 12 **曷:**何,为什么。 **降威:**降下威罚。 13 **挚:**至,到来。 14 **如台:**如何。台,音 yí。

以上第一段,祖伊忧虑天命将终,望纣王改悔。

原文

王曰:"呜呼!我生不有命在天?"

祖伊反曰[1]:"呜呼!乃罪多[2],参在上[3],乃能责命于天[4]?殷之即丧,指乃功[5],不无戮于尔邦[6]!"

译文

纣王说:"啊哈!我的一生不有福命在天吗?"

祖伊反驳说:"唉!您的过失很多,又懒惰懈怠,高高在上,难道还能向上天祈求福命吗?殷商行将灭亡,要指示它的政事,不可不为您的国家努力啊!"

注释 1 **反:**反对。 2 **罪:**过错,失误。 3 **参:**当作"絫",《汗简》《古文四声韵》作"絫"。絫,读作儽。懒惰懈怠。《说文解字注》:"儽,垂貌。从人,絫声。一曰懒懈。"见《尚书易解》。 4 **乃:**宁,难道。见《经传释词》。 **责命于天:**向上天祈求好运。 5 **指乃功:**指示其政事。乃,《经传释词》:"乃,犹'其'也。"功,事,政事。 6 **戮:**通"勠"。并力,努力。见《尚书易解》。

以上第二段,祖伊勉王振作,挽救殷邦。

微　子

导读

微子名启,因封在微,爵位属子这一级,所以叫做微子。他是帝乙的长子,纣王的同母庶兄。据《史记·殷本纪》和《宋微子世家》记载:周武王向东方进军,到了孟津之后,又回去了。纣王更加淫乱。微子屡次进谏,纣王不听。微子认为纣王不可谏阻了,想死或者出走,拿不定主意,于是同太师和少师商量。太师劝微子离开。事在公元前1068年。史官记录了微子和太师、少师的问答,写成《微子》。文中揭露纣王沉醉,大小臣民无不抢夺偷盗，犯法作乱，官员们违反法度，百姓与政府结成仇敌。这些都是了解纣王暴政的第一手材料。

原文

微子若曰[1]："父师、少师[2]！殷其弗或乱正四方[3]。我祖厎遂陈于上[4]，我用沉酗于酒[5]，用乱败厥德于下[6]。殷罔不小大好草窃奸宄[7]，卿士师师非度[8]。凡有罪辜，乃罔恒获[9]，小民方兴[10]，相为敌雠[11]。今殷其沦丧[12]，若涉大水[13]，其无津涯[14]。殷遂丧，越至于今[15]！"

译文

微子这样说："父师、少师！殷商恐怕不能治理好天下了。我们的先祖成汤制定了常法在先，而纣王沉醉在酒中，因淫乱而败坏成汤的美德在后。殷商的大小臣民无不喜爱抢夺偷盗、犯法作乱，官员们都违反法度。凡是有罪的人，竟不用常法，小百姓一齐起来，同我们结成仇敌。现在殷商恐怕要灭亡了，就好像要渡过大河，几乎找不到渡口和河岸。殷商法度丧亡，竟到了这个地步！"

注释 1 **若：**这样。2 **父师、少师：**官名。3 **其：**大概，表测度。**或：**克，能。**乱：**治。4 **我祖：**指成汤。**厎遂：**厎，定。遂，法。"遂"与"术"通。黄式三说。**陈：**陈列。5 **我：**指纣。用，由于。**沉酗：**沉醉。酗，醉酒发怒。6 **用：**因。**乱：**淫乱。**厥德：**成汤之德。**下：**后世。7 **小：**指小民。**大：**指群臣。**草：**读为"抄"，掠取。**奸宄：**犯法作乱。8 **师师：**众长。**度：**法度。9 **乃：**却。**恒：**常。**获：**通"矱"，法。恒矱，常法。10 **方：**并。**兴：**兴起。11 **雠：**仇敌。12 **其：**或许，表测度。**沦丧：**灭亡。13 **若：**好像。**涉：**徒步渡水。14 **其：**殆，几乎。**津：**渡口。**涯：**水岸。15 **越：**语首助词。**今：**此。

原文

曰："父师、少师，我其发出狂[1]？吾家耄逊

译文

微子说："父师、少师，我将被废弃而出亡在外呢？还是住在家中安然避居荒野

于荒[2]？今尔无指告[3]，予颠隮[4]，若之何其[5]？”

呢？现在你们不指点我，我殷商就会灭亡，怎么办啊！”

注释 1 **我其发出狂：**狂，《史记·宋世家》作“往”，当从之。发，孙诒让读为“废”，甚当。此言我其废弃而出亡。2 **家：**住在家。**耄：**通保，安。**逊：**遁，回避。**荒：**荒野。3 **指告：**指点告诉。4 **颠：**颠覆。**隮：**音 jī，坠落。5 **若之何：**如之何，怎么办。**其：**语气助词。

以上第一段，微子忧虑殷将危亡，向父师少师询问去留问题。

原文

父师若曰：“王子[1]！天毒降灾荒殷邦[2]，方兴沉酗于酒[3]，乃罔畏畏[4]，咈其耇长旧有位人[5]。今殷民乃攘窃神祇之牺牷牲用以容[6]，将食无灾[7]。降监殷民[8]，用乂雠敛[9]，召敌雠不怠[10]。罪合于一[11]，多瘠罔诏[12]。

“商今其有灾[13]，我兴受其败[14]；商其沦丧，我罔为臣仆[15]。诏王子出迪[16]。我旧云刻子、王子弗出[17]，我乃颠隮[18]。自靖[19]！人自献于先王，我不顾，行遁[20]。”

译文

父师这样说：“王子！老天重降大灾空虚了我们殷商，而君臣都喜沉醉在酒中，却不惧怕老天的威力，违背年高德劭的旧时大臣的教诲。现在，臣民竟然偷盗祭祀天地神灵的牺牲和祭器，把它们藏起来，或是饲养，或是吃掉，都没有受到惩罚。再向下看看殷民，他们用杀戮和重刑横征暴敛，招致民怨也不放宽。罪人聚合在一起，众多的受害者无处申诉。

“殷商现在或许会有灾祸呢，我们起来承受灾难；殷商或许会灭亡呢，我不做敌人的奴隶。我劝告王子出去，我早就说过，箕子和王子不出去，我们殷商就会灭亡。自己拿定主意吧！人人各自去对先王做出贡献，我不再顾虑了，将要出走。”

注释 1 **王子：**微子。他是帝乙的长子，所以称他为王子。2 **毒：**厚，重。

荒:虚。见《诗·桑柔》传。 3 **方**:并。 **兴**:喜。 4 **乃**:却。 **畏畏**:读为"畏威"。"畏"和"威"古通用。 5 **咈**:音 fú,违背。 **耇**:音 gǒu,老。 6 **攘**:顺手拿取。**窃**:偷盗。 **牺**:毛色纯一的牲畜。 **牷**:纯色的全牲。 **牲**:牛羊猪。**容**:隐。 7 **将**:养。《诗·小雅·四牡》传:"将,养也。" 8 **降**:下。**监**:监视。9 **乂**:杀。 **雠**:通"稠",多。马融本作"稠"。 **敛**:赋敛。 10 **召**:招致。 **怠**:宽缓。11 **罪**:罪人。 12 **痡**:病。指受害的人。 **诏**:告。 13 **其**:或许。 14 **败**:灾祸。15 **臣仆**:奴隶。 16 **迪**:行。 17 **旧**:久。 **刻子**:焦循说:"刻子即箕子也。"18 **我**:指殷商。 19 **靖**:谋划。 20 **顾**:顾虑。 **遁**:逃去。

以上第二段,父师劝微子去国以救殷的危亡。

周书

泰誓上

导读

泰,《史记》作“太”。太是极大。武王伐纣,大会诸侯。武王向广大诸侯誓师,所以叫做《泰誓》。

先秦百篇尚书中,原有《泰誓》。汉初伏生二十八篇没有《泰誓》。汉武帝时,河内女子献上《泰誓》,后汉马融等大家疑它是伪作,所以未传下来。这三篇《泰誓》都是梅氏所献的伪古文。《泰誓上》是梅氏伪古文《尚书》之十四。本篇是记叙周武王十三年诸侯大会于孟津,武王告诫友邦诸侯和治事大臣的话。

原文

惟十有三年春[1],大会于孟津[2]。

王曰:“嗟!我友邦冢君[3],越我御事庶士[4],明听誓。惟天地万物父母,惟人万物之灵。亶聪明作元后[5],元后作民父母。今商王受弗敬上天[6],降灾下民。沉湎冒色[7],敢行暴虐,罪人以族,官人以世[8]。惟宫室、

译文

周武王十三年春天,诸侯大会于孟津。

武王说:“啊!我的友邦大君和我的治事大臣、众士们,请清楚地听取我的誓言。天地是万物的父母,人是万物中的灵秀。真聪明的人就做大君,大君做人民的父母。现在商王纣不尊敬上天,降祸灾给下民。他嗜酒贪色,敢于施行暴虐,用灭族的严刑惩罚人,凭世袭的方法任用人。宫室呀,台榭呀,陂池呀,奢侈的衣服呀,他用这些东西来残害你们万姓人民。他烧杀忠良,解剖孕妇。皇天动了怒,命令我的文考文王严肃进行上

台榭、陂池、侈服[9]，以残害于尔万姓。焚炙忠良[10]，刳剔孕妇[11]。皇天震怒，命我文考肃将天威[12]，大勋未集[13]。肆予小子发[14]，以尔友邦冢君观政于商[15]，惟受罔有悛心[16]，乃夷居[17]，弗事上帝神祇[18]，遗厥先宗庙弗祀。牺牲粢盛[19]，既于凶盗[20]。乃曰：'吾有民有命！'罔惩其侮[21]。

天的惩罚，可惜大功没有完成。从前我小子姬发和你们友邦大君到商邦考察政治，商纣没有悔改的心，他竟然傲慢不恭，不祭祀上帝神祇，遗弃他的祖先宗庙而不祭祀。牺牲和粢盛等祭物，也被凶恶盗窃的人吃尽了。他却说：'我有人民有天命！'不改变他侮慢的心意。

注释　1 **十有三年**：有，又。十又三年，当指周武王十三年。详见《蔡传》。 2 **孟津**：地名，一名盟津。在今河南孟津县东北，孟州市西南。 3 **冢君**：大君。 4 **越**：与。 **御事**：治理大臣。 5 **亶**：诚。 **元后**：大君。《孔传》："人诚聪明则为大君。" 6 **商王受**：受，纣王名。 7 **沉湎**：沉醉于酒中。 **冒色**：冒，贪。色，女色。 8 **世**：世袭。 9 **台榭、陂池**：都是游乐的地方。台，高台。榭，台上的厅屋。陂，堵住泽水的堤障。池，停水之处。 10 **焚炙**：焚烧。《孔疏》："焚炙，俱烧也。"焚炙忠良，指炮烙之刑。 11 **刳剔**：割剥，解剖。《孔疏》："刳剔，谓割剥也。"刳，音 kū。 12 **文考**：指周文王。 **将**：行。 13 **集**：成。 14 **小子发**：武王名发。 15 **观政**：考察政事。《孔传》："谓十一年自孟津还时。"言"观政"者，这是婉曲的说法。 16 **悛**：音 quān，改悔。 17 **夷居**：蹲着，形容傲慢不恭。《论语·宪问》马融注："夷，踞也。"《说文》："居，蹲也。" 18 **神祇**：天神地神。 19 **牺牲**：指牛羊等祭品。 **粢盛**：粢，音 zī。黍稷叫粢。祭品装在器皿中叫盛，音 chéng。 20 **既**：尽。 21 **罔惩其侮**：惩，改变。侮，轻慢。

以上第一段，周武王宣布纣王的罪行。

原文

"天佑下民，作之

译文

"上天帮助下民，为人民建立君主和师

君，作之师，惟其克相上帝，宠绥四方。有罪无罪，予曷敢有越厥志[1]？同力度德[2]，同德度义。受有臣亿万[3]，惟亿万心；予有臣三千，惟一心。商罪贯盈[4]，天命诛之；予弗顺天，厥罪惟钧[5]。

“予小子夙夜祗惧[6]。受命文考，类于上帝[7]，宜于冢土[8]，以尔有众，厎天之罚[9]。天矜于民[10]，民之所欲，天必从之。尔尚弼予一人[11]，永清四海。时哉，弗可失！”

长，应当能够辅助上帝，爱护和安定天下。对待有罪和无罪的人，我怎么敢违反上天的意志呢？力量相同就衡量德，德相同就衡量义。商纣有臣亿万，是亿万条心；我有臣子三千，只是一条心。商纣的罪恶，像穿物的串子已经穿满了，上天命令我讨伐他；我如果不顺从上天，我的罪恶就会跟商纣相等。

“我小子早夜敬慎忧惧。在文考庙接受了伐商的命令，我又祭告上帝，祭祀大社，于是率领你们众位，进行上天的惩罚。上天怜悯人民，人民的愿望，上天一定会依从的。你们辅助我吧！要使四海之内永远清明。这个时机啊，不可失去呀！”

注释　1 **越:**失。 **厥志:**指天的意志。 2 **度:**量度，衡量。 3 **亿:**十万。 4 **贯盈:**贯，串，穿物之串。盈，满。贯盈，像串之满，形容极多。5 **钧:**平，等。 6 **夙夜:**早夜。指夜未明的时候。 7 **类:**祭天。以事类祭天，就叫类。 8 **宜:**祭社。《孔传》:“祭社曰宜。”《王制》:“天子将出，类乎上帝，宜乎社。” **冢土:**大社。《毛传》:“冢土，大社也。” 9 **厎:**音 dǐ，致，行。10 **矜:**怜悯。 11 **尚:**表祈使语气。 **弼:**辅佐。

以上第二段，周武王勉励诸侯顺天行罚。

泰誓中

导读

本篇记叙一月戊午这天周武王誓告西方诸侯的话，是梅氏伪古文《尚书》之十五。

原文

惟戊午，王次于河朔[1]，群后以师毕会。王乃徇师而誓[2]。

曰："呜呼！西土有众[3]，咸听朕言。我闻吉人为善，惟日不足[4]；凶人为不善，亦惟日不足。今商王受力行无度[5]，播弃犁老[6]，昵比罪人[7]，淫酗肆虐[8]。臣下化之，朋家作仇，胁权相灭[9]。无辜吁天，秽德彰闻。

译文

一月二十八日戊午，周武王驻兵在黄河之北，诸侯率领他们的军队都会合了。武王于是巡视军队并且告诫他们。

武王说："啊！西方各位诸侯，请都听我的话。我听说好人做好事，整天地做还是时间不够；坏人做坏事，也是整天地做还是时间不够。现在商王纣，力行不合法度的事，放弃年老的大臣，亲近有罪的人，过度嗜酒，放肆暴虐。臣下也受到他的影响，各结朋党，互为仇敌；挟持权柄，互相诛杀。无罪的人呼天告冤，秽恶的行为公开传闻。

注释 1 **次：**驻扎。 **河朔：**黄河之北。《孔传》："止于河之北。" 2 **徇：**巡行。 3 **西土有众：**《蔡传》："周都丰镐，其地在西。从武王渡河者，皆西方诸侯，故曰'西土有众'。" 4 **惟日不足：**《蔡传》："言终日为之而犹为不足也。” 5 **商王受**:受,纣王之名。 6 **犁老**:犁,一作“黎”,通“耇”。耇,老。犁老,就是耇老。 7 **昵比**:昵,亲近。比,近。 8 **淫酗**:淫,过度。酗,醉酒发怒。 9 **胁权**:胁,挟持。《释名》:“胁,挟也。”胁权,挟持权柄。

以上第一段,周武王数说商纣君臣的罪行。

原文

“惟天惠民,惟辟奉天[1]。有夏桀弗克若天,流毒下国。天乃佑命成汤,降黜夏命。惟受罪浮于桀[2],剥丧元良,贼虐谏辅[3],谓己有天命,谓敬不足行,谓祭无益,谓暴无伤。厥监惟不远[4],在彼夏王。天其以予乂民,朕梦协朕卜[5],袭于休祥[6],戎商必克[7]。受有亿兆夷人[8],离心离德;予有乱臣十人[9],同心同德。虽有周亲[10],不如仁人。

译文

“上天惠爱人民,君主遵奉上天。夏桀不能顺从天意,流毒于天下。上天于是佑助和命令成汤,使他降下废黜夏桀的命令。纣的罪恶超过了夏桀,他伤害善良的大臣,杀戮谏诤的辅佐,说自己有天命,说敬天不值得实行,说祭祀没有益处,说暴虐没有害处。他的鉴戒并不远,就在夏桀身上。上天该使我治理人民,我的梦符合我的卜兆,吉庆重叠出现,讨伐商国一定会胜利。商纣有亿兆平民,都离心离德;我有拨乱的大臣十人,都同心同德。纣虽有至亲的臣子,比不上我周家的仁人。

注释 1 **辟**:君。 **奉**:承受。 2 **浮**:超过。 3 **谏辅**:谏议之大臣。 4 **监**:鉴戒。 5 **协**:符合。 6 **袭**:重复。 **休祥**:吉庆。 7 **戎商**:戎,兵,引申为伐。戎商,讨伐殷商。 8 **夷人**:夷,平。《孔传》:“平人,凡人也。”服虔和杜预解为夷狄之人。见《孔疏》。 9 **乱臣**:治臣,拨乱之臣。 10 **周亲**:周,至。周亲,至亲的人。

以上第二段,周武王说明伐商必定胜利。

原文

"天视自我民视，天听自我民听。百姓有过，在予一人，[1] 今朕必往。

"我武惟扬，侵于之疆[2]，取彼凶残；我伐用张[3]，于汤有光！

"勖哉夫子！罔或无畏[4]，宁执非敌[5]。百姓懔懔，若崩厥角[6]。呜呼！乃一德一心，立定厥功，惟克永世[7]。"

译文

"上天的看法，出自我们人民的看法，上天的听闻，出自我们人民的听闻。老百姓对我有所责难，今天我一定要前往讨伐。

"我们的武力要发扬，要攻到商国的疆土上，捉到那些豺狼；我们的讨伐要进行，这比成汤的事业还辉煌！

"努力吧！将士们。不可出现不威武的情况，宁愿你们保持没有对手的思想。百姓危惧不安，他们向我们叩头就像山崩一样呀！啊！你们一心一德建功立业，就能够长久安定人民。"

注释 1 **百姓有过，在予一人：**过，责怪。《广雅·释诂》："过，责也。"《蔡传》："今民皆有责于我，谓我不正商罪。" 2 **侵于之疆：**侵，攻入。之，其，指商国。 3 **用张：**要进行。《广雅·释诂》："张，施也。" 4 **罔或无畏：**罔，通"毋"。或，有。无，不。畏，通"威"，威武。言不要有不威武的情况。《孔传》解为"无敢有无畏之心"，与文情不合。 5 **宁执非敌：**宁，愿。执，持，保持。非，无。言宁愿保持无敌之心。《孔传》解为"宁执非敌之志"，《孔疏》解释说："非己能敌之志。"这样解释，也与文情不合。6 **若崩厥角：**厥，顿下。角，额角、头角。厥角，谓顿首、叩头。若崩厥角，就是厥角若崩，叩头像山崩一样，形容人民希望的迫切。《汉书·诸侯王表》"厥角稽首"，应劭注："厥者，顿也。角者，额角也。" 7 **惟克永世：**《孔传》："汝同心立功，则能长世以安民。"

以上第三段，周武王勉励将士建立辉煌的事业。

泰誓下

导读

这是梅氏伪古文《尚书》之十六。本篇记叙己未日周武王巡视讨伐大军时告诫将士的话。

原文

时厥明[1]，王乃大巡六师[2]，明誓众士。

王曰："呜呼！我西土君子。天有显道，厥类惟彰[3]。今商王受狎侮五常[4]，荒怠弗敬，自绝于天，结怨于民。斮朝涉之胫[5]，剖贤人之心，作威杀戮，毒痡四海[6]。崇信奸回[7]，放黜师保[8]，屏弃典刑[9]，囚奴正士。郊社不修[10]，宗庙不享，作奇技淫巧以悦妇人。上帝弗顺，祝降时丧[11]。尔其孜孜奉予一人[12]，恭行天罚！

译文

时间是戊午的后一天，周武王大规模巡视六军，明告众将士。

王说："啊！我们西方的将士。上天有明显的常理，它的法则应当显扬。现在商王纣轻慢五常，荒废怠惰无所敬畏，自己弃绝于上天，结怨于人民。斫掉冬天清晨涉水者的脚胫，剖开贤人的心，作威作恶，杀戮无罪的人，毒害天下。崇信奸邪的人，逐退师保大臣，废除常法，囚禁和奴役正士。不举行祭天祭社的大礼，宗庙也不享祀。造作奇技荒淫新巧的事物来取悦妇人。上帝不依，断然降下这种丧亡的诛罚。你们要努力帮助我，奉行上天的惩罚！

注释 1 **厥明:**戊午的后一日。 2 **六师:**六军。这里指会合河北的讨伐大军。 3 **厥类惟彰:**类,法则。《方言》:"类,法也。"惟,当。彰,彰明,使彰明。 4 **狎侮:**轻慢。 **五常:**指父义、母慈、兄友、弟恭、子孝五种常教。5 **斮:**音 zhuó,斫。《孔传》言纣王受"冬月见朝涉水者,谓其胫耐寒,斩而视之"。 6 **痡:**音 pū,伤害。《尔雅·释诂》:"痡,病也。" 7 **回:**邪。 8 **黜:**退。**师保:**太师、太保。 9 **屏:**音 bǐng,除去。 **典刑:**常法。 10 **郊社:**郊,祭天。社,祭地。 11 **祝:**断,这里作"断然"解。《孔传》:"祝,断也。" 12 **奉:**帮助。《淮南子·说林训》注:"奉,助也。"

以上第一段,周武王号召全军将士顺天行罚。

原文

"古人有言曰:'抚我则后,虐我则仇。'独夫受洪惟作威[1],乃汝世仇[2]。树德务滋,除恶务本,肆予小子诞以尔众士,殄歼乃仇。尔众士其尚迪果毅以登乃辟[3]!功多有厚赏,不迪有显戮[4]。

"呜呼!惟我文考若日月之照临[5],光于四方,显于西土,惟我有周诞受多方[6]。予克受,非予武,惟朕文考无罪;受克予,非朕文考有罪,惟予小子无良。"

译文

"古人有言说:'抚爱我的就是君主,虐待我的就是仇敌。'独夫商纣大行威虐,是你们的大仇。建立美德务求滋长,去掉邪恶务求除根,所以我小子率领你们众将士去歼灭你们的仇人。你们众将士要用果敢坚毅的精神来成就你们的君主!功劳多的将有重赏,不用命的将有明显的惩罚。

"啊!我文考文王的明德,像日月的照临一样,光被于四方,彰明在西土,因此我们周国广泛亲近了众方诸侯。这次如果我战胜了纣,不是我勇武,是因为我的文考没有过失;如果纣战胜了我,不是我的文考有过失,是因为我这小子不好。"

注释 1 **独夫:**众叛亲离,孤独一人。 **受:**纣王名。 2 **世仇:**大仇。《左传·桓公九年》经注“故使其子来朝”疏:“古者‘世’之与‘大’,字义通也。”
3 **尚迪果毅:**尚,庶几。迪,用。果,果敢。毅,坚决。 **登乃辟:**登,成就。乃,你的。辟,君。《孔传》:“登,成也。成汝君之功。” 4 **迪:**用,指用命。
5 **文考:**指文王。 6 **诞受多方:**诞,大。受,亲近。《广雅·释诂》:“受,亲也。”这句是说,广泛亲近了多方诸侯。《孔传》:“言文王德大,故受众方之国,三分天下而有其二。”

以上第二段,周武王号召全军将士歼灭世仇,发扬文王的明德。

牧　誓

导读

牧,指牧野,商都郊区地名,在商都朝歌南七十里,今河南淇县南。公元前1066年2月,周武王带领兵车三百辆,勇士三千人,甲士四万多,还有诸侯的兵车四千辆,同纣王的军队进行决战。纣王也发兵七十万抵抗武王。战前,武王勉励诸侯和军士勇往直前,史官记录武王这次誓师的话,写成《牧誓》。这次大战,由于纣王失去了民心,纣王的军队背叛,倒戈迎接周王的军队,武王大胜,一举消灭了殷王朝。新兴力量战胜了腐朽力量。这是历史上的一次著名的大革命。

原文

时甲子昧爽[1],王朝至于商郊牧野[2],乃誓。王左杖黄钺[3],右秉白旄以麾[4],曰:“逖矣[5],西土之人!”王曰:“嗟!我

译文

在甲子日的黎明时刻,周武王率领军队来到商国都城郊外的牧野,于是誓师。武王左手拿着黄色大斧,右手拿着白色旄牛尾指挥,说:“远劳了,西方的人们!”武王说:“啊!我们友邦的国君和办事的大臣,司徒、

友邦冢君御事[6]，司徒、司马、司空[7]，亚旅、师氏[8]，千夫长、百夫长[9]，及庸、蜀、羌、髳、微、卢、彭、濮人[10]。称尔戈[11]，比尔干[12]，立尔矛[13]，予其誓。”

司马、司空，亚旅、师氏，千夫长、百夫长，以及庸、蜀、羌、髳、微、卢、彭、濮的人们，举起你们的戈，排列好你们的盾，竖起你们的矛，我要宣誓了。”

注释　1 **甲子：**甲子日。 **昧爽：**日未出时。 2 **商郊：**商都朝歌的远郊。 3 **杖：**拿着。《说文》：“杖，持也。” **钺：**大斧。 4 **秉：**执持。 **旄：**旄牛尾。 **麾：**指挥。5 **逖：**音 tì，远。6 **冢君：**大君，邦国的君主。 **御事：**邦国的治事大臣。 7 **司徒、司马、司空：**官名。《孔传》说：“治事三卿，司徒主民，司马主兵，司空主土。” 8 **亚旅、师氏：**官名。亚旅，上大夫。师氏，中大夫。 9 **千夫长、百夫长：**官名。郑玄说：“千夫长，师帅。百夫长，旅帅。” 10 **庸、蜀、羌、髳、微、卢、彭、濮：**当时西南方的八个诸侯国。庸，在今湖北房县境内。蜀，在今四川省西部地区。羌，在今甘肃省东南地区。髳，音 máo，在今甘肃四川交界地区。微，在今陕西郿县境。本王国维《散氏盘考释》说。卢，在今湖北南漳县境。彭，在今甘肃镇原县东。濮，音 pú，在今湖北省，具体地区不详。 11 **称：**举。 **尔：**你们。 **戈：**戟。 12 **比：**排列。 **干：**盾牌。 13 **矛：**兵器。

以上第一段，记誓师之时地和部署。

原文

王曰：“古人有言曰：‘牝鸡无晨[1]；牝鸡之晨，惟家之索[2]。’今商王受惟妇言是用[3]，昏弃厥肆祀弗答[4]，昏弃厥遗王父母弟不迪[5]。乃惟四方之多罪逋逃[6]，是崇是长[7]，是信是使[8]，是以为大夫

译文

武王说：“古人有话说：‘母鸡没有早晨啼叫的；如果母鸡在早晨啼叫，这个人家就会衰落。’现在商王纣只是听信妇人的话，轻视对祖宗的祭祀不问，轻视并遗弃他的同祖的兄弟不用。竟然只对四方重罪逃亡的人，就推崇，就尊敬，就信任，就使用，用他们做大夫、卿士的官。使他们残暴对待老百姓，在商国作乱。现在，我姬发奉行老

卿士[9]。俾暴虐于百姓[10]，以奸宄于商邑[11]。今予发惟恭行天之罚[12]。今日之事，不愆于六步、七步[13]，乃止齐焉[14]。夫子勖哉[15]！不愆于四伐、五伐、六伐、七伐[16]，乃止齐焉。勖哉夫子！尚桓桓[17]，如虎如貔[18]，如熊如罴[19]，于商郊[20]。弗迓克奔以役西土[21]，勖哉夫子！尔所弗勖[22]，其于尔躬有戮[23]！”

天的惩罚。今天的战事，行军时，不超过六步、七步，就要停下来整齐一下。将士们，要努力啊！刺击时，不超过四次、五次、六次、七次，就要停下来整齐一下。努力吧，将士们！希望你们威武雄壮，像虎、貔、熊、罴一样，前往商都的郊外。不要禁止能够跑来投降的人，以便帮助我们周国。努力吧，将士们！你们如果不努力，对你们自身就会有惩罚！”

注释　1 **晨**：晨鸣。 2 **索**：空，衰落。惟家之索，惟空其家。 3 **妇**：指妲己。《史记·殷本纪》：“纣嬖于妇人，爱妲己，惟妲己之言是从。” 4 **昏**：轻蔑，轻视。见《经义述闻》。 **祀**：祭名。 **答**：问。 5 **厥遗**：据《史记》当作“遗厥”。**王父母弟**：同祖父母的从弟。 **迪**：用。 6 **逋**：逃亡。 7 **是**：就。《经传释词》：“是，犹‘则’也。” **崇**：尊重。 8 **信**：信任。 **使**：使用。 9 **大夫卿士**：均是官名。10 **俾**：使。11 **奸宄**：犯法作乱。宄，音 guǐ。12 **发**：武王名。**恭行**：奉行。 13 **愆**：过音 qiān，指超过。 14 **止齐**：止而齐，整顿队伍。郑玄说：“好整好暇，用兵之术。” 15 **夫子**：敬称将士。**勖**：勉力。16 **伐**：郑玄说：“伐谓击刺也。一击一刺曰一伐。始前就敌，六步七步当止齐，正行列。及兵相接，少者四伐，多者五伐，又当止齐，正行列也。” 17 **尚**：副词，表命令语气。 **桓桓**：威武的样子。 18 **貔**：音 pí，豹类猛兽。 19 **罴**：熊的一种。20 **于**：往。 21 **迓**：通“御”，禁止。《史记》和马融本作“禦”。 **役**：帮助。 **西土**：指周。 22 **所**：若。见《经传释词》。 23 **躬**：身。 **戮**：罪。见《广雅》。

以上第二段，宣布纣王的罪行和战时的纪律。

武　成

导读

武，武功。成，成就。本篇记叙周武王伐殷归来向祖庙、上天、山川以及诸侯百官报告伐殷武功的成就，因此名叫《武成》，是梅氏伪古文《尚书》之十七。本篇共分三段，条理清楚，宋代蔡沈认为"编简错乱，先后失序"，另加编排，写成《今考定武成》一篇。盖以不乱为乱，自不足信。

原文

惟一月壬辰，旁死魄[1]。越翼日癸巳[2]，王朝步自周，于征伐商。[3]厥四月哉生明[4]，王来自商，至于丰[5]。乃偃武修文[6]，归马于华山之阳[7]，放牛于桃林之野[8]，示天下弗服[9]。

丁未，祀于周庙，邦甸侯卫骏奔走[10]，执豆、笾[11]。越三日庚戌，柴望[12]，大告武成。

译文

一月壬辰日，月亮大部分无光。到第二天癸巳日，武王早晨从周京出发，前往征伐殷国。四月间，月亮开始放出光辉，武王从商国归来，到了丰邑。于是停止武备，施行文教，把战马放归华山的南面，把牛放回桃林的旷野，向天下表示不再用它们。

四月丁未日，武王在周庙举行祭祀，建国于甸服、侯服、卫服的诸侯都忙于奔走，陈设木豆、竹笾等祭器。到第三天庚戌日，举行柴祭来祭天，举行望祭来祭山川，大力宣告伐商武功的成就。

注释　1 **旁死魄：**旁，广大。魄，也作"霸"，月光。旁死魄，月亮大部分无光。古代用作阴历每月二十五日的代称。 2 **越：**及，到。 **翼：**明。 3 **周：**

指镐京。 **于:**往。 4 **哉生明:**哉,始。哉生明,月亮开始发光。《孔传》:“哉,始也。始生明,月三日。” 5 **丰:**文王时的都城。 6 **偃武修文:**偃,停止。修,修治。言停止武备,修治文事。 7 **华山:**旧说是西岳华山。阎若璩以为是商州洛南县东之阳华山,与桃林之野南北相望,壤地相接。 **阳:**山的南面。 8 **桃林:**地名。阎若璩以为是今河南灵宝市西至潼关广围三百里地。 9 **服:**使用。 10 **甸、侯、卫:**甸服、侯服、卫服。这里指甸服、侯服、卫服的诸侯。 11 **豆、笾:**古代的两种祭器。 12 **柴望:**柴,烧柴祭天。望,望祭山川之称。

以上第一段,记叙武王伐殷归来谋求偃武修文和祭祀之事。

原文

既生魄[1],庶邦冢君暨百工,受命于周。

王若曰:“呜呼!群后。惟先王建邦启土,公刘克笃前烈[2]。至于大王,肇基王迹。[3]王季其勤王家[4]。我文考文王,克成厥勋,诞膺天命[5],以抚方夏[6]。大邦畏其力,小邦怀其德。惟九年,大统未集[7]。予小子其承厥志。底商之罪[8],告于皇天后土、所过名山大川,曰:‘惟有道曾孙周王发[9],将有大正于商[10]。今商王受无道,暴殄天物[11],害虐烝民[12]。为天下逋逃主,萃渊薮[13]。予小子既获仁人,敢祗承上帝,以遏乱略。华

译文

月亮已经生出光辉的时候,众国诸侯和百官都到了周京接受王命。

武王这样说:“啊!众位君侯。我的先王建立国家开辟疆土,公刘能修前人的功业。到了太王,开始经营王事。王季勤劳王家。我文考文王能够成就其功勋,大受天命,安抚四方和中夏。大国畏惧他的威力,小国怀念他的恩德。诸侯归附九年而卒,大业没有完成。我小子将继承他的意愿。我把商纣的罪恶,曾经向皇天后土以及所经过的名山大川禀告说:‘有道的曾孙周王姬发,对商国将有大事。现在商王纣残暴无道,弃绝天下百物,虐待众民。他是天下逃亡罪人的主人和他们聚集的渊薮。我小子得到了仁人志士以后,冒昧地敬承上帝的意旨,以制止乱谋。华夏各族和蛮貊的人民,无不遵从。我奉了上天的美命,所以

夏蛮貊罔不率俾[14]。恭天成命[15]，肆予东征，绥厥士女。惟其士女篚厥玄黄[16]，昭我周王[17]。天休震动，用附我大邑周！惟尔有神，尚克相予以济兆民，无作神羞！'

我向东征讨，安定那里的士女。那里的士女，用竹筐装着他们的黑色黄色的丝绸，求见我周王。他们被上天的休美震动了，因而归附了我大国周啊！你等神明庶几能够帮助我，来救助亿万老百姓，不要发生神明羞恶的事！'

注释 1 **既生魄：**魄，一作"霸"，已经生出月光。《白虎通·日月》："三日成魄，八日成光。" 2 **笃：**理。《广雅·释诂》："笃，理也。"《史记·周本纪》："公刘虽在戎狄之间，复修后稷之业……百姓怀之，多徙而保归焉。" 3 **大王：**古公亶父，王季的父亲，文王的祖父。 **肇基：**经营。肇，开始。《释言》："基，经也。"肇基王迹，指大王迁居周原，深得民心。 4 **王季：**文王的父亲。 5 **膺：**受。 6 **方夏：**《孔传》："四方中夏。" 7 **集：**成。 8 **厎：**致。致，用。见《淮南子·修务训》注。9 **有道：**伐纣是为民除害，故自称有道。**曾孙：**祭祀时诸侯自称曾孙。 10 **正：**同"政"。大政，大事，指军事。 11 **天物：**各种天然物资。 12 **烝民：**众民。 13 **萃渊薮：**萃，聚集。渊薮，鱼和兽聚居的地方。深水叫渊。薮，无水的泽。 14 **华夏：**指中原地区各国。 **蛮：**古代泛指南方少数民族。 **貊**(mò)**：**古代泛指北方少数民族。 **俾：**从。《尔雅·释诂》："俾，从也。" 15 **恭：**奉行。 16 **篚：**竹筐，这里用作动词。 **玄黄：**玄、黄二色的丝绸。 17 **昭：**见。《尔雅·释诂》："昭，见也。"

原文

"既戊午，师逾孟津。癸亥，陈于商郊，俟天休命。甲子昧爽[1]，受率其旅若林[2]，会于牧野。罔有敌于我师，前徒倒戈，攻于后以北[3]，

译文

"到了戊午日，军队渡过孟津。癸亥日，在商郊布好军阵，等待上天的美命。甲子日清早，商纣率领他如林的军队，来到牧野会战。他的军队对我军没有抵抗，前面的士卒反戈向后面攻击，因而大败，血流之多简直可以漂起木杵。一举讨伐殷商，而天下大安

血流漂杵。一戎衣[4],天下大定。乃反商政,政由旧。释箕子囚[5],封比干墓[6],式商容闾[7]。散鹿台之财,发钜桥之粟,大赉于四海[8],而万姓悦服。”

了。我于是反掉商王的恶政,政策由旧。解除箕子的囚禁,修治比干的坟墓,致敬于商容的里门。散发鹿台的财货,发放钜桥的粟,向四海施行大赏,天下万民都心悦诚服。”

注释 1 **昧爽:**天将明未明的时候。 2 **旅:**军队。 3 **北:**败走。 4 **戎:**兵,引申为征伐。《中庸》注:“戎,兵也。” **衣:**通“殷”,指殷商。戎衣,讨伐殷商。 5 **箕子:**纣王的叔父。曾进谏不听,便披发佯狂,降为奴隶。 6 **比干:**纣王的叔父,力谏纣王,纣王说我听说圣人的心有七个孔,便剖开了他的心。 7 **式:**致敬。《孔疏》:“式者,车上之横木。男子立乘,有所敬则俯而凭式,遂以式为敬名。” **商容:**商之贤人。 8 **赉:**赏赐。

以上第二段,记叙武王克殷后在周京接见诸侯和百官的讲话。

原文

列爵惟五[1],分土惟三[2]。建官惟贤,位事惟能[3]。重民五教,惟食丧祭[4]。惇信明义,崇德报功。垂拱而天下治[5]。

译文

武王设立爵位为五等,区分封地为三等。建立官长依据贤良,安置众吏依据才能。注重人民的五常之教和民食、丧葬、祭祀。重视诚信,讲明道义;崇重有德的,报答有功的。于是武王垂衣拱手而天下安治了。

注释 1 **五:**指公、侯、伯、子、男五等爵位。 2 **分土惟三:**《孔传》:“列地封国,公、侯方百里,伯七十里,子、男五十里,为三品。” 3 **位事:**安置官吏。4 **五教:**指父义、母慈、兄友、弟恭、子孝五种常教。**惟:**与,和。5 **垂拱:**垂衣拱手。《孔传》:“言武王所修皆是,所任得人,故垂拱而天下治。”

以上第三段,记叙武王克殷后的政治措施。

洪　范

导读

洪，大；范，法。洪范，就是大法。这篇大法是箕子传下来的。箕子是殷纣王的亲属和大臣。纣王荒淫，不理国事。箕子进谏，不被接受，于是佯狂为奴。周克商的前一年，纣王杀王子比干，囚禁箕子。公元前1066年，武王克商，封纣王的儿子禄父于殷，又命召公释放箕子。后二年，武王访问箕子，问殷为什么灭亡，箕子不忍说殷的恶政。于是武王改问上天安定下民的常道，箕子便告以洪范九畴，也就是大法九类。史官记录箕子的这篇话，写成《洪范》。这篇文章很重要，历代受到重视。它是研究我国古代政治史和思想史的重要文献。

原文

惟十有三祀[1]，王访于箕子。王乃言曰："呜呼！箕子，惟天阴骘下民[2]，相协厥居[3]，我不知其彝伦攸叙[4]。"

箕子乃言曰："我闻在昔，鲧陻洪水[5]，汩陈其五行[6]。帝乃震怒，不畀洪范九畴[7]，彝伦攸斁[8]。鲧则殛死[9]，禹乃嗣兴，天乃锡禹洪范九畴[10]，彝伦攸叙[11]。

译文

周文王十三年，武王询问箕子。武王就说道："啊！箕子，上帝庇荫安定下民，使他们和睦相处，我不知道那治国常道的制定方法。"

箕子就回答说："我听说从前，鲧堵塞洪水，胡乱处理了水、火、木、金、土五种用物。上帝震怒，不赐给鲧九种大法，治国的常道因此败坏了。后来，鲧被流放死了，禹于是继承兴起。上帝就把九种大法赐给了禹，治国的常道因此定了下来。

注释　1 **有:**又。 **祀:**年。 2 **阴骘:**马融说:“阴,覆也。”骘,音 zhì,《孔传》说:“定也。”阴骘,就是庇荫安定,保护。 3 **相:**使。见《吕览·诚廉》注。 **协:**和。 **厥:**其。 4 **彝伦:**常理。 **攸:**所以。见《经传释词》。 **叙:**次序,引申为制定、规定。 5 **鲧:**音 gǔn,夏禹的父亲。 **陻:**音 yīn,堵塞。 6 **汩:**音 gǔ,乱。 **陈:**列。 **五行:**指水、火、木、金、土五种常用物质。《尚书大传》说:“水火者,百姓之所饮食也;金木者,百姓之所兴作也;土者,万物之所资生也。是为人用。” 7 **畀:**音 bì,给予。 **洪:**大。 **范:**法。 **九畴:**九类,就是下文初一至次九的九种治国大法。 8 **攸:**由此。 **斁:**音 dù,败坏。 9 **殛:**诛。指流放。 10 **锡:**通“赐”,给予。 11 **叙:**次序,制定。

原文

“初一曰五行,次二曰敬用五事[1],次三曰农用八政[2],次四曰协用五纪[3],次五曰建用皇极[4],次六曰乂用三德[5],次七曰明用稽疑[6],次八曰念用庶征[7],次九曰向用五福[8],威用六极[9]。

译文

“第一是五行。第二是认真做好五事。第三是努力施行八种政务。第四是合用五种记时方法。第五是建事依据皇极。第六是治理使用三德。第七是尊用以卜考疑的方法。第八是审察政事利用各种征兆。第九是凭五福鼓励臣民,凭六极警戒臣民。

注释　1 **五事:**指貌、言、视、听、思五件事。 2 **农:**努力。《广雅·释诂》:“农,勉也。” **八政:**八种政事。 3 **协:**合。 **五纪:**五种记时的方法。 4 **建:**建立。 **皇:**君王。 **极:**中,指中道。法则。 5 **乂:**治,指治民。《孔传》说:“治民必用刚、柔、正直之三德。” 6 **稽:**通“卟”,《说文》:“卟,卜以问疑也。读与‘稽’同。” 7 **念:**审察。《仪礼·聘礼记》“将授志趋”注:“志,犹‘念’也。念趋,谓审行步也。” **庶:**众。 **征:**征兆。 8 **向:**读为“飨”,劝勉,《汉书·谷永传》引作“飨”。 9 **威:**畏惧,警戒。段玉裁说:“古‘威’‘畏’同音通用,畏之曰畏,可畏亦曰畏。”

以上第一段,概述人君治国的大法。

原文

"一、五行：一曰水，二曰火，三曰木，四曰金，五曰土。水曰润下[1]，火曰炎上，木曰曲直[2]，金曰从革[3]，土爰稼穑[4]。润下作咸[5]，炎上作苦[6]，曲直作酸[7]，从革作辛[8]，稼穑作甘[9]。

译文

"一、五行：一是水，二是火，三是木，四是金，五是土。水向下润湿，火向上燃烧，木可以弯曲、伸直。金属可以顺从人意改变形状，土壤可以种植百谷。向下润湿的水产生咸味，向上燃烧的火产生苦味，可曲可直的木产生酸味，顺从人意而改变形状的金属产生辛味，种植的百谷产生甜味。

注释　1 **曰**：语中助词。**润**：润湿。2 **曲直**：可曲可直。3 **从**：顺从。**革**：变革。4 **爰**：《史记》作"曰"，也是语中助词。**稼穑**：播种和收获。5 **润下**：指水。**作**：产生。《诗·周颂·天作》传："作，生也。"6 **炎上**：指火。7 **曲直**：指木。8 **从革**：指金。9 **稼穑**：指稼穑的作物。

以上第二段第一节，解释五行。

原文

"二、五事：一曰貌[1]，二曰言，三曰视，四曰听，五曰思。貌曰恭，言曰从[2]，视曰明，听曰聪[3]，思曰睿[4]。恭作肃[5]，从作乂[6]，明作哲[7]，聪作谋[8]，睿作圣[9]。

译文

"二、五事：一是容仪，二是言论，三是观察，四是听闻，五是思考。容仪要恭敬，言论要正当，观察要明白，听闻要广远，思考要通达。容仪恭敬就能严肃，言论正当就能治理，观察明白就能昭哲，听闻广远就能善谋，思考通达就能圣明。

注释　1 **貌**：容仪。2 **从**：正当合宜。《汉书·五行志》注："言正曰从。"3 **聪**：听得广远。《楚辞·涉江》注："远听曰聪。"4 **睿**：音 ruì，通达。5 **作**：则，就。**肃**：敬。《孔疏》说："貌能恭则心肃敬。"6 **乂**：治。《孔疏》说："言可从则政必治。"7 **哲**：音 zhé，昭哲。《孔疏》说："视能明则所见照哲。"

8 **谋:**谋划。听能广远则能善谋。 9 **圣:**圣明。思虑通达则圣明。

以上第二段第二节,解释五事。

原文

“三、八政[1]:一曰食[2],二曰货[3],三曰祀[4],四曰司空[5],五曰司徒[6],六曰司寇[7],七曰宾[8],八曰师[9]。

译文

“三、八种政务:一是管理民食,二是管理财货,三是管理祭祀,四是管理居民,五是管理教育,六是治理盗贼,七是管理朝觐,八是管理军事。

注释 1 **八政:**八种政务。 2 **食:**管民食。 3 **货:**管货财。 4 **祀:**管祭祀。 5 **司空:**管理居民。 6 **司徒:**管教育。 7 **司寇:**治理盗贼。 8 **宾:**管理朝觐。 9 **师:**管理军事。

以上第二段第三节,解释八政。

原文

“四、五纪:一曰岁,二曰月,三曰日,四曰星辰[1],五曰历数[2]。

译文

“四、五种记时方法:一是年,二是月,三是日,四是星辰的出现情况,五是日月运行所经历的周天度数。

注释 1 **星辰:**星,指二十八宿。辰,指十二辰。《孔传》说:“二十八宿迭见,以叙节气。十二辰以纪日月所会。” 2 **历数:**日月运行经历周天的度数。计算它们的历数,可以确定闰月,调和季节。

以上第二段第四节,解释五纪。

原文

“五、皇极:皇建其有极[1]。敛时五福[2],用敷锡厥庶民[3],惟时厥庶民于汝极[4]。锡汝保极[5]:凡

译文

“五、君王的中道:君王建立政事要有中道。采取这五福以为教导,用来普遍施给臣民,这样,庶民就会尊重您的中道。贡献您保持中道的方法:凡是庶民没有邪党,

厥庶民，无有淫朋[6]，人无有比德[7]，惟皇作极。凡厥庶民，有猷有为有守[8]，汝则念之[9]。不协于极，不罹于咎[10]，皇则受之[11]。而康而色[12]，曰：'予攸好德[13]。'汝则锡之福，时人斯其惟皇之极[14]。无虐茕独而畏高明[15]，人之有能有为，使羞其行[16]，而邦其昌。凡厥正人[17]，既富方谷[18]，汝弗能使有好于而家[19]，时人斯其辜[20]。于其无好德，汝虽锡之福：其作汝用咎[21]。无偏无陂[22]，遵王之义[23]；无有作好[24]，遵王之道；无有作恶，遵王之路；无偏无党，王道荡荡[25]；无党无偏，王道平平[26]；无反无侧[27]，王道正直。会其有极[28]，归其有极。曰[29]：皇，极之敷言，是彝是训[30]，于帝其训[31]。凡厥庶民，极之敷言，是训是行，以近天子之光。曰：天子作民父母，以为天下王。

臣下没有私相比附的行为，只有君王执行中道。凡是臣下有计谋、有作为、有操守的，您就审察他们。行为不合法则，但没有陷入罪恶的人，您就成就他们；你和颜悦色地说：'我任用美德。'然后，您就赐爵禄给他们，于是，臣民就会思念君王的中道了。不虐待鳏寡而又不畏显贵的人，和臣下有才能、有作为的人，让他献出他的才能，国家就会繁荣昌盛。凡那些百官之长，既然富有经常的俸禄，您若不能使他们对国家有好处，于是臣民就要责怪您了。对于那些没有好德行的人，您即便赐给他们爵禄，也将会使您受到危害。不要不平，不要不正，要遵守王令；不要作私好，要遵守王道；不要作威恶，要遵行正路；不要行偏，不要结党，王道坦荡；不要结党，不要行偏，王道平平；不要违反，不要倾侧，王道正直。团结那些中道之臣，归附那个中道之君。君王，对于皇极所陈之言，要宣扬教导，天帝就顺心了。凡是庶民，对于皇极所陈之言，要遵守实行，用来接近天子的光辉。天子作臣民的父母，因此成为天下的君王。

注释　1 **建：**立。指建立政事。 **极：**中道，法则。 2 **敛：**采取。 **时：**这。 **五福：**五种幸福，曾运乾氏谓即下文第九条所说之内容。《孔传》："敛是五福之道以为教。" 3 **敷：**普遍。 **锡：**施予。 4 **于：**重视。《方言》说："于，大也。”见《尚书易解》。 5 **锡**:赐,贡献。 **保**:保持。 6 **淫朋**:邪党。 7 **人**:指百官。 **比德**:私相比附的行为。 8 **猷**:计谋。 **为**:作为。 **守**:操守。有猷有为有守,谓庶人之贤者。 9 **念**:审察。《仪礼·聘礼记》“将授志趋”注:“志,犹‘念’也。念趋,谓审行步也。” 10 **罹**:陷入。 **咎**:罪恶。 11 **受**:成。见《吕览·诬徒》注。黄式三说:“受,就也。”谓成就。12 **康**:安和。《孔传》:“汝当安汝颜色以谦下人。” 13 **攸**:行。《说文》:“攸,行水也。”“行”又训“用”,指任用。 14 **福**:爵禄。 **斯**:《经传释词》:“犹‘乃’也。” **惟**:思。 15 **茕独**:孤独。泛指鳏寡孤独的人。茕,音 qióng,孤。 **高明**:马融说:“高明,显宠者,不枉法畏之。” 16 **羞**:贡献。 **行**:善行。 17 **正人**:官员。 18 **方谷**:常禄。江声说:“方,犹常也。谷,禄也。” 19 **好**:善。 **家**:家国。 20 **辜**:罪,责备。 21 **作**:使。 **用**:施行。 **咎**:恶。 22 **无**:不要。 **陂**:音 pō,不正。 23 **义**:法。 24 **好**:马融说:“私好也。” 25 **荡荡**:宽广。 26 **平平**:平坦。 27 **无反无侧**:马融说:“反,反道也。侧,倾侧也。” 28 **会**:聚合。 29 **曰**:《尚书正读》说:“更端之词。” 30 **敷**:陈述。极之敷言,极所陈述之言。 **彝**:《史记》作“夷”,陈列。 **训**:教导。 31 **于**:句首语气词。《尔雅》:“于,曰也。” **训**:顺从。下文“是训”之训,义同。

以上第二段第五节,解释皇极。

原文

“六、三德:一曰正直,二曰刚克[1],三曰柔克[2]。平康正直[3],强弗友刚克[4],燮友柔克[5]。沉潜刚克[6],高明柔克[7]。惟辟作福,惟辟作威,惟辟玉食[8]。臣无有作福作威玉食。臣之有作福作威玉食,其害于而家,凶于而国。人用侧颇僻,民用僭忒[9]。

译文

“六、三种治德:一是正直,二是刚克,三是柔克。和平安顺的人,就用正直对待;强不可亲的人,就用刚克制;和顺可亲的人,就用柔克制。乱臣贼子,就用刚克制;显贵大臣,就用柔克制。只有君王才能作福,只有君王才能作威,只有君王才能享用美物。臣子不许有作福、作威、美食的情况。假若臣子有作福、作威、美食的情况,就会害及您的家,乱及您的国。百官将因此倾侧不正,百姓也将因此发生差错和疑惑。

注释　1 **刚克**:克,制。刚克,以刚强克制之。 2 **柔克**:以柔顺克制之。 3 **平康**:和平安顺的人。 4 **友**:亲。强弗友,刚强不可亲的人。 5 **燮**:音 xiè,和。燮友,和而可亲的人。 6 **沉潜**:马融说:"沉,阴也。潜,伏也。阴伏之谋,谓乱臣贼子非一朝一夕之渐,君亲无将,将而诛。" 7 **高明**:谓显贵大臣。 8 **玉食**:美食。 9 **僭**:越轨。 **忒**:作恶。

以上第二段第六节,解释三德。

原文

"七、稽疑:择建立卜筮人[1],乃命卜筮[2]。曰雨,曰霁,曰蒙,曰驿,曰克,[3]曰贞,曰悔,[4]凡七。卜五,占用二,衍忒[5]。立时人作卜筮[6]。三人占,则从二人之言。汝则有大疑[7],谋及乃心,谋及卿士,谋及庶人,谋及卜筮。汝则从,龟从,筮从,卿士从,庶民从,是之谓大同。身其康强,子孙其逢[8]。吉。汝则从,龟从,筮从,卿士逆,庶民逆,吉。卿士从,龟从,筮从,汝则逆,庶民逆,吉。庶民从,龟从,筮从,汝则逆,卿士逆,吉。汝则从,龟从,筮逆,卿士逆,庶民逆,作内吉[9],作

译文

"七、用卜决疑:选择建立掌管卜筮的官员,教导他们卜筮的方法。龟兆有的叫做雨,有的叫做霁,有的叫做蒙,有的叫做驿,有的叫做克;卦象有的叫做贞,有的叫做悔,共计有七种。龟兆用前五种,占筮用后两种,根据这些推演变化,决定吉凶。设立这种官员进行卜筮。三个人占卜,就听从两个人的说法。你若有重大的疑难,你自己要考虑,再与卿士商量,再与庶民商量,再与卜筮官员商量。你赞同,龟卜赞同,蓍筮赞同,卿士赞同,庶民赞同,这叫大同。这样,自身会康强,子孙会昌盛,很吉利。你赞同,龟卜赞同,蓍筮赞同,而卿士反对,庶民反对,也吉利。卿士赞同,龟卜赞同,蓍筮赞同,你反对,庶民反对,也吉利。庶民赞同,龟卜赞同,蓍筮赞同,你反对,卿士反对,也吉利。你赞同,龟卜赞同,蓍筮反对,卿士反对,庶民反对,在国内行事就吉利,在国外行事就不吉利。龟卜、蓍筮都与

外凶[10]。龟筮共违于人，用静吉，用作凶。

人意相违，不做事就吉利，做事就凶险。

注释 1 **卜筮**：卜，用龟甲占吉凶；筮，用蓍草占吉凶。 2 **命**：教。命卜筮，教以卜筮之法。 3 **雨、霁、蒙、驿、克**：雨，兆之体气如雨。霁，如雨止而云气在上。蒙，气郁郁冥冥。驿，色泽而光明。克，如祲气之色相犯。本郑玄说。 4 **贞**：内卦。 **悔**：外卦。 5 **衍**：推演。 **忒**：变化。 6 **时人**：这种人，指卜筮官员。 7 **则**：假若。见《经传释词》。 8 **逢**：昌盛。马融说："逢，大也。" 9 **作内**：作于境内。 10 **作外**：作于境外。

以上第二段第七节，解释稽疑。

原文

"八、庶征：曰雨，曰旸[1]，曰燠[2]，曰寒，曰风。曰时五者来备，各以其叙[3]，庶草蕃庑[4]。一极备[5]，凶；一极无[6]，凶。曰休征：曰肃，时雨若；[7]曰乂，时旸若；曰哲，时燠若；曰谋，时寒若；曰圣，时风若。曰咎征：曰狂[8]，恒雨若；曰僭[9]，恒旸若；曰豫[10]，恒燠若；曰急[11]，恒寒若；曰蒙[12]，恒风若。曰王省惟岁[13]，卿士惟月，师尹惟日。岁月日时无易[14]，百谷用

译文

"八、一些征兆：一叫雨，一叫晴，一叫暖，一叫寒，一叫风。一年中这五种天气齐备，各根据时序发生，百草就茂盛。一种天气过多就不好；一种天气过少，也不好。君王行为美好的征兆：一叫肃敬，就像及时降雨的喜人；一叫修治，就像及时晴朗的喜人；一叫明智，就像及时温暖的喜人；一叫善谋，就像及时寒冷的喜人；一叫通圣，就像及时刮风的喜人。君王行为坏的征兆：一叫狂妄，就像久雨的愁人；一叫不信，就像久晴的愁人；一叫逸豫，就像久暖的愁人；一叫严急，就像久寒的愁人；一叫昏昧，就像久风的愁人。君王视察的职责，就像一年包括四时；卿士就像月，统属于岁；众尹就像日，统属于月。假若岁、月、日、时的关系没有改变，百谷就因此成熟，政治就因此清明，杰出的人才因此显扬，国家因

成[15]，乂用明，俊民用章[16]，家用平康。日月岁时既易，百谷用不成，乂用昏不明，俊民用微[17]，家用不宁。庶民惟星，星有好风[18]，星有好雨[19]。日月之行，则有冬有夏[20]。月之从星，则以风雨[21]。

此太平安宁。假若日、月、岁、时的关系全都改变，百谷就因此不能成熟。政治就因此昏暗不明，杰出的人才因此不能重用，国家因此不得安定。百姓好比星星，有的星喜欢风，有的星喜欢雨。太阳和月亮的运行，就有冬天和夏天以成岁功。月亮顺从星星，就要用风和雨润泽人民。

注释　1 **旸：**音 yáng，晴天。 2 **燠：**音 yù，暖和。 3 **叙：**次序，指时序。 4 **蕃：**滋多。 **庑：**茂盛。 5 **一：**五者之一。 **极备：**极多。 6 **极无：**极缺。 7 **若：**像。时雨若，像时雨。《尚书正读》说："若，譬况之词，位在句末。如《易·离卦》'出涕沱若，戚嗟若'，言出涕若沱，戚若嗟也。《诗·氓》'桑之未落，其叶沃若'，言其叶若沃也。本文'曰肃，时雨若'，犹《孟子》言'若时雨降'也。下均仿此。" 8 **狂：**狂妄。 9 **僭：**不信。 10 **豫：**逸豫。 11 **急：**严急。 12 **蒙：**昏昧。 13 **省：**音 xǐng，视察，此指视察的职责。 14 **岁月日时无易：**岁月日时的统属关系不变，比喻君臣各顺其常。易，改变。 15 **用：**因。 16 **俊民：**有才能的人。 **章：**显扬。 17 **微：**"章"之反，谓不显扬。 18 **星有好风：**马融说："箕星好风。" 19 **星有好雨：**马融说："毕星好雨。" 20 **日月之行，则有冬有夏：**郭嵩焘《史记札记》："冬夏者，天之所以成岁功也，而日月之行循乎黄道以佐成岁功，以喻臣奉君命而布之风。"按比喻群臣须成王功。 21 **以：**用。郭嵩焘说："月入箕则风，入毕则雨。风雨者，天之所以发生万物也，而月从星之好以施行之，以喻倡导百姓之欲以达之君。"按比喻群臣之从民欲，须润泽斯民。

以上第二段第八节，解释庶征。

原文

"九、五福：一曰寿，二曰富，三曰康宁，四曰攸好

译文

"九、五种幸福：一是长寿，二是富，三是健康安宁，四是遵行美德，五是高寿

德[1]，五曰考终命[2]。六极：一曰凶、短、折[3]，二曰疾，三曰忧，四曰贫，五曰恶[4]，六曰弱[5]。”

善终。六种不幸的事：一是早死，二是疾病，三是忧愁，四是贫穷，五是邪恶，六是不壮毅。”

注释 1 **攸好德：**攸，行。《说文》："攸，行水也。"引申为"行"。 2 **考：**老。考终命，老而善终。 3 **凶、短、折：**早死。未到换牙就死了叫凶，未到成年就死了叫短，未到结婚就死了叫折。此郑玄的分析。 4 **恶：**邪恶。攸好德之反，谓为奸为宄，不行好德。 5 **弱：**郑玄说："愚懦不壮毅曰弱。"

以上第二段第九节，解释五福六极。

旅 獒

导读

旅，西旅，西方远国。獒，大犬，高四尺。周武王克殷后，西旅国来献大犬。召公认为不可接受，劝武王慎德，重视贤能，安定国家，保护百姓。史官记录召公的话，名曰《旅獒》。《孔疏》引郑玄说："獒读曰'豪'，西戎无君，名强大有政者为酋豪。国人遣其酋豪来献，见于周。"可证汉代《旅獒》篇与本篇不同。这是梅氏伪古文《尚书》之十八。

原文

惟克商，遂通道于九夷八蛮[1]。西旅底贡厥獒[2]，太保乃作《旅獒》[3]，用训于王。

译文

武王胜商以后，便向众多的民族国家开通了道路。西方旅国来贡献那里的大犬，太保召公于是写了《旅獒》，用来劝谏武王。

召公说："啊！圣明的王敬重德行，所以

曰："呜呼！明王慎德，四夷咸宾[4]。无有远迩，毕献方物[5]，惟服食器用。王乃昭德之致于异姓之邦[6]，无替厥服[7]；分宝玉于伯叔之国，时庸展亲[8]。人不易物[9]，惟德其物[10]。

四周的民族都来归顺。不论远近，都贡献些各方的物产，只是些可供衣食器用的东西。明王于是昭示这些贡品给异姓的国家，使他们不要荒废职事；分赐宝玉给同姓的国家，用这些东西展示亲爱之情。人们并不轻视那些物品，只以德意看待那些物品。

注释　1 **九夷八蛮**：夷，指古代东方各民族。蛮，指古代南方各民族。九和八，都是形容它的多。 2 **西旅**：西方的旅国。 **厎**：音 zhǐ，至，来。 3 **太保**：官名，这里指召公。 4 **宾**：服从，归顺。 5 **方物**：《孔传》："方土所生之物。" 6 **德之致**：指贡品。《孔传》："德之所致，谓远夷之贡。" 7 **替**：废弃。 **服**：职务。 8 **展亲**：展示亲爱之情。 9 **人不易物**：易，轻易。人不轻视那些物品。 10 **惟德其物**：德，动词，看作德。只以德意看待那些物品。《蔡传》说："故诸侯亦不敢轻易其物，而以德视其物也。"

以上第一段，说明明王慎德不事奢华。

原文

"德盛不狎侮[1]。狎侮君子，罔以尽人心；狎侮小人，罔以尽其力。不役耳目，百度惟贞[2]。玩人丧德，玩物丧志。志以道宁，言以道接。不作无益害有益，功乃成；不贵异物贱用物，民乃足。犬马非其土性不畜[3]，珍禽奇兽，不育于国。不宝远物，则远人格[4]；所

译文

"德盛的人不轻易侮慢。轻易侮慢官员，就不可以使人尽心；轻易侮慢百姓，就不可以使人尽力。不被歌舞女色所役使，百事的处理就会适当。戏弄人就丧德，戏弄物就丧志。意志要依道来安宁；言论要依道来接物。不做无益的事来妨害有益的事，事就能成；不重视珍奇物品，百姓的用物就能充足。犬马不是土生土长的不养，珍禽奇兽不收养于国。不宝爱远方的物品，远人就会来；所

宝惟贤，则迩人安。

重的是贤才，近人就安了。

注释 1 **狎侮**：狎，轻易。侮，侮慢。 2 **百度**：《左传·昭公元年》杜预注："百度，百事之节也。" **贞**：正，适当。 3 **土性**：土生，土产。性，通"生"。 4 **格**：来。

以上第二段，说明盛德之主不可玩人玩物。

原文

"呜呼！夙夜罔或不勤[1]。不矜细行[2]。终累大德，为山九仞，功亏一篑。允迪兹[3]，生民保厥居[4]，惟乃世王。"

译文

"啊！早晚不可有不勤德的时候。不注重细行，终究会损害大德，比如筑九仞高的土山，工作未完只在于一筐土。真能实行这些诚言，则人民就安其居，而周家就可以世代为王了。"

注释 1 **夙夜**：早晚。 **罔**：不可。 **或**：有。 2 **矜**：慎。 3 **允迪兹**：允，信。迪，施行。兹，指诚言。 4 **保**：安。

以上第三段，劝勉武王不可因细行而累大德。

金 縢

导读

武王胜商后二年，得了重病。当时天下尚未安定，殷民心怀不服。武王一身关系天下的安危，所以周公亲自请于太王、王季和文王，求以自己代替武王去死。祝告的册书收藏在金属束着的匮中。武王死后，成王年幼，周公代理政事，管叔、蔡叔放出流言说周公将不利于成王。因此成王也怀疑周公，骨肉之间发生了隔阂。周公东征，取得辉煌的胜利，又写了《鸱鸮》诗，想感动成王，成王仍然没有醒悟，可见隔阂之深。后来因一次偶然的天灾，成王打开金縢之匮，发现了周公请求代替武王死的册书，深深受到感动，隔阂终于消除了。史官看到金縢匮中的册书作用这样重大，于是记录了这件事来表彰周公的忠诚。为了突出金縢中册书的作用，于是名叫《金縢》。

原文

既克商二年，王有疾，弗豫[1]。二公曰："我其为王穆卜[2]。"周公曰："未可以戚我先王[3]？"公乃自以为功[4]，为三坛同墠[5]。为坛于南方，北面，周公立焉。植璧秉圭[6]，乃告太王、王季、文王[7]。

译文

周战胜商后的第二年，武王生了重病，身体不安。太公、召公说："我们为王恭敬地卜问吉凶吧！"周公说："不可以向我们先王祷告吗？"周公就把自身作为抵押，清除一块土地，在上面筑起三座祭坛。又在三坛的南方筑起一座台子，周公面向北方站在台上。放着玉，拿着圭，就向太王、王季、文王祷告。

注释 1 **豫：**安。黄式三说："疾曰弗豫，犹言身不快也。" 2 **二公：**指太公和召公。 **穆：**恭敬。 3 **戚：**读为"祷"，告事求福。未可以戚我先王，是反问句。见《尚书易解》。 4 **功：**质，今言抵押。自以为功，即以身作抵押。 5 **三坛：**太王、王季、文王各为一坛。 **墠：**音 shàn，祭祀的场地。 6 **植：**郑玄说："古'置'字。" **璧：**圆形的玉。 **圭：**上圆下方的玉。古代祈祷要用圭、璧等。 7 **太王：**武王的曾祖。 **王季：**武王的祖父。 **文王：**武王的父亲。

原文

史乃册[1]，祝曰："惟尔元孙某[2]，遘厉虐疾[3]。若尔三王是有丕子之责

译文

史官就写了策书，祝告说："你们的长孙姬发，遇到险恶的病。假若你们三位先王这时在天上有助祭的职责，就用我姬旦代替他

于天[4]，以旦代某之身！予仁若考能[5]，多材多艺[6]，能事鬼神。乃元孙不若旦多材多艺[7]，不能事鬼神。乃命于帝庭[8]，敷佑四方[9]，用能定尔子孙于下地[10]。四方之民罔不祗畏[11]。呜呼！无坠天之降宝命[12]，我先王亦永有依归。今我即命于元龟[13]，尔之许我，我其以璧与圭归俟尔命[14]；尔不许我，我乃屏璧与圭[15]。"

的身子吧！我柔顺巧能，多才多艺，能奉事鬼神。你们的长孙不如我多才多艺，不能奉事鬼神。而且他在天帝那里接受了任命，普遍取得了四方，因此能够在人间安定你们的子孙。天下的老百姓也无不敬畏他。唉！不要丧失上帝降给的宝贵使命，我们的先王也就永远有所归依。现在，我来听命于大龟，你们允许我，我就拿着璧和圭归向你们，等待你们的命令；你们不允许我，我就收藏璧和圭，不敢再请了。"

注释 1 **史**：史官。 **册**：写册书。 2 **惟**：语气助词。 **元**：长。 **某**：指周武王姬发。 3 **遘**：遇到。 **厉**：危。 **虐**：恶。 4 **是**：这时。 **丕子**：读为"布兹"。兹是席名，布兹就是布席。举行祭祀，先须布席，所以布席就是助祭。说见《尚书正读》。丕子之责，即助祭的职责。 5 **仁若**：柔顺。 **考**：巧。《史记》作"巧"。 6 **材、艺**：都指技术。 7 **乃元孙**：你们的长孙。 8 **乃**：犹"而"也。见《经传释词》。 **命**：见命，被命。 9 **敷**：普遍。 **佑**：读为"有"。王国维说。 10 **下地**：人间。 11 **祗**：敬。 12 **坠**：丧失。 **宝命**：指命于帝庭敷佑四方的使命。 13 **即命**：就而听命。 14 **归**：归于三王之所。 15 **屏**：音 bǐng，收藏。

原文

乃卜三龟，一习吉[1]。启籥见书[2]，乃并是吉。公曰："体[3]！王其罔害。予小子新命于三王[4]，惟永终是图；兹攸俟[5]，能念

译文

于是卜问三龟，都重复出现吉兆。打开竹简看书，竟然都是吉利。周公说："根据兆形，王会没有危险。我新向三位先王祷告，只图国运长远；现在期待的，是先王能够俯念我谋国长远的诚心。"周公回去，

予一人[6]。”公归，乃纳册于金縢之匮中。王翼日乃瘳[7]。

把册书放进金属束着的匣子中。第二天，周武王的病就好了。

注释 1 **一**:都。 **习**:重复。 2 **启**:开。 **籥**:音 yuè，写兆书的竹筒。 **书**:占卜的书。 3 **体**:兆形。 4 **命**:告。《尔雅·释诂》:“命，告也。” 5 **攸**:所。 **俟**:期待。 6 **予一人**:周公自称。念予一人，念我永终是图的至意。 7 **翼日**:明日。 **瘳**:音 chōu。病好了。

以上第一段，记周公祈求先王让他代替武王之死，以安定周邦。

原文

武王既丧[1]，管叔及其群弟乃流言于国[2]，曰:“公将不利于孺子[3]。”周公乃告二公曰:“我之弗辟[4]，我无以告我先王。”周公居东二年[5]，则罪人斯得[6]。于后，公乃为诗以贻王，名之曰《鸱鸮》[7]。王亦未敢诮公[8]。

译文

武王死后，管叔和他的几个弟弟就在国内散布谣言。说:“周公将会对成王不利。”周公就告诉太公、召公说:“我不摄政，我将无辞告我先王。”周公留在东方两年，罪人就被捕获了。后来，周公写了一首诗送给成王，叫它为《鸱鸮》。成王只是不敢责备周公。

注释 1 **丧**:死。《史记·封禅书》:“武王克殷二年，天下未宁而崩。” 2 **管叔**:名鲜。郑玄说:“周公兄，武王弟，封于管。” **群弟**:指蔡叔、霍叔。《逸周书·作雒解》说:“武王克殷，乃立王子禄父俾守商祀，建管叔于东，建蔡叔、霍叔于殷，俾监殷臣。” 3 **孺子**:年幼的人，指成王。 4 **辟**:音 bì，摄政为君。 5 **居东**:居在东土，指东征。 5 **罪人**:指武庚和三叔等。 **斯**:乃。见《经传释词》。 7 **鸱鸮**:今存《诗·豳风》中。《诗序》说:“《鸱鸮》，周公救乱也。成王未知周公之志，公乃为诗以遗王，名之曰《鸱鸮》焉。” 8 **亦**:只，只是。 **诮**:音 qiào，责备。

以上第二段，记成王因流言而怀疑周公。

原文

秋[1]，大熟，未获，天大雷电以风[2]。禾尽偃[3]，大木斯拔[4]，邦人大恐。王与大夫尽弁以启金縢之书[5]，乃得周公所自以为功代武王之说[6]。二公及王乃问诸史与百执事[7]。对曰："信[8]。噫[9]！公命我勿敢言。"

王执书以泣，曰："其勿穆卜！昔公勤劳王家，惟予冲人弗及知[10]。今天动威以彰周公之德，惟朕小子其新逆[11]，我国家礼亦宜之。"王出郊，天乃雨，反风，禾则尽起[12]。二公命邦人凡大木所偃，尽起而筑之[13]。岁则大熟。

译文

秋天，百谷成熟，还没有收获，天空出现雷电与大风。庄稼都倒伏了，大树都被拔起，国人非常恐慌。周成王和大夫们都戴上礼帽，打开金属束着的匣子，于是得到了周公以自身为质请代武王的祝辞。太公、召公和成王就询问众史官以及众多办事官员。他们回答说："确实。唉！周公告诫我们不能说出来。"

成王拿着册书哭泣，说："不要等待卜了！过去，周公勤劳王室，我这年轻人来不及了解。现在上天动怒来表彰周公的功德，我小子要亲自去迎接，我们国家的礼制也应该这样。"成王走出郊外，天就下着雨，风向也反转了，倒伏的庄稼又全部伸起来。太公、召公命令国人，凡大树所压的庄稼，要全部扶起来，又培好根。这一年于是获得大丰收。

注释 1 **秋:**指"周公居东二年，罪人斯得"以后的秋天。 2 **以:**与，和。 3 **偃:**倒伏。 4 **斯:**尽。见《吕览》注。 5 **弁:**礼帽，这里是戴上礼帽的意思。 6 **说:**祷告的祝词。7 **百执事:**众多办事官员。8 **信:**确实。9 **噫:**唉。叹词。 10 **冲人:**年幼的人。 11 **新:**当作"亲"。马融本作"亲"。 **逆:**迎接。 12 **起:**立起，伸起。 13 **筑:**用土培根。

以上第三段，记成王得金縢之书而悔悟，亲自迎接周公。

大 诰

导读

周武王逝世，成王年幼，周公摄政。元年（公元前1063年），管叔、蔡叔、武庚联合淮夷反叛周王朝。周公忠诚为国，决计出兵平定叛乱。讨伐叛乱的军队还没有出发，诸侯国的国君和众位大臣认为此举困难很大，劝周公违背龟卜的指示，停止出征。周公于是大诰各诸侯国的国君和众位大臣，驳斥他们关于出征困难很大和违背龟卜的说法，劝导他们同心协力去平定叛乱。史官记录周公这篇诰辞，名叫《大诰》。周公这次东征，平定了叛乱，巩固了周王朝的统治，天下复归统一。周公东征是周代初年的重大事件，因此，这篇诰辞具有很高的史料价值。

原文

王若曰："猷[1]！大诰尔多邦越尔御事[2]。弗吊[3]！天降割于我家[4]，不少延[5]。洪惟我幼冲人[6]，嗣无疆大历服[7]。弗造哲[8]，迪民康[9]，矧曰其有能格知天命[10]？

译文

王这样说："哟！遍告你们众国君主和你们的办事大臣。不幸啊！上帝给我们国家降下灾祸，不稍间断。我这个幼稚的人继承了远大悠久的王业。没有遇到明哲的人，指导老百姓安定下来，何况说会有能度知天命的人呢？

注释 1 **王**：指摄政王周公。 **若**：如此，这样。 **猷**：哟。叹词。 2 **多邦**：众诸侯国。 **越**：与，和。《广雅》："越，与也。" **御事**：治事大臣。 3 **吊**：善。弗吊，犹言不幸。 4 **割**：通"害"，灾害。《经典释文》："割，马本作'害'。"

5 **延:**间断。《尔雅·释诂》:"延,间也。" 6 **洪惟:**句首语气助词。王引之说。 **幼冲人:**年轻人。冲,稚。 7 **大历服:**历,久。服,事。大历服,伟大久远的事业。指王业。 8 **造:**遭遇。 **哲:**明智的人。 9 **迪:**引导。 **康:**安。10 **矧:**音 shěn,况且。 **格:**度量。江声说。

原文

"已[1]! 予惟小子,若涉渊水,予惟往求朕攸济[2]。敷贲敷前人受命[3],兹不忘大功。予不敢闭于天降威[4],用宁王遗我大宝龟[5],绍天明[6]。即命曰[7]:'有大艰于西土,西土人亦不静,越兹蠢[8]。殷小腆诞敢纪其叙[9]。天降威[10],知我国有疵[11],民不康,曰:予复! 反鄙我周邦[12],今蠢今翼[13]。日民献有十夫予翼[14],以于敉宁、武图功[15]。我有大事,休? [16]'朕卜并吉。

译文

"唉! 我小子像渡过深渊,我应当前往寻求我渡过去的办法。大宝龟帮助前人接受天命,至今不能忘记它的大功。在上天降下灾难的时刻我不敢把它闭藏着,用文王留给我们的大宝龟,卜问天命。我向大龟祷告说:'在西方有大灾难,西方人也不安静,现在也蠢动了。殷商的小主竟敢组织他的残余力量。天帝降下灾祸,他们知道我们国家有困难,民不安定。他们说:我们要复国! 反而图谋我们周国,现在他们动起来、飞起来了。这些天有十位贤者来帮助我,我要和他们前往完成文王、武王所谋求的功业。我们将有战事,会吉利吗!'我的卜兆全都吉利。

注释 1 **已:**唉,叹词。2 **攸济:**攸,所以。济,渡。攸济,所以济渡。见《经传释词》。 3 **敷贲:**大龟。"敷" 训 "大",见《诗·常武》释文引《韩诗》。 **敷前人:**辅佐前人。敷,通"辅"。详见《尚书易解》。4 **闭:**藏着。 **威:**可畏的事,指灾难。5 **宁王:**文王。古字"宁"和"文"形近,因而致误。6 **绍:**卜问。 **天明:**即天命。杨树达说,"明" 是 "命" 之假借字。 7 **即命:**即,就。命,告。就龟而告。 8 **越:**在。 **兹:**这时。 **蠢:**动。 9 **腆:**主。小主,谓武庚。黄式三说。**纪其叙:**纪,组织。叙,余。组织他们的残余。10 **天降威:**威,通"畏",

可畏的事。天降可畏的事，指武王死了。 11 **疵：**病，困难。指成王年幼，周公被疑。 12 **鄙：**鄙视。图谋。王先谦说：“古文‘啚’为‘鄙’，与‘图’字形近，其义当为‘图’。”按王说可从。 13 **今蠢今翼：**蠢，动。翼，通“翌”，“翌”即“翊”字，《说文》：“翊，飞貌。”今蠢今翼，现在动起来、飞起来了，形容形势危急。此俞樾说。 14 **日：**近日。 **献：**贤，指贤人。 **翼：**助。予翼，即翼予。 15 **敉：**音mǐ。通“弥”，终。黄式三说。 **图功：**图，大。功，业。王引之说。 16 **大事：**兵事，战事。 **休：**好吗？曾运乾说：“犹言休否，问辞也。”

原文

“肆予告我友邦君越尹氏、庶士、御事[1]，曰：‘予得吉卜，予惟以尔庶邦于伐殷逋播臣[2]。’尔庶邦君越庶士、御事罔不反曰：‘艰大，民不静，亦惟在王宫邦君室[3]。越予小子考翼[4]，不可征，王害不违卜[5]？’

译文

“所以我告诉我的友邦国君和各位大臣说：‘我现在得到了吉卜，打算和你们众国去讨伐殷商那些叛乱的罪人。’你们各位国君和各位大臣没有不反对说：‘困难很大，老百姓不安宁，也有在王室和邦君室的人。我们这些小子考虑，不可征讨吧！大王为什么不违背龟卜呢？’

注释

1 **肆：**所以。**越：**与。**尹氏：**史官。**庶士：**众士。 2 **惟：**谋。 **以：**与。**于：**往。 **逋播臣：**逋，逃亡。播，散。逋播臣，指禄父。 3 **惟：**有。 **王宫邦君室：**指管叔、蔡叔等。 4 **越：**句首语气词。 **予小子：**庶邦君自称。 **考翼：**曾运乾说：“考翼，犹言考慎也”。又引《谥法》曰：“大虑行节曰考，思虑深远曰翼。” 5 **害：**通“曷”。何，为什么。

原文

“肆予冲人永思艰[1]，曰：呜呼！允蠢鳏寡[2]，哀哉！予造天役[3]，遗大投艰于朕身[4]。越予冲人不

译文

“现在我深深地考虑着艰难，我说：‘唉！确实惊扰了苦难的人民，真痛心啊！我受天命的役使，天帝把艰难的事重托给我，我无暇只为自身忧虑。你们众位邦君

卬自恤[5]。义尔邦君越尔多士、尹氏、御事绥予曰[6]:'无毖于恤[7],不可不成乃宁考图功[8]。'

"已!予惟小子,不敢替上帝命[9]。天休于宁王[10],兴我小邦周,宁王惟卜用,克绥受兹命[11]。今天其相民,矧亦惟卜用?呜呼!天明畏,弼我丕丕基[12]!"

与各位大臣应该安慰我说:'不要被忧患吓倒,不可不完成您文王的大业!'

"唉!我小子不敢废弃天命。天帝嘉惠文王,振兴我们小小的周国,当年文王只使用龟卜,能够承受这天命。现在天帝要帮助老百姓,何况也是使用龟卜呢?啊!天命可畏,请辅助我们伟大的事业吧!"

注释 1 **肆:**今。2 **允:**信,真的。**蠢:**动,惊动。**鳏寡:**指苦难的人。3 **役:**役使。4 **遗:**当读为"惟",《诗》"其鱼唯唯",《韩诗》作"遗遗",可证"惟"与"遗"相通。见《尚书易解》。**投:**掷。付予。**艰:**难事。5 **越:**句首语气词。**卬:**我。**恤:**忧虑。6 **义:**宜,应当。**绥:**安慰。7 **无:**不要。**毖:**畏慎,恐惧。8 **宁考:**文考。**图功:**大业。9 **替:**废弃。**不敢替上帝命:**《孔传》说:"不敢废天命,言卜吉当必征之。"10 **休:**嘉惠。11 **绥:**安。12 **丕:**大。**基:**事业。

以上第一段,宣布得了吉卜,劝导众国服从天命参加东征。

原文

王曰:"尔惟旧人[1],尔丕克远省[2],尔知宁王若勤哉[3]!天閟毖我成功所[4],予不敢不极卒宁王图事[5]。肆予大化诱我友邦君[6]:天棐忱辞[7],其考我民[8],予曷其不于前宁人图功攸终[9]?天亦惟用勤毖我民[10],若有疾,予曷敢不于

译文

王说:"你们是老臣,你们多能远知往事,你们知道文王是如何勤劳的啊!天帝慎重地告诉我们成功的办法,我不敢不快速完成文王的大业。现在我劝导我们友邦的君主:天帝用诚信的话帮助我们,要成全我们的百姓,我们为什么不谋求完成前文王的大业呢?天帝也许要使我们的臣民勤劳,好像有疾病,我

前宁人攸受休毕[11]？”

们怎敢不对前文王所受的疾病好好攘除呢？”

注释 1 **惟**:是。 **旧人**:老臣。 2 **省**:省识。 3 **若**:《尚书正读》:“若，如何也。” 4 **闷**:音 bì，慎重。 **毖**:告诉。 **所**:道，办法。《礼记·哀公问》注:“所，犹道也。” 5 **极**:通“亟”。快速。王引之说。 6 **化诱**:教导。 7 **棐**:音 fěi，辅助。 **忱辞**:诚信的话。指宝龟所示的吉兆。 8 **考**:成就。 9 **于**:往。 **攸**:通“猷”，谋求。 **终**:完成。 10 **毖**:劳心。 11 **休毕**:休，善。毕，消除疾病。孙诒让说。

原文

王曰:“若昔朕其逝[1]，朕言艰日思[2]。若考作室，既底法[3]，厥子乃弗肯堂，矧肯构？[4]厥父菑[5]，厥子乃弗肯播[6]，矧肯获？厥考翼其肯曰[7]:予有后弗弃基？肆予曷敢不越卬敉宁王大命[8]？若兄考[9]，乃有友伐厥子[10]，民养其劝弗救[11]？”

译文

王说:“像往日讨伐纣王一样，我将要前往，我想说些艰难日子里的想法。好像父亲建屋，已经确定了办法，他的儿子却不愿意打地基，又愿意盖屋吗？他的父亲新开垦了田地，他的儿子却不愿意播种，又愿意收获吗？这样，他的父亲考虑以后，难道愿意说，我们有后人不会废弃我的基业吗？所以我怎敢不在我自己身上完成文王伟大的使命呢？又好比兄长死了，却有人群起攻击他的儿子，为民长上的难道能够相劝不救吗？”

注释 1 **若昔**:黄式三说:“如前也。” **其**:将要。 **逝**:往。 2 **艰日思**:艰难日子里的想法。3 **底**:定。4 **堂**:基，打基础。 **矧**:又。下文“矧肯获”，同。 **构**:盖，盖屋。5 **菑**:音 zī，新垦土地。6 **播**:播种。7 **考翼**:考虑。 **其**:岂，难道。8 **越卬**:越，在。越卬，在我自己。 **敉**:音 mǐ，终，完成。9 **考**:终，死。 10 **友**:群，成群。 11 **养**:长，长官。 **民养**:人民之长，指诸侯和官员。

以上第二段，说明文王的大业必须完成，驳斥众国东征“艰大”的说法。

原文

王曰："呜呼！肆哉[1]，尔庶邦君越尔御事。爽邦由哲[2]，亦惟十人迪知上帝命越天棐忱[3]，尔时罔敢易法[4]！矧今天降戾于周邦[5]？惟大艰人诞邻胥伐于厥室[6]，尔亦不知天命不易？

"予永念曰：天惟丧殷，若穑夫[7]，予曷敢不终朕亩？天亦惟休于前宁人[8]，予曷其极卜[9]？敢弗于从率宁人有指疆土[10]？矧今卜并吉？肆朕诞以尔东征[11]。天命不僭[12]，卜陈惟若兹[13]！"

译文

王说："啊！努力吧，你们诸位邦君和各位官员。使国家清明要用明智的人，现在也有十个人引导我们知道天命和天帝辅助诚信的道理，你们不能轻视这些！何况现在天帝已经给周国降下了定命呢？那些发动叛乱的大罪人，勾结邻国，同室操戈，你们也不知天命不可改变吗？

"我长时间考虑着：天帝要灭亡殷国，好像农夫一样，我怎敢不完成我的田亩工作呢？天帝也想嘉惠我们先辈文王，我们怎能放弃吉卜呢？怎敢不前去重新巡视文王美好的疆土呢？更何况今天的占卜都是吉兆呢？所以我要率领你们东征，天命不可不信，卜兆的指示应当遵从呀！"

注释　1 **肆**：尽力。《尔雅·释诂》："肆，力也。" 2 **爽**：明，清明。 **哲**：哲人。 3 **惟**：有。 **十人**：《孔传》说："谓民献十夫来佐周。" **迪**：引导。 **越**：与。 **棐忱**：辅助诚信的人。4 **时**：是，代词。**易法**：即易废，怠弃的意思。法，通"废"。金文"废"多作"法"。尔时罔敢易法，即尔罔敢怠慢是，否定句的代词宾语前置了。 5 **矧**：况且。 **戾**：定。指定命。 6 **大艰人**：大发难的人，指三监和武庚。 **诞**：通"延"，延请。 **邻**：邻国。 **胥**：相。 7 **穑夫**：农夫。 8 **休**：嘉惠。9 **极**：放弃。《仪礼·大射仪》注："极，犹放也。" 10 **于**：往。**从**：重，再。 **率**：循行，行视。 **指**：旨，美。有指即美好。 11 **诞**：语中助词。见《经传释词》。 **以**：率领。 12 **僭**：不信。 13 **陈**：示。 **若**：顺从。 **兹**：哉，语末助词。见《词诠》。

以上第三段，说明天命不可懈怠，驳斥众国"违卜"的要求。

微子之命

导读

微子，名启，纣王的同母长兄，帝乙的长子。命，诰命。周成王杀了纣王的儿子武庚，于是命令微子启代替武庚为殷之后裔，封他于宋国，以奉行成汤的祭祀。史官记录成王封微子的诰命，叫做《微子之命》。这是梅氏伪古文《尚书》之十九。

原文

王若曰："猷！殷王元子[1]。惟稽古，崇德象贤[2]，统承先王，修其礼物，作宾于王家，与国咸休，永世无穷。

"呜呼！乃祖成汤克齐圣广渊[3]，皇天眷佑，诞受厥命。抚民以宽，除其邪虐。功加于时，德垂后裔[4]。

"尔惟践修厥猷[5]，旧有令闻。恪慎克孝，肃恭神人。予嘉乃德，曰笃不

译文

成王这样说："哟！殷王的长子。稽考古代，尊崇盛德、效法先贤的人，继承先王的传统，施行他的礼制文物，作王家的贵宾，跟王家同样美好，世代绵长，无穷无尽。

"啊呀！你的祖先成汤，能够肃敬、圣明、广大、深远，被皇天顾念佑助，承受了天命。他用宽和的办法安治臣民，除掉邪恶暴虐之徒。功绩施展于当时，德泽流传于后裔。

"你履行成汤的治道，老早有美名。谨慎能孝，恭敬神和人。我赞美你的美德，以为纯厚而不可忘。上帝对这种美德很

原文	译文
忘[6]。上帝时歆[7]，下民祗协，庸建尔于上公，尹兹东夏[8]。	欣喜。下民对你敬爱和睦，因此立你为上公，治理这块东夏地区。

注释 1 **猷**：叹词。表赞美，相当“哟”。 **殷王元子**：元子，长子。微子是殷王帝乙的长子，纣的庶兄，所以称他为殷王长子。 2 **崇德**：崇重有德。**象贤**：效法先贤。崇德象贤，谓崇德象贤的人。 3 **齐圣广渊**：齐，肃敬。圣，明通。广，广大。渊，深远。《蔡传》说：“齐，肃也。齐则无不敬，圣则无不通。广，言其大。渊，言其深也。” 4 **垂**：流传。 5 **践修**：履行。古代履叫践，行叫修。 **猷**：道。 6 **曰笃不忘**：曰，谓。笃，纯厚。《孔传》说：“谓厚不可忘。” 7 **歆**：欣然。《国语·周语》“民歆而德之”注：“歆，犹欣欣。”时歆，对此欣欣。时，是、此。 8 **东夏**：东夏地区，指宋国。《孔传》说：“东方华夏之国，宋在京师东。”

以上第一段，说明册命微子治理宋国的原因。

原文	译文
“钦哉！往敷乃训。慎乃服命[1]，率由典常，以蕃王室[2]。弘乃烈祖[3]，律乃有民[4]，永绥厥位，毗予一人[5]。世世享德，万邦作式，俾我有周无斁[6]。	“要敬重呀！前去发布你的政令。真诚对待你的上公职位与使命，遵循常法，以保卫周王室。弘扬你烈祖的治道，规范你的人民，长久安居上公之位，辅助我一人。这样，你的世世子孙会享受你的功德，万邦诸侯会以你为榜样，服从我周王室而不厌倦。
“呜呼！往哉惟休[7]！无替朕命[8]。”	“啊！前去吧，要好好地干！不要废弃我的诰命。”

注释 1 **慎**：《尔雅·释诂》：“慎，诚也。” **服命**：服，职位。命，使命。这里指上公的职位和使命。 2 **蕃**：通“藩”，屏障，保卫。 3 **烈祖**：烈，功业。烈祖，有功烈之祖，指成汤。 4 **律**：规律，规范。 5 **毗**：音 pí，辅助。 6 **俾**：服从。《尔雅·释诂》：“俾，从也。” **斁**：音 yì，厌倦。 7 **往哉惟休**：《蔡传》说：

"叹息言汝往之国，当休美其政。" 8 替：废弃。

以上第二段，勉励微子遵守常法以保卫周王室。

康 诰

导读

本篇是周公告诫康叔治理殷民的诰辞。《史记·卫世家》记载：康叔名封，是周武王的同母幼弟。周公带领军队东征，杀了纣王的儿子武庚，杀了参加叛乱的管叔，放逐了蔡叔。把先前由武庚统治的殷民封给康叔。立康叔为卫君，居住在黄河和淇水之间的故殷地。周公忧虑康叔年轻，于是反复告诫他，要他寻求殷的贤人君子和长者，向他们请教关于先前殷王朝兴盛和灭亡的原因，要他努力爱护殷民。史官记录周公告诫康叔的这次讲话，写成《康诰》。《尚书大传》说："四年，建侯卫而封康叔。"四年，是指成王四年，也就是公元前1059年。这篇诰词阐明了尚德慎刑、敬天爱民的道理，具体规定了施刑的准则和刑律的条目，强调用德政教化殷民，巩固周王朝的统治。它反映了周公的统治思想和司法制度，是一篇重要文献。

原文

惟三月哉生魄[1]，周公初基作新大邑于东国洛[2]，四方民大和会，侯甸男邦、采卫百工、播民和见[3]，士于周[4]。周公咸勤[5]，乃洪大诰治[6]。

译文

三月间月光初生，周公开始计划在东方的洛水旁边建造一个新的大城市，四方的臣民都同心来会。侯甸男的邦君、采卫的百官、殷商的遗民都来会见，为周王室服务。周公普遍慰劳他们，于是代替成王大诰治殷的方法。

注释 1 **三月:**周公摄政第四年的三月。 **哉生魄:**哉,始。魄,通“霸”。月初生之明。哉生魄,月亮初出现光明。指阴历每月二、三日。 2 **基:**经营。**新大邑:**指王城。 3 **侯甸男邦:**侯服、甸服、男服的邦君。 **采卫百工:**采服、卫服的百官。工,官。 **播民:**播迁之民,指殷民。 **和见:**会见。《周书·谥法》:“和,会也。” 4 **士:**事,服务。 5 **咸:**都。 **勤:**慰劳。 6 **洪:**代替。郑玄说:“洪,代也。言周公代成王诰。” **治:**治道。治理殷国的法则。

以上第一段,记作诰的时地和有关人物。

原文

王若曰[1]:“孟侯[2],朕其弟,小子封。[3]惟乃丕显考文王[4],克明德慎罚[5];不敢侮鳏寡,庸庸[6],祗祗[7],威威[8],显民[9],用肇造我区夏[10],越我一、二邦以修我西土[11]。惟时怙冒[12],闻于上帝,帝休[13],天乃大命文王。殪戎殷[14],诞受厥命越厥邦厥民[15],惟时叙[16],乃寡兄勖[17]。肆汝小子封在兹东土[18]。”

译文

王这样说:“诸侯之长,我的弟弟,年轻的封啊!你的伟大光明的父亲文王,能够崇尚德教,慎用刑罚;不敢欺侮无依无靠的人,任用当用的人,尊敬当敬的人,威慑应当威慑的人,用这些显示于人民,因而开始造就了我们小夏,和我们的几个友邦共同治理我们西方。文王这种重大努力,被上帝知道了,上帝很高兴,就降大命给文王。灭亡大国殷,接受上帝的大命和殷国殷民,继承文王的基业,是长兄武王努力所致,所以你这年轻人才封在这东土。”

注释 1 **王:**指周公。 **若:**如此,这样。 2 **孟侯:**指康叔。孟,长。为诸侯之长。 3 **其:**之。《经传释词》:“其,犹‘之’也。” **封:**康叔名。 4 **乃:**你的。 **丕显考:**伟大光明的父亲。 5 **克:**能够。 **明德:**尊尚德教。 **慎罚:**慎用刑罚。 6 **庸:**用。庸庸,任用可用的人。 7 **祗:**敬。祗祗,尊敬可敬的人。8 **威:**威慑。威威,威慑可威慑的人。9 **显:**显著。显民,显示于民。10 **用:**因此。 **肇:**开始。 **造:**造就,建立。 **区夏:**小夏。周邦自称夏,《君奭》:“惟文王尚克修和我有夏”可证。区,《广雅·释诂》“小也”。周邦原居陕西西部,地域不广,所以称为小夏。11 **越**:与,和。**修**:治理。12 **时**:这样。**怙**:大。王引之说。**冒**:通“勖”,勉力。13 **休**:高兴。《广雅·释诂》:“休,喜也。”14 **殪**:音yì,死,这里指灭亡。**戎殷**:大殷。15 **越**:与,和。16 **时叙**:时,承。叙,绪。承绪,承文王之绪。17 **寡兄**:大兄。指周武王。详《尚书正读》。18 **东土**:卫国在东方河、淇之间,所以说东土。

以上第二段,说明文王武王施行明德慎罚的政策而得天下。

原文

王曰:“呜呼!封,汝念哉!今民将在祗遹乃文考[1],绍闻衣德言[2]。往敷求于殷先哲王用保乂民[3],汝丕远惟商耇成人宅心知训[4]。别求闻由古先哲王用康保民[5]。弘于天[6],若德裕乃身[7],不废在王命[8]!”

译文

王说:“啊!封,你要考虑啊!现在殷民将观察你恭敬追随文王,努力听取殷人的好意见。你去殷地,要遍求殷代圣明先王用来保养百姓的方法,你还要深长思考殷商长者安定民心的明智教导。还要另求遗闻于古时圣明帝王以安保百姓。要比天还宏大,用和顺的美德指导自己,不停地去完成王命!”

注释 1 **在**:观察。《尔雅·释诂》:“在,察也。”**遹**:音yù,遵循,义见《尔雅》。2 **绍**:通“劭”,尽力。**闻**:听取。**衣**:即“殷”。《中庸》注:“齐人言‘殷’声如‘衣’。”3 **敷**:普遍。**乂**:养。4 **惟**:思。**耇**:音gǒu,老。老成人,德高望重的长者。**宅**:安,安定。宅心,与下文“康乃心”同意。**知训**:明智教训。5 **别**:另外。**由**:于。**康**:安。6 **弘**:大。7 **若德**:顺从之德。**裕**:指导。《广雅·释诂》:“裕,道也。”8 **废**:止,停止。**在**:完成。《尔雅·释诂》:“在,终也。”

原文

王曰:“呜呼!小子封,恫瘝乃身[1],敬哉!天畏棐忱[2];民情大可

译文

王说:“啊!年轻的封,治理国家像病痛在你的身上,要认真啊!天道辅助诚信的人,民情大致可以看出,百姓难于安定。你

见，小人难保。往尽乃心，无康好逸豫[3]，乃其乂民。我闻曰：'怨不在大，亦不在小；惠不惠[4]，懋不懋[5]。'已！汝惟小子，乃服惟弘王应保殷民[6]，亦惟助王宅天命[7]，作新民[8]。"

去殷地要尽你的心意，不要苟安贪图逸乐，才会治理好百姓。我听说：'民怨不在于大，也不在于小。要使不顺从的顺从，不努力的努力。'啊！你是个年轻人，你的职责就是宽大对待王家所接受保护的殷民，也是辅佐王家确定天命，革新殷民。"

注释 1 **恫**：音 tōng，痛。 **瘝**：guān 病。 2 **畏**：通"威"。《广雅·释言》："威，德也。" **忱**：辅诚。3 **豫**：乐。4 **惠**：顺从。5 **懋**：勉。6 **服**：职责。**弘**：大，宽大。 **应保**：《经义述闻》："应保，犹'受保'也。" 7 **宅**：黄式三说："宅，定也。" 8 **作**：振作。 **新**：革新。

以上第三段，告诫康叔尽心讲求治道、爱护人民。

原文

王曰："呜呼！封，敬明乃罚[1]。人有小罪，非眚[2]，乃惟终[3]；自作不典[4]，式尔[5]，有厥罪小[6]，乃不可不杀。乃有大罪，非终，乃惟眚灾[7]；适尔，既道极厥辜，[8]时乃不可杀。"

王曰："呜呼！封，有叙时[9]，乃大明服[10]，惟民其敕懋和[11]。若有疾，惟民其毕弃咎[12]；若保赤子[13]，惟民其康乂。

"非汝封刑人杀人，无

译文

王说："啊！封，要认真通晓那些刑罚。人有小罪，不是过失，而是经常；自作不法，因此这样，即使他的罪行小，却不可不杀。若有大罪，不是经常，而是过失；偶然这样，他已经说尽了他的罪过，这个人就不可杀。"

王说："啊！封。能够顺从这样去做，就都会明晓上意而心悦诚服；人民就会互相告诫，努力和顺相处。好像自己有病一样，看待臣民犯罪，臣民就会完全抛弃咎恶；好像保护小孩一样，保护臣民，臣民就会康乐安定。

"不是你姬封刑人杀人，没有人敢刑

或刑人杀人。非汝封又曰劓刵人[14],无或劓刵人。”

人杀人;不是你姬封有令要割鼻断耳,没有人敢施行割鼻断耳的刑罚。”

注释 1 **明:**明晓。 2 **眚:**音 shěng,过失。 3 **终:**常。 4 **典:**法。 5 **式:**用。 **尔:**如此。 6 **有:**虽然。《尔雅·释训》:“有,虽也。” 7 **眚灾:**因过失而造成的灾害。8 **适:**适然、偶然。**道:**说。**极:**尽。9 **叙:**顺从。**时:**是,这。指代上述“杀终赦眚”的方法。 10 **服:**诚服。 11 **敕:**告诫。 **和:**顺。 12 **咎:**罪恶。 13 **赤子:**小孩。 14 **又:**有。 **劓:**音 yì,割鼻之刑。 **刵:**音 ěr,断耳的刑。

原文

王曰:“外事[1],汝陈时臬司师[2],兹殷罚有伦[3]。”又曰:“要囚[4],服念五、六日至于旬时[5],丕蔽要囚[6]。”

王曰:“汝陈时臬事罚[7]。蔽殷彝[8],用其义刑义杀[9],勿庸以次汝封[10]。乃汝尽逊曰时叙[11],惟曰未有逊事[12]。已!汝惟小子,未其有若汝封之心[13]。朕心朕德,惟乃知。

“凡民自得罪[14]:寇攘奸宄[15],杀越人于货[16],暋不畏死[17],罔弗憝[18]。”

译文

王说:“判断案件,你要宣布这些法则管理狱官,这样,殷人的刑罚就会有条理。”王又说:“囚禁的犯人,必须考虑五、六天,至于十天,才判决他们。”

王说:“你宣布这些法律进行惩罚。判断案件,要依据殷人的常法,采用适宜的刑杀条律,不要顺从你的心意。假如完全顺从你的意志断案才叫承顺,应当说不会有承顺的事。唉!你是年轻人,不可顺从你姬封的心意。我的心意,请你理解。

“老百姓凡因这些行为犯罪:偷窃、抢夺、内外作乱、杀远人取财货,强横不怕死,这些罪行没有人不怨恨。”

注释 1 **外事:**判断狱讼的事。江声说:“外事,听狱之事也。听狱在外朝,故云外事。” 2 **陈:**列,列举。 **臬:**法。 **司:**管理。 **师:**士师,狱官。 3 **兹:**

此，这样。**有伦**：有条理。4 **要囚**：幽囚，囚禁犯人。5 **服念**：思考。《诗·关雎》传："服，思之也。" 6 **丕**：乃。训见《经传释词》。**蔽**：判断。7 **事罚**：施行刑罚。8 **彝**：法。**蔽殷彝**：蔽以殷法，用殷法判断案件。9 **义**：宜，合理。《孔传》："义，宜也。" 10 **庸**：用。**次**：通"恣"。顺从，见《吕览》注。次汝封，顺从汝姬封的心意。11 **乃**：若，假若。**汝尽逊**：尽顺汝。逊，顺。**时叙**：承顺。12 **惟**：宜，应当。《吕览·知分》注："惟，宜也。" 13 **未**：无。**其**：句中语气助词。**若**：顺从。14 **自得罪**：由此得罪。自，由。15 **奸**：在内作乱。**宄**：在外作乱。16 **越**：远。见《广雅·释诂》。**于**：江声说："于，犹'取'也。" 17 **暋**：音 mǐn，强横。18 **憝**：音 duì，怨恨。罔弗憝，没有人不怨恨。江声说："凡人无不怨之，此言不待教而诛者也。"

原文

王曰："封，元恶大憝[1]，矧惟不孝不友[2]。子弗祗服厥父事[3]，大伤厥考心；于父不能字厥子[4]，乃疾厥子[5]；于弟弗念天显[6]，乃弗克恭厥兄；兄亦不念鞠子哀[7]，大不友于弟。惟吊兹[8]，不于我政人得罪[9]，天惟与我民彝大泯乱[10]。曰：乃其速由文王作罚[11]，刑兹无赦。

译文

王说："封啊，首恶招人大怨，也有些是不孝顺不友爱的。儿子不认真治理他父亲的事，大伤他父亲的心；父亲不能爱怜他的儿子，反而厌恶儿子；弟弟不顾天伦，不尊敬他的哥哥；哥哥也不顾念小弟弟的痛苦，对小弟弟极不友爱。父子兄弟之间竟然到了这种地步，不由行政人员去惩罚他们，上帝赋予老百姓的常法就会大混乱。我说，就要赶快使用文王制定的刑罚，惩罚这些人，不要赦免。

注释 1 **元**：大。**大憝**：被人大恨。2 **矧**：也。见《经传释词》。**孝**：善事父母。**友**：善事兄弟。3 **祗**：恭敬。**服**：治理。4 **于**：为。见《仪礼·士冠礼》注。**字**：爱。5 **疾**：恶。6 **天显**：指天伦。7 **鞠子**：幼子。《释言》："鞠，稚也。" **哀**：痛苦。8 **吊**：至。**兹**：这。指上述情况。9 **于**：《孔疏》说："于，犹'由'也。" **政人**：行政人员。10 **泯**：音 mǐn，混乱。11 **由**：用。

原文

“不率大戛[1]，矧惟外庶子、训人惟厥正人越小臣、诸节[2]。乃别播敷造民[3]，大誉弗念弗庸，瘝厥君[4]；时乃引恶[5]，惟朕憝。已！汝乃其速由兹义率杀[6]。

“亦惟君惟长[7]，不能厥家人越厥小臣、外正；惟威惟虐，大放王命[8]；乃非德用乂。

“汝亦罔不克敬典[9]，乃由裕民[10]，惟文王之敬忌[11]；乃裕民曰：‘我惟有及[12]。’则予一人以怿[13]。”

译文

“不遵守国家大法的，也有诸侯国的庶子、训人和正人、小臣、诸节等官员。竟然另外发布政令，告谕百姓，大大称誉不考虑不执行国家法令的人，危害国君；这就助长了恶人，我怨恨他们。唉！你就要迅速根据这些条例捕杀他们。

“又诸侯不能教育好他们的家人和内外官员，作威肆虐，完全放弃王命；这些人就不可用德惠去治理。

“你也不要不能崇重法令。前往教导臣民，要思念文王的赏善罚恶；前往教导臣民说：‘我们只求继承文王。’那么，我就高兴了。”

注释 1 **率**：遵循。 **戛**：音 jiá，法。《蔡传》：“戛，法也。” 2 **庶子**：官名。**训人**：官名。 **越**：与。 **小臣**：江声说：“掌君之小命者。” **诸节**：官名，掌符节。3 **播敷**：播布，传播。 **造**：告。 4 **瘝**：音 guān，病，伤害。 5 **引**：增长。6 **率**：捕捉。《说文》“率，捕鸟毕也。” 7 **君、长**：指诸侯。 8 **放**：放弃。9 **典**：法。 10 **乃**：往。见《广雅·释诂》。 **由裕**：教导。由，通“猷”。《方言》：“裕、猷，道也。”“道”与“导”通。王引之说。 11 **敬忌**：敬和忌，谓赏善罚恶。 12 **及**：继承，谓继承文王。 13 **怿**：音 yì，高兴。

以上第四段，告诫康叔用刑的准则和刑律。

原文

王曰：“封，爽惟民迪吉康[1]，我时其惟殷先

译文

王说：“封啊，老百姓受到教化才会善良安定，我们时时要思念着殷代圣明先王的德

哲王德[2]，用康乂民作求[3]。矧今民罔迪，不适[4]；不迪，则罔政在厥邦[5]。”

王曰：“封，予惟不可不监[6]，告汝德之说于罚之行[7]。今惟民不静，未戾厥心[8]，迪屡未同[9]，爽惟天其罚殛我[10]，我其不怨。惟厥罪无在大，亦无在多，矧曰其尚显闻于天[11]？”

王曰：“呜呼！封，敬哉！无作怨[12]，勿用非谋非彝蔽时忱[13]。丕则敏德[14]，用康乃心[15]，顾乃德，远乃猷[16]，裕乃以[17]；民宁，不汝瑕殄[18]。”

政，用来安治殷民，作为法则。并且现在的殷民不加教导，就不会善良；不加教导，就没有善政保存殷国。”

王说：“封啊，我们不可不看清这些，我要告诉你施行德政的意见和招致责罚的道理。现在老百姓不安静，没有安定他们的心，教导屡屡，仍然不曾和同，上天将要责罚我们，我们不可怨恨。他们的罪过不在于大，也不在于多，何况还被上天明显地听到呢？”

王说：“唉！封，要谨慎啊！不要制造怨恨，不要使用不好的计谋，不要采取不合法的措施，以蔽塞你的诚心。于是努力施行德政，以安定殷民的心，顾念他们的善德，宽缓他们的徭役，丰足他们的衣食；人民安宁了，上天就不会责备和抛弃你了。”

注释　1 **爽惟**：句首语气词。说见《经传释词》。**迪**：教导。**吉**：善 2 **时**：时时。**惟**：思念。3 **求**：通“捄”，法则。《广雅·释诂》：“捄，法也。” 4 **适**：善。5 **罔政**：无善政。**在**：存在。6 **监**：视。7 **于**：与。**行**：道。8 **戾**：定，安定。9 **屡**：屡次。**同**：和。10 **殛**：音jí，诛责。11 **曰**：通“聿”，句中语气助词。12 **作**：造作。13 **蔽**：蔽塞。**忱**：诚。14 **丕则**：于是。**敏**：勉力，努力。《中庸》郑注：“敏，犹‘勉’也。”敏德，谓勉行德政。15 **乃**：其，指殷民。16 **猷**：通“徭”，徭役。《诗·巧言》“秩秩大猷”，《汉书·叙传》注作“秩秩大徭。”远乃徭，谓宽缓其徭役。见《尚书易解》。17 **以**：用。裕乃用，即丰足其衣食。见《尚书易解》。18 **瑕**：病，指责。**殄**：绝，弃绝。

以上第五段，告诫康叔要用德政感化殷民。

原文

王曰："呜呼！肆！汝小子封[1]。惟命不于常[2]，汝念哉！无我殄享[3]，明乃服命[4]，高乃听[5]，用康乂民。"

王若曰："往哉！封，勿替敬，典听朕告[6]，汝乃以殷民世享[7]。"

译文

王说："啊，努力吧！你这年轻的姬封。天命不只帮助一家，你要记住啊！不要抛弃我的教导。要明确你的职责和使命，敬慎对待你的听闻，用来安治老百姓。"

王这样说："去吧！姬封啊，不要放弃警惕，经常听取我的教导，你就可以和殷民世世代代享有殷国。"

注释　1 **肆：**肆哉，努力呀。 2 **命：**天命。郑玄说："命，天命也。天命不于常，言不专佑一家也。" 3 **享：**通"向"，劝告。 4 **明：**明确。 **乃：**你的。 **服命：**职责和使命。 5 **高：**敬。见《广雅·释诂》。 6 **典：**常。 7 **以：**与。 **世享：**世世享有殷国。

以上第六段，告诫康叔要听从教命。

酒　诰

导读

本篇是周公命令康叔在卫国宣布禁酒的诰辞。周公平定武庚的叛乱以后，把幼弟康叔封为卫君，统治殷民。卫国处在黄河和淇水之间，是殷商的故居。殷人酗酒乱德，周公害怕这种恶劣习俗会酿成大乱，所以命令康叔在卫国宣布戒酒令，不许酗酒。又把戒酒的重要性和禁止官员饮酒的条例详细告诉康叔。史官记录周公的这篇诰辞，写成《酒诰》。本篇反映了周公改造恶俗的伟大思想，值得高度重视。

原文

王若曰："明大命于妹邦[1]。乃穆考文王，肇国在西土。[2]厥诰毖庶邦庶士越少正御事朝夕曰[3]：'祀兹酒[4]。'惟天降命[5]。肇我民[6]，惟元祀[7]。天降威[8]，我民用大乱丧德[9]，亦罔非酒惟行[10]；越小大邦用丧，亦罔非酒惟辜[11]。

译文

王这样说："要在卫国宣布一项重大教命。当初，穆考文王在西方创立国家。他早晚告诫各国诸侯、各位卿士和各级官员说：'祭祀时才饮酒。'上帝降下福命，劝勉我们臣民，只在大祭时才饮酒。上帝降下惩罚，我们臣民所以大乱失德，也没有不是以酗酒为辞的；大小国家所以灭亡，也没有不是以酗酒为罪的。

注释　1 **王**：指周公。 **明**：昭告。 **妹邦**：指卫国。 2 **乃**：当初。 **穆考**：指文王。文王世次当穆，所以称穆考。 **肇**：通"庫"，创建。《说文》："庫，始开也。" **西土**：西方。文王作邑于丰，丰在今陕西咸阳市南。 3 **厥**：其，指文王。 **诰毖**：告诫。毖，通"必"。《广雅》："必，敕也。" **庶邦**：各国诸侯。 **庶士**：众卿士。 **少正**：副长官。 **御事**：办事官员。 4 **兹**：则。曾运乾说："兹，则也，声之转。祀兹酒，犹云祀则酒，即下文诰教小子饮惟祀也。" 5 **惟**：语首助词。 **命**：福命，与下文"威"相对。 6 **肇**：敏，劝勉。《尔雅·释言》："肇，敏也。" 7 **惟元祀**：言惟大祀之时可以饮酒。惟，只是。元祀，大祀。 8 **威**：罚。 9 **用**：以，所以。 10 **惟**：为。 **行**：言辞。《尔雅·释诂》："行，言也。" 11 **辜**：罪过。

原文

"文王诰教小子有正有事[1]，无彝酒[2]；越庶国[3]，饮惟祀，德将无醉[4]。惟曰我民迪小子

译文

"文王还告诫在王朝担任大小官职的子孙，不要经常饮酒。告诫在诸侯国任职的子孙，只在祭祀时饮酒，要用德扶持，不要喝醉了。还告诫我们的臣民要教导子孙珍惜粮

惟土物爱[5],厥心臧[6]。聪听祖考之彝训[7],越小大德[8]!

“小子惟一妹土[9],嗣尔股肱[10],纯其艺黍稷[11],奔走事厥考厥长[12]。肇牵车牛[13],远服贾用[14],孝养厥父母;厥父母庆[15],自洗腆[16],致用酒[17]。

食,使他们的思想善良。我们要听清祖考的常训,发扬大大小小的美德!

“殷民要专心住在卫国,用你们的手足,专心种植黍稷,勤劳奉事你们的父兄。农事完毕以后,勉力牵牛赶车,到外地去从事贸易,孝顺赡养父母;父母高兴,自己办了丰盛的膳食,可以饮酒。

注释 1 **小子:**指文王的子孙。 **有正有事:**大臣和小臣,指任职于王朝的。 2 **无:**不要。 **彝酒:**经常喝酒。 3 **越:**于。 **庶国:**指在诸侯国任职的。 4 **德将:**以德自助。将,扶助。5 **曰:**谓。 **迪:**指导。 **小子:**指臣民的子孙。 **土物:**农作物,指粮食。 **爱:**爱惜。 6 **臧:**善。 7 **聪听:**明听。 8 **越:**发扬。《尔雅 · 释诂》:“越,扬也。” 9 **小子:**卫国的老百姓,与下文“庶士有正”相对。 10 **嗣:**用。 **股肱:**脚手。 11 **纯:**专一。 **其:**助词。 **艺:**种植。 12 **事:**服务。 13 **肇:**敏,勉力。 14 **服:**从事。 **贾用:**贸易。 15 **庆:**高兴。 16 **洗腆:**洁治膳食。洗,洁;腆,丰盛的膳食。 17 **致:**得。

原文

“庶士有正越庶伯君子[1]。其尔典听朕教[2]!尔大克羞耇惟君[3],尔乃饮食醉饱。丕惟曰尔克永观省[4],作稽中德[5],尔尚克羞馈祀[6]。尔乃自介用逸[7],兹乃允惟王正事之臣[8]。兹亦惟天若元德[9],永不忘在王家[10]。”

译文

“各级官员们,要经常听从我的教导!你们大都能进献酒食给老人和君主,你们就能醉饱。我想,你们能够长久地观察自己,行动符合中正的美德,你们还能够参加国君举行的祭祀。你们如果自己限制行乐饮酒,这样就能长期成为王家的治事官员。这就是上帝所赞赏的大德,在王家将永远不会失去禄位。”

注释 1 **伯:**邦伯。 **君子:**在位官员。 2 **其:**希望。表祈使语气。 3 **羞:**

进献。 **耇**:老人。 **惟**:与。 4 **丕**:语气助词。 **惟**:思。 **省**:省察。 5 **作**:行动。 **稽**:符合。《周礼·小宰》郑众注:"稽,合也。" **中德**:中正之德。6 **羞**:进,进入。 **馈祀**:郑玄说:"助祭于君。" 7 **乃**:若。 **介**:通"界",限制。《后汉书·马融传》注:"界,犹限也。" **用逸**:行逸,指饮酒。 8 **允**:长。见杨氏《尚书说》。 **惟**:是。 **正事**:政事。 9 **若**:善,赞美。 **元德**:善德。10 **忘**:读为"亡",失。王引之说。

以上第一段,教导卫国臣民戒酒的大命。

原文

王曰:"封,我西土棐徂邦君御事小子[1],尚克用文王教,不腆于酒[2],故我至于今,克受殷之命。"

王曰:"封,我闻惟曰[3]:'在昔殷先哲王迪畏天显小民[4],经德秉哲[5]。自成汤咸至于帝乙[6],成王畏相惟御事[7],厥棐有恭[8],不敢自暇自逸,矧曰其敢崇饮[9]?越在外服[10],侯甸男卫邦伯;越在内服,百僚庶尹惟亚惟服、宗工越百姓里居[11],罔敢湎于酒。不惟不敢,亦不暇,惟助成王德显越[12],尹人祗辟[13]。'

译文

王说:"封啊,我们西土辅助诸侯和官员,常常能够遵从文王的教导,不多饮酒,所以我们到今天,能够接受治殷的使命。"

王说:"封啊,我听到有人说:'过去,殷的先人明王畏惧天命和百姓,施行德政,保持恭敬。从成汤延续到帝乙,明君贤相都考虑着治理国事。他们的辅臣很敬慎,不敢自己安闲逸乐,何况敢聚众饮酒呢?在外地的侯、甸、男、卫的诸侯,在朝中的各级官员、宗室贵族以及退住在家的官员,没有人敢酣乐在酒中。不但不敢,他们也没有闲暇,他们只想助成王德显扬,助成长官重视法令。'

注释 1 **棐徂**:辅助。黄式三说:"棐,辅也。"徂,通"助"。2 **腆**:厚,丰厚。3 **惟**:有。 4 **迪**:句中助词。 **天显**:天明。孙诒让说:"天显,犹《大诰》云'天明'。" 5 **经德**:行德。 **秉哲**:持敬。"哲"与"悊"通。《说文》:"悊,敬也。"

6 **成汤**:殷商开国之君。 **咸**:通"覃",延续。 **帝乙**:商纣王的父亲。 7 **成王**:有成就的王。 **畏相**:可敬畏的辅臣。 8 **棐**:辅,谓辅臣。 **有恭**:恭敬。 9 **崇**:聚会。 10 **外服**:外官,指诸侯。 11 **百僚**:百官。 **庶尹**:众长。 **亚**:次,副官。 **服**:任事的官。 **宗工**:宗室官员。 **百姓里居**:住在家里的退休官员。王国维谓"里居"即"里君",可备参考。 12 **显越**:显扬。《尔雅·释言》:"越,扬也。" 13 **祗辟**:敬法。

原文

"我闻亦惟曰:'在今后嗣王[1],酣[2],身厥命[3],罔显于民祇[4],保越怨不易[5]。诞惟厥纵[6],淫泆于非彝[7],用燕丧威仪[8],民罔不衋伤心[9]。惟荒腆于酒,不惟自息乃逸[10]。厥心疾很[11],不克畏死[12]。辜在商邑[13],越殷国灭,无罹[14]。弗惟德馨香祀[15],登闻于天[16],诞惟民怨[17],庶群自酒[18],腥闻在上。故天降丧于殷[19],罔爱于殷,惟逸。天非虐,惟民自速辜[20]。'"

译文

"我听到也有人说:'在近世的商纣王,好酒,以为有命在天,不明白臣民的痛苦,安于怨恨而不改。他大作淫乱,游乐在违反常法的活动之中,因宴乐而丧失了威仪,臣民没有不悲痛伤心的。他只想放纵于酒,不想自己制止其淫乐。他心地狠恶,不能以死来使他感到畏惧。他在商都作恶,对于殷国的灭亡,没有忧虑过。没有明德芳香的祭祀升闻于上天;只有臣民的怨气、只有群臣私自饮酒的腥气升闻于上。所以,上帝对殷邦降下了灾祸,不喜欢殷国,就是淫乐的缘故。上帝并不暴虐,是殷民自己招来了罪罚。'"

注释 1 **后嗣王**:指纣王。 2 **酣**:乐酒。《说文》:"酣,酒乐也。" 3 **身**:通"𠂤"。《说文》:"𠂤,神也。"神厥命,以其命为神,谓我有命在天。4 **显**:明。**民祇**:臣民的痛苦。祇,通"疷",病,痛苦。5 **保**:安。**越**:于。6 **诞**:大。**惟**:为。**纵**:乱。 7 **泆**:通"佚",乐。 8 **燕**:通"宴",宴饮。江声说:"纣为酒池肉林,使男女裸而相逐其间,故言大放纵淫泆于非法,以燕饮丧其威仪。" 9 **衋**:音 xì。伤痛。 10 **乃**:他的。 **逸**:过失。 11 **很**:狠。 12 **不克畏死**:不能畏之以死。13 **辜:**罪过,这里是“作恶”的意思。**商邑:**商之国都。14 **罹:**忧虑。无罹,不忧。15 **弗惟:**不有。**馨香:**远闻的芳香。16 **登:**升。17 **诞:**语首助词。18 **自酒:**私自饮酒。19 **丧:**丧亡之祸。20 **速:**招致。

以上第二段,告诉康叔关于饮酒的历史教训。

原文

王曰:“封,予不惟若兹多诰[1]。古人有言曰:‘人无于水监[2],当于民监。’今惟殷坠厥命,我其可不大监抚于时[3]!予惟曰汝劼毖殷献臣[4],侯甸男卫,矧太史友、内史友[5]、越献臣百宗工[6],矧惟尔事[7]、服休服采[8],矧惟若畴[9],圻父薄违[10]、农父若保[11]、宏父定辟[12]:‘矧汝刚制于酒[13]!’

译文

王说:“封啊,我不想如此详告了。古人有话说:‘人不要只从水中察看,应当从民情上察看。’现在殷商已丧失了他的福命,我们难道可以不特地省察这个事实!我想告诉你要慎重告诫殷国的贤臣,侯、甸、男、卫的诸侯,又朝中记事记言的史官,贤良的大臣和许多尊贵的官员,还有你的治事官员,管理游宴休息和祭祀的近臣,还有你的三卿,讨伐叛乱的圻父,顺保百姓的农父,制定法度的宏父,向他们说:‘你们要强行断绝饮酒!’

注释 1 **惟:**思。**若兹:**如此。2 **无:**不要。**监:**察看。3 **其:**难道。**监抚:**察看。抚,览。见《文选·神女赋序》注。4 **曰:**谓。**劼:**音 jié,谨慎。**毖:**告。**献:**贤。“殷献臣”至“宏父定辟”:这四十四字都是“劼毖”的宾语。5 **矧:**又。下文二“矧”字同。**太史、内史:**都是史官。太史记事,内史记言。**友:**同僚。6 **越:**与。**百宗工:**许多尊贵的官员。7 **尔事:**你的治事官员。8 **服休:**管理游宴的官员。**服采:**管理朝祭的官员。9 **若畴:**你的三卿。曾运乾说:“若畴者,汝之三卿,司马、司徒、司空也。畴,读如‘寿’。《诗·闷宫》‘三寿作朋’《笺》:‘三寿,三卿也。’”10 **圻父:**司马,管理军事。**薄:**讨伐。**违:**违抗不顺。11 **农父:**司徒,管理农业。**若:**顺。**保:**养。12 **宏父:**司空,管理土地。**辟:**法度。13 **矧:**句首语气助词。**刚:**强。**制:**断绝,制止。

原文

"厥或诰曰[1]:'群饮。'汝勿佚[2],尽执拘以归于周[3],予其杀[4]。又惟殷之迪诸臣惟工[5],乃湎于酒,勿庸杀之[6],姑惟教之[7]。有斯明享[8],乃不用我教辞,惟我一人弗恤弗蠲[9],乃事时同于杀[10]。"

王曰:"封,汝典听朕毖[11],勿辩乃司民湎于酒[12]。"

译文

"假若有人报告说:'有人群聚饮酒。'你不要放纵他们,要全部逮捕起来送到周京,我将杀掉他们。又殷商的辅臣百官酣乐在酒中,不用杀他们,暂且先教育他们。有这样明显的劝戒,若还有人不遵从我的教令,我不会怜惜,不会赦免,处治这类人,要与杀戮相同。"

王说:"封啊,你要经常听从我的告诫,不要使你的官员酣乐在酒中。"

注释 1 **或:**有。 **诰:**同"告"。 2 **佚:**放纵。 3 **执拘:**逮捕。 4 **其:**将要。 **杀:**周初严禁群饮,违者杀。《周礼·地官》:"司暴掌宪市之禁令,禁其斗嚣者与暴乱者、以属游饮食于市者,若不可禁,则搏而戮之。" 5 **迪:**通"由",辅佐。《方言》:"由,辅也。" **惟:**与。 6 **勿庸:**不用。 7 **姑:**暂且。 8 **明享:**明显劝奖。孙诒让说。 9 **恤:**怜惜。 **蠲:**音 juān,免除罪过。 10 **事时:**治理这些人。事,治。时,是,这些。 11 **典:**常。 **毖:**告。 12 **辩:**使。 **司民:**治民的官员。

以上第三段,教导康叔要强制官员戒酒。

梓 材

导读

本篇也是周公告诫康叔治理殷民的诰辞。文中周公制定了治理卫国的一些具体政策，并且阐明了制定这些政策的理由，勉励康叔施行明德，和睦殷民，努力去完成先王未竟的大业。篇中周公用“若作梓材”来比喻治国要继续努力的道理，比喻鲜明，所以史官便用“梓材”二字作为篇名。本篇记录的周初治理殷民的宽大政策，对安定殷民起了重要作用，是研究周初统治殷民的重要文献。

原文

王曰[1]：“封，以厥庶民暨厥臣达大家[2]，以厥臣达王惟邦君，汝若恒。[3]

“越曰我有师师[4]、司徒、司马、司空[5]、尹旅[6]。曰：‘予罔厉杀人[7]。’亦厥君先敬劳[8]，肆徂厥敬劳[9]！

译文

王说：“封啊，从殷的庶民和它的臣子到卿大夫，从它的臣子到诸侯和国君，你要顺从常典。

“告诉我们的各位官长、司徒、司马、司空、大夫和众士说：‘我们不滥杀无罪的人。’也要各邦君长以敬劳为先，努力去帮助他们施行敬劳的事吧！

注释 1 **王**：指周公。2 **以**：由。**达**：至。按《潜夫论·遏利篇》：“上以天子，下至庶人。”因知“以……至……”当与“以……达……”句式相同。 **暨**：与。 **大家**：指卿大夫。 3 **王**：侯王。王国维说：“古时天泽之分未严，诸侯在其国自有称王之俗。” **惟**：与。 **邦君**：国君。 **若恒**：顺从常典，就是不要变动。 4 **越**：语首助词。 **曰**：谓。 **师师**：众位官长。 5 **司徒、司马、司空**：都是官名。 6 **尹**：正，指大夫。 **旅**：众，指众士。 7 **厉**：杀戮无罪的人叫厉。见《逸周书·谥法解》。 7 **敬劳**：尊敬慰劳。 8 **肆**：努力。《尔雅·释诂》：“肆，力也。” **徂**：助。黄式三曰：“‘徂’‘助’通。君矜劳民，故臣亦助以矜劳。”

原文

“肆往，奸宄、杀人、历人，[1]宥[2]；肆亦见厥君事[3]、戕败人[4]，宥。

“王启监[5]，厥乱为

译文

“往日，内外作乱的罪犯、杀人的罪犯、虏人的罪犯，要宽宥；往日，泄露国君大事的罪犯、残坏人体的罪犯，也要宽宥。

“王者建立诸侯，大率是为人民。他说：

民[6]。曰[7]:'无胥戕[8],无胥虐,至于敬寡[9],至于属妇[10],合由以容[11]。'王其效邦君越御事[12],厥命曷以[13]？'引养引恬[14]。'自古王若兹监,罔攸辟[15]!

'不要残害他们,不要暴虐他们,至于鳏夫寡妇,至于孕妇,要同样教导和宽容。'王者教导诸侯和诸侯国的官员,他的诰命是用什么呢?就是'长养百姓,长安百姓'。自古君王都像这样监督,不要有所偏差!

注释 1 **肆往:**往日,以往的事。《释诂》:"肆,故也。" **奸宄:**犯法作乱。**历:**俘虏。《逸周书·世俘解》作"磿(lì)"。 2 **宥:**宽恕,赦免。 3 **见:**泄露。《广韵》:"见,露也。" 4 **戕:**残害。 5 **王:**泛指君王。 **启:**建立。 **监:**诸侯。公侯伯子男各监一国,所以诸侯称为监。 6 **乱:**读为"率",《论衡·效力篇》引作"率"。率,大都。厥乱为民,大都为民。 7 **曰:**以下是王者建监的诰辞。 8 **胥:**相。 9 **敬寡:**就是鳏寡。无依无靠的人。敬,通"鳏"。 10 **属妇:**《说文》引作"媰妇",即孕妇。《说文》:"媰,妇人妊身也。" 11 **合由以容:**同样教导和宽容。合,同。由,教导。《方言》:"由,道也。"以,和。容,宽容。《荀子·非十二子》:"遇贱而少者,则修告导宽容之义。"见《尚书易解》。12 **效:**曾运乾曰:"效,当为'效',形之讹也。'效''教'古今字。" 13 **厥:**其。 **曷:**何,什么。 14 **引:**长。**恬:**安。 15 **攸:**所。 **辟:**通"僻",偏也。

以上第一段,周公告诉康叔治殷的宽大政策。

原文

"惟曰:若稽田,[1]既勤敷菑[2],惟其陈修[3],为厥疆畎[4]。若作室家,既勤垣墉[5],惟其涂塈茨[6]。若作梓材[7],既勤朴斫[8],惟其涂丹雘[9]。

译文

"我想:好像作田,既已勤劳地开垦、播种,就应当考虑整治土地,修筑田界和开挖水沟。好比造房屋,既已勤劳地筑起了墙壁,就应当考虑完成涂泥和盖屋的工作。好比制作梓木器具,既已勤劳地剥皮砍削,就应当考虑完成彩饰的工作。

注释 1 **惟:**思考。 **稽:**治理。 2 **敷:**布,指播种。 **菑:**音zī,新开垦

的土地。 3 **陈修:**治理。《经义述闻》:“陈,治也。” 4 **疆:**田界。 **畎:**音 quǎn,田间水沟。 5 **垣:**低墙。 **墉:**音 yōng,高墙。 6 **涂:**当依《尚书正义》和《群经音辨》作“斁”。斁,终,完成。 **塈:**音 xì,仰涂,涂上泥土。 **茨:**音 cí,用茅盖屋。 7 **梓材:**美材。 8 **朴:**去掉木皮。 **斫:**音 zhuó,砍削。 9 **涂:**当作“斁”,完成。 **丹雘:**朱色涂料,这里指用朱色涂料涂饰。雘,音 huò。

原文

“今王惟曰[1]:先王既勤用明德[2],怀为夹[3],庶邦享作[4],兄弟方来[5]。亦既用明德,后式典集[6],庶邦丕享[7]。

“皇天既付中国民越厥疆土于先王,肆王惟德用[8],和怿先后迷民[9],用怿先王受命[10]。已!若兹监,[11]惟曰欲至于万年[12],惟王子子孙孙永保民[13]。”

译文

“现在我们王家考虑:先王既已努力施行明德,来作洛邑,众国都来进贡任役,兄弟邦国也都来了。也是已经施行了明德,诸侯因此常安,众国才来进贡。

“上天既已把中国的臣民和疆土都付给先王,今王也只有施行德政,来和悦、教导殷商那些迷惑的人民,用来完成先王所受的使命。唉!像这样治理殷民,我想你将传到万年,同王的子子孙孙永远保有殷民。”

注释 1 **王:**王家。 **惟:**思考。 2 **用:**施行。《方言》:“用,行也。” 3 **怀:**来。 **夹:**通“郏”,洛邑。见《尚书易解》。 4 **享作:**享献和劳作。《尚书骈枝》:“作谓兴作,任劳役之事。‘享’与‘作’二事平列。” 5 **方:**国,与《周易》“不宁方”、《诗经》“不庭方”的“方”同义。 6 **后:**指诸侯。 **式:**用,因。 **典:**常。 **集:**《广雅》:“集,安也。” 7 **丕:**乃。见《词诠》。 8 **肆:**今。见《释诂》。 9 **和怿:**和悦。 **先后:**指导。《诗·大雅·绵》“予曰有先后”,《毛传》:“相道前后曰先后。” **迷民:**不服从的殷民。 10 **怿:**通“斁”。终,完成。《释文》:“怿,字又作‘斁’。” 11 **已:**唉,叹词。 **监:**治理。 12 **惟:**思考。 **欲:**将。见《词诠》。 13 **惟:**与,和。

以上第二段,周公申述制定上述政策的理由。

召　诰

导读

据《史记·周本纪》记载：周公代理政事七年，成王长大了。周公把政权交给成王，自己归到群臣的行列。成王派遣召公重新营建洛邑，随后周公也去了，经过视察和龟卜，周公认为洛邑是周王朝统治天下的适中地域。后来成王也到了，同意周公、召公的决定。于是召公率领各国诸侯拜见成王，并向成王分析了当前情况，赞美成王居住洛邑治理天下的决定，又勉励成王施行德政，爱护百姓，发扬光大文王、武王开创的业绩。史官记录营建洛邑的过程和召公的诰辞，名叫《召诰》。王国维说："此篇乃召公之言，而史佚书之以诰天下，文、武、周公所以治天下之精义大法，胥在于此。"（《殷周制度论》）这是研究周初政治思想的重要文献。

原文

惟二月既望，越六日乙未，[1] 王朝步自周[2]，则至于丰[3]。

惟太保先周公相宅[4]。越若来三月[5]，惟丙午朏[6]。越三日戊申，太保朝至于洛，卜宅[7]。厥既得卜[8]，则经营[9]。越三日庚戌[10]，太保乃以庶殷攻位于洛汭[11]。

译文

二月十六日以后，到第六天乙未，成王早晨从镐京步行，到了丰邑。

太保召公在周公之前，到洛地视察可居的地址。到了下三月丙午，新月初现光辉。到了第三天戊申，太保早晨到达了洛地，卜问所选的地址。太保已经得了吉兆，就规划起来。到第三天庚戌，太保便率领众多殷民，在洛水与黄河汇合的地方划定邑居的位置。到第五天越五日甲寅[12],位成[13]。

甲寅,位置确定了。

注释 1 **二月:**成王七年的二月。 **既望:**阴历十六日。 **越:**及,到。 2 **王:**成王。 **周:**指镐京,在今西安市西南。 3 **丰:**文王庙在丰邑,到丰邑祭告文王。 4 **太保:**官名,当时召公为太保。 **先周公:**先于周公,在周公的前面。 **相:**视察。 **宅:**居处。 5 **越若:**句首语助词。 **来三月:**二月后的三月。 6 **朏:**音 fěi,新月初现光明。用作阴历每月初三的代称。 7 **卜宅:**卜问住址。 8 **得卜:**得到吉卜。 9 **经营:**规划。 10 **庚戌:**三月七日。 11 **以:**率领。 **庶殷:**众殷民。 **攻位:**划定宗庙、宫室、朝市的位置。攻,治理。 **洛汭:**洛水流入黄河的地方。汭,音 ruì,河流的会合处。 12 **甲寅:**三月十一日。 13 **位成:**位置确定了。

原文

若翼日乙卯[1],周公朝至于洛,则达观于新邑营[2]。越三日丁巳[3],用牲于郊[4],牛二。越翼日戊午[5],乃社于新邑[6],牛一,羊一,豕一。越七日甲子[7],周公乃朝用书命庶殷侯甸男邦伯[8]。厥既命殷庶,庶殷丕作[9]。

太保乃以庶邦冢君出取币[10],乃复入锡周公[11]。曰[12]:"拜手稽首旅王[13],若公诰告庶殷越自乃御事[14]。

译文

到了明日乙卯,周公早晨到达洛地,就全面视察新邑的区域。到第三天丁巳,在南郊用牲祭祀上帝,用了两头牛。到明日戊午,又在新邑举行祭地的典礼,用了一头牛、一头羊和一头猪。到第七天甲子,周公就在早晨用诰书命令殷民以及侯、甸、男各国诸侯分配任务。已经命令了殷民之后,殷民就大举动工。

太保于是同众国君长出来取了币帛,再入内进献给周公。太保说:"跪拜叩头报告我王,请顺从周公的意见告诫殷民和任用殷商的旧臣。

注释 1 **若:**到。《经传释词》:"若,犹'及'也。" **翼日:**明日。 **乙卯:**三月十二日。 2 **达观:**通看。达,通。 **营:**所经营的区域。 3 **丁巳:**三月十四日。4 **郊:**南郊。祭天在都城的南郊。5 **戊午:**三月十五日。6 **社:**祭土神。7 **甲子:**三月二十一日。8 **书:**分配任务的文书。9 **丕作:**丕,乃。见《词诠》。作,任劳役。10 **以:**和。**冢君:**大君。**币:**玉和帛之类的礼物,用来表示敬意。11 **锡:**进献。12 **曰:**召公说。13 **拜手稽首:**古代的一种恭敬跪拜礼。**旅王:**向王陈述。旅,陈述。当时成王在丰祭告文王以后,又来到洛邑。14 **若:**顺从。**自:**用。**乃:**其。按"若公"十一字为一句,谓顺从周公诰告庶殷与使用其御事之臣。见《尚书易解》。

以上第一段,记叙营建洛邑的经过。

原文

"呜呼!皇天上帝改厥元子[1],兹大国殷之命[2]。惟王受命[3],无疆惟休[4],亦无疆惟恤[5]。呜呼!曷其奈何弗敬[6]?

译文

"啊!皇天上帝改变了天下的元首,结束了大国殷的福命。大王接受了天命,美好无穷无尽,忧患也无穷无尽。啊!怎么能够不敬慎啊?

注释 1 **元子:**首子,指天子。郑玄说:"言首子者,凡人皆天之子,天子为之首耳。" 2 **兹:**通"已",终止。见《尚书易解》。3 **命:**治理天下的使命。4 **休:**吉祥。5 **恤:**忧患。6 **曷其、奈何:**都是怎么的意思。同义复用,意在加强语气。

原文

"天既遐终大邦殷之命[1],兹殷多先哲王在天,越厥后王后民[2],兹服厥命[3]。厥终[4],智藏瘝在[5]。夫知保抱携持厥妇子[6],以哀吁天[7],徂厥亡[8],出执[9]。呜呼!

译文

"上帝早已要结束大国殷的福命,这个殷国许多圣明的先王都在天上,因此殷商后来的君王和臣民,才能够享受着天命。到了纣王的末年,明智的人隐藏了,害民的人在位。人们只知护着、抱着、牵着、扶着他们的妻子儿女、悲哀地呼告上天,诅咒纣王灭亡,企图脱离困境。啊!上帝也哀怜四方的老天亦哀于四方民，其眷命用懋[10]。王其疾敬德[11]！

百姓，它眷顾的福命因此改变了。大王要赶快认真施行德政呀！

注释 1 **遐**：远，久。 2 **越**：语首助词。 **厥**：其。 3 **服**：受。 4 **厥终**：后王之终，即纣之末年。 5 **智藏瘝在**：瘝，音 guān，病，指害人的人。纣王末年，明智的人都退隐了，害人的人掌权。6 **夫**：人们。**保**：护。一说通“褓”，小儿衣。 7 **吁**：呼告。 8 **徂**：通“诅”，诅咒。孙诒让说。 9 **执**：通“垫”。《说文》：“垫，下也。”《书·益稷》“下民昏垫”郑注：“垫，陷也。”曾运乾说。这里指困境。 10 **眷**：眷顾，关注。 **懋**：通“贸”，移易。 11 **疾**：加速。《释诂》：疾，速也。

原文

“相古先民有夏[1]，天迪从子保[2]；面稽天若[3]，今时既坠厥命[4]。今相有殷，天迪格保[5]；面稽天若，今时既坠厥命。今冲子嗣[6]，则无遗寿耇[7]，曰其稽我古人之德[8]，矧曰其有能稽谋自天[9]！

译文

“观察古时候的先民夏族，上帝教导顺从慈保，努力考求天意，现在已经丧失了王命。现在观察殷商，上帝教导顺从嘉保，努力考求天意，现在也已经丧失了王命。当今你这年轻人继承了王位，没有多余的老成人，考求我们古代先王的德政，何况说有能从天意考求的人呢？

注释 1 **相**：观察。 2 **迪**：教导，引导。 **从**：顺从。 **子保**：慈保。《经义述闻》：“‘子’当读为‘慈’，古字‘子’与‘慈’通。” 3 **面**：通“勔”，勉力，努力。 **天若**：天之所顺。 4 **坠**：丧失。 5 **格保**：嘉保。于省吾说：“‘格’‘假’古通，《中庸》释文：假，嘉也。” 6 **冲子**：冲，稚。稚子，指成王。 7 **遗**：多余。《广雅·释诂》：“遗，余也。” **寿耇**：年高德好的人。 8 **曰**：语首助词。 **其**：庶几。 9 **矧**：何况。

以上第二段，说明天命不常，勉励成王敬重贤能。

原文

“呜呼！有王虽小，元子哉！其丕能諴于小民[1]。今休[2]：王不敢后[3]，用顾畏于民碞[4]；王来绍上帝[5]，自服于土中[6]。

“旦曰[7]：‘其作大邑，其自时配皇天[8]，毖祀于上下[9]，其自时中乂[10]；王厥有成命治民[11]。’今休：王先服殷御事[12]，比介于我有周御事[13]，节性惟日其迈[14]。

译文

“啊！王虽然年轻，却是元首啊！要特别能够和悦老百姓。现在可喜的是：王不敢迟缓来到洛邑，由于顾畏殷民的艰难险阻；王来卜问上帝，打算亲自在洛邑治理他们。

“姬旦对我说：‘要营建洛邑，要从这里匹配皇天，谨慎祭祀天地，要从这个中心地方统治天下；王已经有定命治理殷民了。’现在可喜的是：王重视使用殷商治事官员，使他们亲近我们周王朝的治事官员，他们和睦的感情就会一天天地增长。

注释 1 **丕**：大。**諴**：音 xián，和。2 **休**：美事，喜事。3 **后**：迟缓。4 **用**：由，因。**碞**：通“岩”，险。民碞，即民险，谓小民难保。5 **绍**：通“卲”，卜问。6 **服**：治理。**土中**：指洛邑，洛邑在九州的中心。7 **旦**：周公名。8 **自时**：从此。**配皇天**：祭天时用周的祖先配天受祭。《孝经》说：“昔者，周公郊祀后稷以配天，宗祀文王于明堂以配上帝。”9 **毖**：谨慎。**上下**：指天神和地神。10 **时中**：这个中心，指洛邑。**乂**：治。11 **厥**：句中助词。**成命**：定命。12 **先**：尚，重视。《吕览·先己》注：“先，犹‘尚’也。”**服**：用，见《说文》。13 **比介**：亲近。介，一本作“尔”，即“迩”字。迩，近。14 **节**：和。见《吕览·重己》注。**惟**：乃。**迈**：进，增进。

以上第三段，赞美成王营洛治事的决定。

原文

“王敬作所[1]，不可不敬德。

译文

“王重视造作邑居，不可以不重视行德。

“我们不可不鉴戒夏代，也不可不鉴戒

“我不可不监于有夏[2]，亦不可不监于有殷。我不敢知曰[3]：有夏服天命，惟有历年；[4]我不敢知曰：不其延[5]。惟不敬厥德[6]，乃早坠厥命。

“我不敢知曰：有殷受天命，惟有历年；我不敢知曰：不其延。惟不敬厥德，乃早坠厥命。今王嗣受厥命[7]，我亦惟兹二国命，嗣若功[8]。

殷代。我不敢知道，夏接受天命有长久时间；我也不敢知道，夏的国运不会延长。我只知道他们不重视行德，才过早失去了他们的福命。

“我不敢知道，殷接受天命有长久时间；我也不敢知道，殷的国运不会延长。我只知道他们不重视行德，才过早失去了他们的福命。现今大王继承了治理天下的大命，我们也该思考这两个国家的命运，继承他们的功业。

注释　1 **所**：居所，邑居，此指新邑。 2 **监**：鉴戒。 3 **敢**：表敬副词。 4 **服**：受。 **历年**：永年。历，久。 5 **其**：助词。 **延**：延长。 6 **惟**：以，因。 7 **嗣**：继。 8 **若**：其，他们。王念孙说：“若，犹‘其’也。”

原文

“王乃初服[1]。呜呼！若生子[2]，罔不在厥初生，自贻哲命[3]。今天其命哲[4]，命吉凶[5]，命历年；知今我初服[6]，宅新邑[7]。肆惟王其疾敬德[8]！王其德之用，祈天永命。

译文

“王是初理政事。啊！好像教养小孩一样，没有不在他初受教养时，就亲自传给他明哲的教导的。现今上帝该给予明哲，给予吉祥，给予永年；因为上帝知道我王初理国事时，住到了新邑。现在王该快些重视行德！王该用德政，向上帝祈求长久的福命。

注释　1 **服**：任事。初服，初理政务。 2 **生**：养，教养。 3 **贻**：传。 **哲**：明。 4 **命**：给予。《小尔雅·广言》：“命，予也。” 5 **吉凶**：偏指吉祥。 6 **知**：闻知。见《国语·楚语》注。 7 **宅**：居住。 8 **肆**：今。 **疾**：加速。

原文

“其惟王勿以小民淫用非彝[1],亦敢殄戮[2],用乂民,若有功。[3]其惟王位在德元[4],小民乃惟刑用于天下[5],越王显[6]。上下勤恤[7],其曰我受天命,丕若有夏历年[8],式勿替有殷历年[9],欲王以小民受天永命[10]。”

译文

“愿王不要让老百姓肆行非法的事,也不要用杀戮,用此治理老百姓,才会有功绩。愿王立于德臣之首,让老百姓效法施行于天下,发扬王的美德。君臣上下勤劳忧虑,也许可以说,我们接受的大命会像夏代那样久远,应当不止殷代那样久远,愿君王和臣民共同接受上帝的永久大命。”

注释 1 **其:**庶几。 **以:**使。 **淫:**过度。 **彝:**法。 2 **亦敢:**亦不敢。曾运乾说:“犹言亦勿敢,蒙上文‘勿’字而省也。 **殄:**灭。 3 **用:**以。 **乂:**治。 **若:**乃。见《经义述闻》。 4 **位:**立。“位”“立”古通用。 **元:**首。5 **刑:**法,效法。 **用:**行。 6 **越:**发扬。 **显:**光显。 7 **上下:**指君臣。 8 **丕:**语首助词。 9 **式:**应当。见丁声树《诗经式字说》。 **替:**止。 10 **以:**与,和。

以上第四段,勉励成王敬德以求天之永命。

原文

拜手稽首,曰:“予小臣敢以王之仇民百君子越友民[1],保受王威命明德[2]。王末有成命[3],王亦显[4]。我非敢勤[5],惟恭奉币[6],用供王能祈天永命[7]。”

译文

召公跪拜叩头说:“我这小臣率领殷的臣民以及友好的臣民,会安然接受王的威命和明德。王终会有好命,王也会光显的。我不敢慰劳王,只想恭敬奉上币帛,以供王去好好祈求上帝的永久福命。”

注释 1 **予小臣:**召公谦称。 **仇民:**指殷遗民,即《梓材》篇之“迷民”。**百君子:**指殷的众位官员。 **越:**与。 **友民:**顺从周的臣民。 2 **保:**安。3 **末:**终。 **成命:**盛命,美命。 4 **亦显:**指成王也与文王、武王、周公一样功德显赫。 5 **勤**:慰劳。 6 **币**:就是上文的玉帛之类。 7 **供**:进献。《广雅·释诂》:"供,进也。" **能祈**:善祈。谓用德祈求。

以上第五段,召公和诸侯表明拥护成王的心意。

洛 诰

导读

洛邑建成了,由谁来居洛治理是周王朝面临的重大问题。周公和召公都希望成王居洛主持政事统治天下。成王则根据当时民心不服的情况,认为需要周公继续居洛,才能威服东方。成王和周公对此反复商讨,终于决定周公继续居洛,治理东方。在成王七年洛邑的冬祭大会上,成王宣布了这一重大决策。史逸将周公和成王先后讨论的对话以及洛邑冬祭时的情况辑录成篇,册告天下,名叫《洛诰》。本篇主要是记录周公和成王的对话。从对话中显示了周公谋国的忠心和成王倚重周公的诚意,也显示了君臣团结无间亲爱协调的情形。某些诸侯听了诰命,反叛的心理暗暗地消除了。这是巩固周王朝统治的重要诰命,奠定了"成康之治"的基础。

原文

周公拜手稽首曰:"朕复子明辟。[1] 王如弗敢及天基命定命[2],予乃胤保大相东土[3],其基作民明辟[4]。

"予惟乙卯[5],朝至于洛师[6]。我卜河朔黎水[7],

译文

周公跪拜叩头说:"我告诉您治理洛邑的办法。王似乎不敢参预上帝先前告诉的安定天下的指示,我就继太保之后,全面视察了洛邑,就商定了鼓舞老百姓的治理洛邑的办法。

"我在乙卯这天,早晨到了洛邑。我

我乃卜涧水东、瀍水西[8]，惟洛食[9]；我又卜瀍水东，亦惟洛食。伻来以图及献卜。[10]”

先占卜了黄河北方的黎水地区，我又占卜了涧水以东、瀍水以西地区，仅有洛地吉利。我又占卜了瀍水以东地区，也仅有洛地吉利。于是请您来商量，且献上卜兆。”

注释　1 **拜手稽首：**古代最恭敬的礼节。 **朕：**我。 **复：**告诉。 **子：**您，指成王。 **明辟：**明法，指治理洛邑的办法。此王船山之说。 2 **王如弗敢：**言成王谦逊。 **及：**参预。 **基命定命：**先前告诉我的安定之命。基，始。命，告。定命，指作洛。 3 **胤：**继。 **保：**太保，即召公。 **东土：**指洛邑。 4 **其：**乃。见《经传释词》。 **基：**商量。 **作：**振作，鼓舞。治洛是鼓舞民心的事，所以叫“作民”。 5 **乙卯：**成王七年三月十二日。 6 **洛师：**洛邑。 7 **河朔：**黄河的北方。 **黎水：**卫河和淇水合流到黎阳故城叫黎水。黎阳故城在今河南浚县东北。 8 **涧水：**发源于河南渑池县，到洛阳西南流入洛水。 **瀍水：**源于洛阳西北，至洛阳东流入洛水。 9 **惟：**仅。 **食：**指吉兆。 10 **伻：**音 bēng，使。伻来，使成王来洛。 **图：**谋。

原文

王拜手稽首曰：“公不敢不敬天之休[1]，来相宅，其作周匹[2]，休！公既定宅，伻来[3]，来，视予卜[4]，休恒吉[5]。我二人共贞[6]。公其以予万亿年敬天之休[7]！拜手稽首诲言[8]。”

译文

成王跪拜叩头，回答说：“公不敢不敬重上帝赐给的福庆，亲自勘察地址，将营建与镐京相配的新邑，很好啊！公既已选定地址，使我来，我来了，又让我看了卜兆，我为卜兆并吉而高兴。让我们二人共同承当这一吉祥。愿公与我永远敬重上帝的福庆！跪拜叩头接受我公的教诲。”

注释　1 **休：**美好，指好的指示。 2 **周匹：**镐京的匹配。 3 **伻来：**使我来。 4 **视予卜：**视，示。示我以卜。 5 **休：**喜，见《广雅·释诂》。 **恒吉：**并吉。恒，遍。 6 **贞：**当，承当。 7 **其：**庶几。 **以：**与。 8 **诲：**教诲。

以上第一段，记周公和成王在洛定都的对话。

原文

周公曰："王，肇称殷礼[1]，祀于新邑，咸秩无文[2]。予齐百工[3]，伻从王于周[4]，予惟曰[5]：'庶有事[6]。'今王即命曰[7]：'记功，宗以功作元祀[8]。'惟命曰[9]：'汝受命笃弼[10]，丕视功载[11]，乃汝其悉自教工[12]。'

"孺子其朋，孺子其朋，其往！[13]无若火始焰焰；厥攸灼叙，[14]弗其绝。厥若彝及抚事如予[15]，惟以在周工往新邑[16]。伻向即有僚[17]，明作有功[18]，惇大成裕[19]，汝永有辞[20]。"

译文

周公说："王啊，开始举行殷礼接见诸侯，在新邑举行祭祀，都已安排得有条不紊了。我率领百官，使他们在镐京听取王的意见，我想道：'您或许将有祭祀的事。'现在王命令道：'记下功绩，宗人率领功臣举行大祀。'王又有命令道：'你接受先王遗命，督导辅助，你全面查阅记功的书，然后你要悉心亲自指导这件事。'

"孺子要振奋，孺子要振奋，要到洛邑去！不要像火刚开始燃烧时那样气势微弱；那燃烧的余火，不可让它熄灭。您要像我一样顺从常法，汲汲主持政事，率领在镐京的官员到洛邑去。使他们去就官职，勉力建立功勋，重视大事，完成大业。您就会永远获得美誉。"

注释 1 **肇**:始。 **称**:举行。 **殷礼**:会见众诸侯之大礼。 2 **咸**:都。 **秩**:次序，引申为安排。 **文**:通"紊"，乱。 3 **齐**:率领。《尔雅·释诂》:"齐，将也。" **百工**:百官。 4 **周**:指镐京。 5 **惟**:思。 6 **庶**:大概，也许。 **事**:指祭祀。 7 **即**:就。 8 **宗**:宗人，管礼乐的官。 **以**:率领。 **元祀**:大祀。 9 **惟**:有。见《东京赋》薛注。10 **受命**:接受武王的顾命。**笃**:通"督"，督导。**弼**:辅助。 11 **功载**:记功的书。 12 **乃**:于是。 **悉**:尽心。 **教工**:指导工作。 13 **孺子**:指成王。 **朋**:古"凤"字，引申有奋起、振奋义。章太炎说:"正当言孺子其朋往，以告诫丁宁，故分为三逗，正如口吃语矣。" 14 **焰焰**:微小的样子。 **攸**:所。 **灼**:烧。 **叙**:绪，残余。 15 **及**:汲汲，努力。 **抚事**:主持国事。 16 **在周工**:在镐京的官员。 17 **向即**:趋就。《荀子·仲尼篇》注:"向，趋也。" **有僚**:官职。 18 **明**:勉力。 19 **惇大**:惇，厚，重视。重视大的。 **成裕**:裕，大，指大事。成裕，完成大事。这里指举行祭祀和殷礼。 20 **辞：**赞美之辞。

原文

公曰："已[1]！汝惟冲子，惟终。[2]汝其敬识百辟享[3]，亦识其有不享。享多仪，仪不及物，惟曰不享。[4]惟不役志于享，凡民惟曰不享，惟事其爽侮。[5]乃惟孺子颁，朕不暇听。[6]

"朕教汝于棐民彝[7]，汝乃是不蘉[8]，乃时惟不永哉[9]！笃叙乃正父罔不若予[10]，不敢废乃命[11]。汝往敬哉！兹予其明农哉[12]！彼裕我民[13]，无远用戾[14]。"

译文

周公说："唉！您是个年轻人，该考虑完成先王未竟的功业。您应该认真考察诸侯的享礼，也要考察其中也有不享的。享礼注重礼节，假如礼节赶不上礼物，应该叫做不享。因为诸侯对享礼不用心，臣民就会认为不要享了。这样，政事将会错乱怠慢。我急想您来颁布政务，我不代听了。

"我教给您辅导百姓的法则，您假如不努力办这些事，您的善政就不会推广啊！全像我一样监督铨叙您的官长，他们就不敢废弃您的命令了。您到新邑去，要认真啊！现在我们要奋发努力啊！去教导好我们的臣民，远方的人因此也就归附了。"

注释 1 **已：**唉。 2 **惟：**为。 **冲：**幼。 **惟终：**思终，思完成前人之功。 3 **百辟：**众诸侯。 **享：**享礼，朝见的礼节。 4 **多仪：**重视礼仪。 **仪不及物：**物有余而礼不足。 **曰：**谓。 5 **役志：**用心。 **爽：**差错。 **侮：**轻慢。 6 **颁：**颁布政务。 **暇：**通"假"，摄，代。曾运乾说。 7 **于：**以。 **棐：**辅助。 **彝：**法。 8 **乃：**若。 **蘉：**音 máng，勉力。 9 **时：**善，指善政。 **永：**远，推广。 10 **笃：**通"督"，督察。 **叙：**铨叙，升降。 **正：**长官。 **父：**同姓长官。 11 **废：**废弃。 **乃：**你的。 12 **明农：**都是勉的意思，见《广雅》。 13 **彼：**往。《说文》："彼，往有所加也。" **裕：**教导。 14 **无：**语首助词。 **用：**因此。 **戾：**至。见《释诂》。

原文

王若曰："公明保予冲子[1]。公称丕显德[2]，以予小子扬文武烈[3]，奉答天命，和恒四方民[4]，居师[5]；惇宗将礼[6]，称秩元祀[7]，咸秩无文[8]。惟公德明光于上下[9]，勤施于四方。旁作穆穆[10]，迓衡不迷[11]。文武勤教[12]，予冲子夙夜毖祀[13]。"

王曰："公功棐迪[14]，笃罔不若时[15]。"

译文

王这样说："公努力保佑我这年轻人。公发扬伟大光显的功德，使我继承文王、武王的事业，奉答上帝的教诲，使四方百姓和悦，居在洛邑；隆重举行大礼，办理大祭，都有条不紊。公的功德光照天地，勤劳施于四方，普遍推行美好的政事，虽遭横逆的事而不迷乱。文武百官努力实行您的教化，我这年轻人就早晚慎重进行祭祀好了。"

王说："公善于辅导，我真的无不顺从。"

注释 1 **明**：勉力。2 **称**：发扬。3 **以**：使。见《秦策》注。**扬**：继续。**烈**：事业。4 **和恒**：双声连语，和悦的意思。5 **师**：洛师，洛邑。6 **惇**：厚。**宗**：尊。**将**：大。宗将礼，即尊重大礼。7 **称**：举行。**秩**：安排。**元祀**：大祀。8 **文**：紊乱。9 **上下**：指天地。10 **旁**：普遍。**穆穆**：美，指美政。11 **迓**：一作"御"，逆。章太炎说："御从午声，午者，屰也。……逆亦言屰也。" **衡**：通"横"。**迷**：乱。御衡不迷，言遭横逆而心不乱。12 **文武**：文武百官。13 **毖**：谨慎。14 **功**：善。**迪**：辅导。15 **笃**：信。**若**：顺。**时**：承。

以上第二段，记录周公和成王在镐京讨论治洛的事。

原文

王曰："公！予小子其退，即辟于周，[1]命公后[2]。四方迪乱未定[3]，于宗礼亦未克敉[4]，公功迪将[5]，其后监我士、师、工[6]，诞保文武

译文

王说："公啊！我这年轻人就要回去，在镐京就位了，请公继续治洛。四方经过教导治理，还没有安定，宗礼也没有完成，公善于教导扶持，要继续监督我们的各级官员，安定文王、武王所接受的殷

受民[7]，乱为四辅[8]。”

王曰：“公定[9]，予往已[10]。公功肃将祇欢[11]，公无困哉！我惟无斁其康事[12]，公勿替刑，四方其世享。[13]”

民，做我的辅佐大臣。”

王说：“公留下吧！我要往镐京去了。公要妥善迅速进行敬重和睦殷民的工作，公不要以为困难呀！我当不懈地学习政事，公要不停地示范，四方诸侯将会世世来享了。”

注释　1 **退**：退回镐京。 **即辟**：就君位。 **周**：镐京。 2 **后**：后续，继续。指继续治洛。 3 **迪**：教导。 **乱**：治理。 4 **宗礼**：宗人礼典。 **敉**：通“弭”，完成。 5 **功**：善。 **迪将**：教导和扶持。 6 **士、师、工**：各级官员。 7 **诞**：语首助词。 **受民**：所受之民。 8 **乱**：率，语助词。 **四辅**：帮助天子的四位大臣，在前面的叫“疑”，后面的叫“丞”，左面的叫“辅”，右面的叫“弼”，统称四辅。 9 **定**：止，留下来。 10 **往**：往镐京。 **已**：矣。 11 **功**：善。 **肃**：快速。 **将**：行。 **祇欢**：敬和，指敬和殷民的事。12 **斁**：音 yì，厌倦，懈怠。 **康事**：学习政事。章太炎说：“康，读为‘庚’。庚，更事也。……更事，即更习吏事。不言莅政言更事者，谦也。” 13 **替**：止，停止。 **刑**：通“型”，示范。 **享**：朝享。

以上第三段，记录成王在洛邑请求周公继续治洛。

原文

周公拜手稽首曰：“王命予来，承保乃文祖受命民，越乃光烈考武王弘[1]，朕恭[2]。孺子来相宅[3]，其大惇典殷献民[4]，乱为四方新辟[5]，作周恭先[6]。曰[7]：‘其自时中乂，万邦咸休[8]，惟王有成绩。予旦以多子越御事，笃前人成烈，[9]答其师[10]，作周

译文

周公跪拜叩头说：“王命令我到洛邑来，继续保护您的先祖文王所受的殷民，宣扬您光明有功的父亲武王的宏大，我奉行命令。王来视察洛邑的时候，谋求使殷商贤良的臣民都敦厚守法，制定治理四方的新法，作周法的先导。我曾经说过：‘该从这九州的中心进行治理，万国都会喜欢，王也会有功绩。我姬旦率领众位卿大夫和治事官员，经营

孚先[11]。’考朕昭子刑[12]，乃单文祖德[13]。

先王的成业，集合众人，作修建洛邑的先导。’实现我告诉您的这一办法，就能发扬光大先祖文王的美德。

注释 1 **越**：发扬。 **烈**：业，有功。**考**：先父。**弘**：大，宏大。2 **恭**：奉行，指奉行继续治洛的命令。 3 **相宅**：视察洛邑。 4 **其**：通“基”，谋。 **惇典**：厚和守法。**献**：贤。5 **乱**：语助词。**辟**：法。6 **周恭**：周家的法。恭，通“共”，法。**先**：先导。7 **曰**：这里是周公追述在相宅时申告成王的话。8 **休**：庆幸，喜欢。 9 **多子**：指众卿大夫。 **笃**：理。 **前人成烈**：烈，业。武王倡议宅洛，所以说治洛是前人事业。10 **答**：合，集合。**师**：众人。11 **周孚**：孚，通“郛”。周郛，周家之城郭，指洛邑。章太炎说。 12 **考**：成。 **昭**：通“诏”，告。 **刑**：法，指上文“其自时中乂……作周孚先”三十四字。见《尚书易解》。 13 **单**：大，光大。《说文》：“单，大也。”

原文

“伻来毖殷[1]，乃命宁予以秬鬯二卣[2]。曰：‘明禋，拜手稽首休享。[3]’予不敢宿[4]，则禋于文王、武王。‘惠笃叙[5]，无有遘自疾[6]，万年厌于乃德，殷乃引考。[7]’‘王伻殷乃承叙万年[8]，其永观朕子怀德[9]。’”

译文

“您派遣使者来洛邑慰劳殷人，又送来两卣黍香酒问候我。使者传达王命说：‘明洁地举行祭祀，要跪拜叩头庆幸地献给文王和武王。’我不敢过夜，就向文王和武王祭礼了。我祈祷说：‘愿我很顺遂，不要遇到罪疾，万年饱受您的德泽，殷事能够长久成功。’‘愿王使殷民能够顺从万年，将长久看到王的安民的德惠。’”

注释 1 **伻**：使者。 **毖**：慰劳。 2 **宁**：问安，问候。 **秬鬯**：音 jù chàng，黑黍香酒。**卣**：音 yǒu，酒器。3 **禋**：音 yīn，祭祀。**休**：庆幸。**享**：献。4 **宿**：经过一宿。5 **惠**：惟。见《尚书正读》。**笃**：厚，大。 **叙**：顺。6 **有**：或。 **遘**：音 gòu，遇。 **自**：即“辠”之烂余，“(辠)疾”连文。章太炎说。7 **厌**：饱。 **乃**：能够。 **引**：长。 **考**：成功。 8 **承叙**：承顺。 9 **朕子**：吾子，指成王。 **怀**：安，

指安定人民。

以上第四段，记录周公在洛邑接受王命和答谢慰问的书面答词。

原文

戊辰[1]，王在新邑烝[2]，祭岁[3]，文王骍牛一[4]，武王骍牛一。王命作册逸祝册[5]，惟告周公其后[6]。王宾杀禋咸格[7]，王入太室[8]，祼[9]。王命周公后，作册逸诰[10]，在十有二月[11]。惟周公诞保文武受命[12]，惟七年[13]。

译文

戊辰这天，成王在洛邑举行冬祭，向先王报告岁事，用一头红色的牛祭文王，也用一头红色的牛祭武王。成王命令作册官名字叫逸的宣读册文，报告文王、武王，周公将继续住在洛邑。助祭诸侯在杀牲祭祀先王的时候都来到了，成王进入太室，酌酒献神。成王命令周公继续治理洛邑，作册官名字叫逸的告喻天下，在十二月。周公留居洛邑担任文王、武王所受的大命，在成王七年。

注释　1 **戊辰**：戊辰日。 2 **烝**：冬祭。 3 **祭岁**：报告岁事。《广雅·释言》："祭，荐也。"《仪礼·少牢馈食礼》："用荐岁事于皇祖伯某。" 4 **骍**：赤色。 5 **作册**：官名。 **逸**：人名。 6 **其**：将。 **后**：后续治洛。 7 **王宾**：助祭的诸侯。 **杀**：杀牲。 **禋**：祭祀。 **格**：至。 8 **太室**：王肃说："清庙中央之室。" 9 **祼**：音 guàn，灌祭。《孔疏》说："王以圭瓒酌郁鬯之酒以献尸，尸受祭而灌于地，因奠不饮，谓之祼。" 10 **诰**：告天下。 11 **十有二月**：记周公治洛之月。 12 **保**：担任。 13 **惟七年**：皮锡瑞说："经云'戊辰'，有日无月；'在十有二月'，有月无年；于末结之曰惟七年，则当为七年十二月戊辰日无疑，古人文法多倒装，故先日次月又次年。"王国维说："书法先日次月次年者，乃殷周间记事之体。"

以上第五段，记录成王在洛邑冬祭，宣布周公继续居洛。

多　士

导读

多士，就是众士，指殷王的旧臣。周消灭殷后，殷王的旧臣大族心怀不满，顽固不化，周人叫他们做仇民或顽民。洛邑东边有个城市叫成周，是居住殷民的地方。周成王实行移民政策，把殷商顽民迁来成周，以便对他们加强教育和监督。洛邑建成后，周公代替成王发布诰命，说明必须迁徙的原因，宣布政策，指明前途。史官记录周公的诰辞，写成《多士》。《竹书纪年》成王纪说："七年三月甲子，周公诰多士于成周。"说明这件事发生在成王七年，就是公元前1057年。本篇记录了成王对待殷商旧臣大族的政策，把他们聚居起来，加强教育，指明前途。从此殷商旧臣便不能叛乱了，可见本篇对统治殷民起了重要作用。

原文

惟三月[1]，周公初于新邑洛，用告商王士。

王若曰："尔殷遗多士！弗吊旻天[2]，大降丧于殷[3]。我有周佑命[4]，将天明威[5]，致天罚，敕殷命终于帝[6]。肆尔多士[7]！非我小国敢弋殷命[8]。惟天不畀允罔固

译文

周成王七年三月，周公初往新都洛邑，用成王的命令告诫殷商的旧臣。

王这样说："你们殷商的众臣们！纣王不敬重上天，把灾祸大降给殷国。我们周国佑助天命，奉行上天的明威，执行王者的诛罚，宣告殷的国命被上天终绝了。现在，你们众位官员啊！不是我们小小的周国敢于取代殷命，是上天不把大命给了那信诬怙恶的人，而辅助我们，我们岂敢擅求王位呢？

乱[9]，弼我[10]，我其敢求位[11]？惟帝不畀[12]，惟我下民秉为，惟天明畏。[13]

正因为上天不把大命给予信诬怙恶的人，我们下民的所作所为，应当敬畏天命。

注释 1 **惟**：语首助词。三月：据《竹书纪年》为成王七年三月。2 **弗吊**：不善。**旻天**：旻，音 mín，秋天。这里指上天。不吊旻天，不善上天的人，指纣王。3 **降丧**：降下灾祸。4 **佑命**：佑助天命。5 **将**：奉行。《仪礼·聘礼》注："将，犹'奉'也。" 6 **致**：通"至"，行。《乐记》注："至，行也。" **终于帝**：被上帝终绝了。7 **肆**：今。8 **弋**：代。朱骏声说："'弋'假借为'代'"，引了此例。曾运乾说同。马融本、郑玄本、王肃本"弋"作"翼"。马融说："翼，取也。"郑玄说："翼，犹'驱'也。" **小国**：《孔疏》说："周本殷之诸侯，故周公自称小国。" 9 **畀**：给予。**允罔固乱**：相信诬罔凭借祸乱的人。允，信。罔，诬。固，通"怙"，凭借。10 **弼**：辅助。11 **其**：岂。**位**：王位。12 **不畀**：谓不畀允罔固乱。蒙上文省略了宾语。13 **秉**：执守。**为**：作为。**惟天明畏**：当畏天明。天明，天命。

原文

"我闻曰：'上帝引逸[1]。'有夏不适逸[2]，则惟帝降格[3]，向于时夏[4]。弗克庸帝[5]，大淫泆有辞[6]。惟时天罔念闻[7]，厥惟废元命[8]，降致罚[9]；乃命尔先祖成汤革夏，俊民甸四方[10]。

译文

"我听说：'上帝制止游乐。'夏桀不节制游乐，上帝就降下教令，劝导夏桀。他不能听取上帝的教导，大肆游乐，而又怠慢不敬。因此，上帝也不念不问，而考虑废止夏的大命，降下大罚；上帝于是命令你们的先祖成汤代替夏桀，命令杰出的人才治理四方。

注释 1 **引**：制引，制止。**逸**：淫逸。2 **适**：节制。见《吕览》高注。3 **格**：通"詻"，教令。《玉篇》："詻，教令严也。" 4 **向**：劝。**时**：这。5 **庸**：用，采用。指采用上帝的教令。6 **淫**：游。见《广雅·释言》。**泆**：乐。**有**：又。**辞**：通"怠"，怠慢。7 **惟时**：因此。**念**：怀念。**闻**：通"问"，恤问。8 **厥**：语首助词。**元命**:大命,指国运。9 **致**:通“至”,大。10 **俊民**:杰出人才。**甸**:治。

原文

“自成汤至于帝乙。罔不明德恤祀[1]。亦惟天丕建保乂有殷[2],殷王亦罔敢失帝[3],罔不配天其泽[4]。在今后嗣王[5],诞罔显于天[6],矧曰其有听念于先王勤家[7]?诞淫厥泆[8],罔顾于天显民祗[9],惟时上帝不保,降若兹大丧[10]。

“惟天不畀不明厥德,凡四方小大邦丧,罔非有辞于罚[11]。”

译文

“从成汤到帝乙,没有人不力行德政,慎行祭祀。也因为上天树立了安治殷国的贤人,殷的先王也没有人敢于违背天意,所以没有人不配合上天的恩泽。当今后继的纣王,很不明白上天的意旨,何况说他又能听从、考虑先王勤劳家国的训导呢?他大肆淫逸游乐,不顾天意和民困,因此,上帝不保佑了,降下这样的大灾祸。

“上帝不把大命给予不勉行德政的人,凡是四方小国大国的灭亡,无人不是怠慢了上帝的责罚。”

注释 1 **恤**:慎。2 **保乂**:安治。保乂有殷即安治殷国的人,是“建”的宾语。3 **罔敢失帝**:不敢违失天意。4 **其**:之。**泽**:恩泽。5 **后嗣王**:指纣王。6 **诞罔显于天**:大不明于天。7 **矧**:何况。**勤家**:为家国勤劳。8 **厥**:语中助词。9 **天显**:天明,指天命。**民祗**:人民的痛苦。祗,通“疷”,病。10 **大丧**:指亡国之祸。11 **辞**:怠,怠慢。

以上第一段,说明周王灭殷是顺从天命。

原文

王若曰:“尔殷多士,今惟我周王丕灵承帝事[1],有命曰:‘割殷[2],告敕于帝。’惟我

译文

王这样说:“你们殷国的众臣,现在只有我们周王善于奉行上帝的使命,上帝有命令说:‘夺取殷国,并报告上天。’我们讨伐殷商,不把别人作为敌人,只把你们王家作为我的

事不贰适[3]，惟尔王家我适。予其曰惟尔洪无度[4]，我不尔动，自乃邑[5]。予亦念天[6]，即于殷大戾[7]，肆不正[8]。”

敌人。我怎么会料想到你们众官员太不守法，我并没有动你们，动乱来自你们的封邑。我也考虑到天意仅仅在于夺取殷国，于是在殷乱大定之后，便不治你们的罪。”

注释 1 **灵**：善。 2 **割**：取。见《战国策·齐策》注。 3 **事**：指征伐的事。**适**：通“敌”，敌人。《论语·里仁》释文：“适，郑本作‘敌’。” 4 **予其曰**：我岂意谓。金履祥说。 **洪**：大。 **度**：法度。 5 **乃邑**：你们众卿士的封邑。 6 **念天**：念天只割取殷。 7 **即**：则。 **戾**：定。 8 **肆**：所以。 **正**：治罪，指治多士的罪。《周礼·大司马》注：“正之者，执而治其罪。”

原文

王曰：“猷[1]！告尔多士，予惟时其迁居西尔[2]，非我一人奉德不康宁[3]，时惟天命[4]。无违，朕不敢有后[5]，无我怨。

“惟尔知，惟殷先人有册有典[6]，殷革夏命。今尔又曰：‘夏迪简在王庭[7]，有服在百僚[8]。’予一人惟听用德[9]。肆予敢求尔于天邑商[10]，予惟率肆矜尔[11]。非予罪，时惟天命。”

译文

王说：“啊！告诉你们众官员，我因此将把你们迁居西方，并不是我执德不安定，这是天命。不可违背天命，我不敢迟缓，你们不要怨恨我。

“你们知道，殷人的祖先有书册有典籍，记载着殷国革了夏国的命。现在你们又说：‘当年夏的官员被选在殷的王庭，在百官之中都有职事。’我只接受、使用有德的人。现在我从大邑商招徕你们，我是宽大和爱惜你们。这不是我的差错，这是天命。”

注释 1 **猷**：叹词。 2 **其**：乃。 **迁居西尔**：即迁尔居西。西，指成周。成周在商之西，所以称西。 3 **奉德**：秉德。孙星衍说：“奉，犹‘秉’也。” **康宁**：安定。 4 **惟**：为。《玉篇》：“惟，为也。” 5 **有**：或。 **后**：迟。见《说文》。

6 **册、典**:典籍。 7 **迪**:通“由”,辅。指辅臣。《方言》:“由,辅也。” **简**:选择。
8 **服**:事,指职务,职位。 **百僚**:百官。 9 **听**:受,接受。 **德**:有德的人。
10 **肆**:今。 **求**:招徕。《礼记·学记》注:“求,谓招徕也。” **天邑**:大邑。
11 **率**:用。 **肆**:缓,宽大。 **矜**:怜惜。

以上第二段,说明迁移殷民、不用多士,也是顺从天命。

原文

王曰:“多士,昔朕来自奄[1],予大降尔四国民命[2]。我乃明致天罚,移尔遐逖[3],比事臣我宗多逊[4]。”

王曰:“告尔殷多士,今予惟不尔杀[5],予惟时命有申[6]。今朕作大邑于兹洛,予惟四方罔攸宾[7],亦惟尔多士攸服奔走臣我多逊[8]。

“尔乃尚有尔土[9],尔乃尚宁干止[10]。尔克敬,天惟畀矜尔[11];尔不克敬,尔不啻不有尔土[12],予亦致天之罚于尔躬!

“今尔惟时宅尔邑[13],继尔居[14];尔厥有干有年于兹洛[15]。尔小子乃兴[16],从尔迁。”

王曰:“又曰时予[17]:乃

译文

王说:“殷的众臣,从前我从奄地来,对你们管、蔡、商、奄四国臣民特地下达过命令。我然后明行上天的惩罚,把你们从远方迁徙到这里,近来你们服务和臣属我们周族很恭顺。”

王说:“告诉你们殷商的众臣,现在我不杀害你们,我想重申这个命令。现在我在这洛地建成了一座大城市,我是考虑四方诸侯没有地方朝贡,也是考虑你们服务奔走臣属我们很恭顺的缘故。

“你们还可以保有你们的土地,你们还会安宁下来。你们能够敬慎,上天将会对你们赐给怜爱;你们假如不能敬慎,你们不但不能保有你们的土地,我也将会把老天的惩罚加到你们身上。

“现在你们应当好好地住在你们的城里,继续做你们的事业。你们在洛邑会有安乐会有丰年的。从你们迁来洛邑开始,你们的子孙也将兴旺发达。”

王说:“顺从我!顺从我!才能够谈

或言尔攸居[18]。” | 到你们长久安居下来。”

注释 1 **奄**：国名。《尚书大传》："周公摄政三年，践奄。" 2 **降**：下达。**四国**：指管、蔡、商、奄四国。 3 **遐逖**：远方，指四国。多士来自四国，所以称远方。 4 **比**：近日。 **事**：服务。 **我宗**：我们周族。 **逊**：恭顺。 5 **不尔杀**：不杀你们。 6 **时命有申**：又申是命。时，是，这个。有，又。申，重复。 7 **惟**：思，考虑。 **四方**：四方诸侯。 **宾**：朝贡。金履祥说："镐京远在西偏，四方道里不均，无所于宾贡。" 8 **服**：服务。 **逊**：顺。 9 **尚**：犹，还。 10 **宁**：安。 **干**：安。《广雅·释诂》："干，安也。" **止**：语末助词。 11 **畀矜尔**：赐给你们怜爱。畀，赐给。12 **不啻**：不但。13 **惟**：当。 **时**：善，见《广雅》。**宅**：住。 14 **居**：事业。江声说。 15 **有干**：有安乐。 **有年**：有丰年。 16 **小子**：指子孙。 **兴**：兴盛。 17 **又曰时予**：时予时予。《尚书正读》说："本文'又曰'，重言'时予'也。……言终丁宁之意。"时，承顺，顺从。18 **或**：通"克"，能够。见《尚书易解》。 **攸**：通"悠"，长久。

以上第三段，宣布对待多士的政策，指明前途。

无 逸

导读

无，通"毋"，禁止之词。逸，逸乐，这里指纵酒、淫乐、嬉游、田猎等娱乐活动。成王年纪大了，周公让他主持政事，害怕他贪图享乐，荒废懈怠。于是告诫他不要贪图逸乐。史官记录周公的诰辞，名叫《无逸》。周公指出人君不可沉迷于逸乐，必须先知稼穑的艰难，先知小民的痛苦。把逸乐同人民的痛苦联系起来，说得非常深刻。这些思想具有进步意义。

原文

周公曰："呜呼！君子所，其无逸。[1]先知稼穑之艰难，乃逸[2]，则知小人之依[3]。相小人[4]，厥父母勤劳稼穑，厥子乃不知稼穑之艰难，乃逸乃谚[5]。既诞[6]，否则侮厥父母曰[7]：'昔之人无闻知[8]。'"

译文

周公说："啊！君子在位，可不要安逸享乐。先了解耕种收获的艰难，然后处在逸乐的境地，就会知道老百姓的痛苦。看那些老百姓，他们的父母勤劳地耕种收获，他们的儿子却不知道耕种收获的艰难，便安逸，便不恭。已经久了，于是就轻视侮慢他们的父母说：'老人们没有知识。'"

注释 1 **君子**：指官长。**所**：居官。**其**：副词，表祈使。**逸**：逸乐。郑玄说："君子，止谓在官长者。所，犹'处'也。君子处位为政，其无自逸豫也。" 2 **乃**：而，而后。 3 **小人**：老百姓。 **依**：痛苦，苦衷，《经义述闻》："依，隐也，谓知小人之隐也。《周语》'勤恤民隐'韦注曰：'隐，痛也。'小人之隐，即上文'稼穑之艰难'，下文所谓'小人之劳'也。云隐者，犹今人言苦衷也。" 4 **相**：看。 5 **乃**：就。 **谚**：同"喭"，粗野不恭。 6 **诞**：《汉石经》作"延"，长久。 7 **否则**：于是。见《经传释词》。**侮**：轻侮。 8 **昔之人无闻知**：昔之人，老人。《蔡传》说："古老之人无闻无知，徒自劳苦而不知所以自逸也。"

以上第一段，说明君主要做到无逸，先要了解稼穑的艰难。

原文

周公曰："呜呼！我闻曰：昔在殷王中宗[1]，严恭寅畏[2]，天命自度[3]，治民祗惧[4]，不敢荒宁[5]。肆中宗之享国七十有五年[6]。

"其在高宗，时旧劳于外，[7]爰暨小人[8]。作其即

译文

周公说："啊！我听说：过去殷王中宗，庄正敬畏，以天命制约自己，治理百姓，敬慎恐惧，不敢荒废、安逸。所以中宗在位七十五年。

"在高宗，这个人长期在外服役，惠爱老百姓。等到他即位，便又听信冢宰沉默不言，三年不轻易说话。因为他不

位[9]，乃或亮阴[10]，三年不言[11]。其惟不言，言乃雍[12]。不敢荒宁，嘉靖殷邦[13]。至于小大[14]，无时或怨[15]。肆高宗之享国五十有九年。

轻易说话，有时说出来就能使人和悦。他不敢荒废、安逸，善于安定殷国。从老百姓到群臣，没有怨恨他的。所以高宗在位五十九年。

注释 1 **中宗**：一说是太戊，殷之第五世贤主。一说是祖乙，殷之第七世贤主。 2 **严**：庄正。 **寅**：敬。严恭，指外貌庄敬；寅畏，指内心敬畏。 3 **度**：法制。引申为限制。天命自度，以天命制约自己。 4 **祗惧**：敬畏。 5 **荒宁**：荒废自安。 6 **肆**：所以。 **享国**：指在帝位。 **有**：又。 7 **高宗**：武丁，殷代第十一世贤主。 **时旧劳于外**：时，是，这人。旧，久。马融说："武丁为太子时，其父小乙使行役，有所劳苦于外。" 8 **爰**：于是。 **暨**：通"慦"，惠爱。见《尚书易解》。 9 **作**：等到。《经传释词》："作，犹'及'也。" 10 **或**：又。**亮阴**：听信不言。马融说："亮，信也。阴，默也。为听于冢宰，信默而不言。" 11 **不言**：不言政事。 12 **雍**：和。 13 **嘉**：善。 **靖**：和。 14 **小大**：老百姓和群臣。 15 **无时或怨**：无有怨之。时，此人，指高宗。或，有。

原文

"其在祖甲[1]，不义惟王，旧为小人。[2]作其即位，爰知小人之依，能保惠于庶民，[3]不敢侮鳏寡[4]。肆祖甲之享国三十有三年。

"自时厥后[5]，立王生则逸，生则逸[6]，不知稼穑之艰难，不闻小人之劳，惟耽乐之从[7]。自时厥后，亦罔或克寿[8]。或十年，或七、

译文

"在祖甲，他以为代兄称王不合情理，逃亡民间，做过很久的平民百姓。等到他即位后，就知道老百姓的痛苦，能够安定和爱护众民，对于鳏寡无依的人也不敢轻慢。所以祖甲在位三十三年。

"从这以后，在位的殷王生来就安闲逸乐，生来就安闲逸乐，不知耕种收获的艰难，不知老百姓的劳苦，只是追求过度的逸乐。从这以后，在位的殷王也没有能够长寿的。有的十年，有的七、八年，

八年，或五、六年，或四、三年。” | 有的五、六年，有的三、四年。”

注释　1 **祖甲**：武丁的儿子帝甲。殷代第十二世贤主。 2 **不义惟王，旧为小人**：惟，为。旧，久。马融说：“祖甲有兄祖庚，而祖甲贤，武丁欲立之。祖甲以王废长立少不义，逃亡民间。故曰‘不义惟王，久为小人’也。” 3 **依**：隐，痛苦。王引之说。 **保**：安定。 **惠**：爱。 4 **鳏寡**：孤苦无依的人。 5 **时**：是，这。 **厥**：之。《经传释词》说：“厥，犹‘之’也。” 6 **立王**：在位的君王。 **生则逸，生则逸**：《尚书正读》说：“‘生则逸’，一语已足，两言之者，周公喜重言也。”按重复地说，意在强调它。 7 **耽乐**：过度逸乐。 **从**：追求。 8 **罔**：无。 **或**：有。

原文

周公曰：“呜呼！厥亦惟我周太王、王季，克自抑畏[1]。文王卑服[2]，即康功田功[3]。徽柔懿恭[4]，怀保小民[5]，惠鲜鳏寡[6]。自朝至于日中昃，不遑暇食[7]，用咸和万民[8]。文王不敢盘于游田[9]，以庶邦惟正之供[10]。文王受命惟中身[11]，厥享国五十年[12]。”

译文

周公说：“啊！只有我们周家的太王、王季能够谦让敬畏。文王做卑下的工作，从事过开通道路、耕种田地的劳役。他和蔼、仁慈、善良、恭敬，使百姓和睦、安定，爱护亲善孤苦无依的人。从早晨到中午，到下午，他没有闲暇吃饭，要使万民生活和谐。文王不敢乐于嬉游、田猎，不敢使众国只是进献赋税，供他享乐。文王中年受命为君，在位五十年。”

注释　1 **抑**：谦下。 **畏**：敬畏。 2 **卑服**：任卑下的事。服，事。 3 **即**：就，从事。 **康功田功**：章太炎说：“康，《释言》五达谓之康，字亦作庚，《诗》有由庚，《春秋传》有夷庚，以为道路大名。康功者，谓平易道路之事；田功者，谓服田力穑之事。” 4 **徽**：和。 **懿**：美。 5 **怀保**：和睦安定。 6 **鲜**：善。见《尔雅·释诂》。 7 **遑暇**：“遑”也是“暇”，二字同义。 8 **咸**：通“諴”，和。俞樾说。 9 **盘**：乐。 **游**：游乐。 **田**：打猎。 10 **以**：使。 **正**：税，见《尚书正读》。**供**:进献。《广雅·释诂》:"供,进也。" 11 **受命**:接受天命为君。**中身**:中年。 12 **五十年**:《吕览·制乐》和《韩诗外传三》都说文王在位五十一年。这里是举整数。

以上第二段,引用历史事实,说明无逸的重要性。

原文

周公曰:"呜呼!继自今嗣王,则其无淫于观、于逸、于游、于田[1],以万民惟正之供。无皇曰[2]:'今日耽乐。'乃非民攸训,非天攸若,[3]时人丕则有愆[4]。无若殷王受之迷乱,酗于酒德哉![5]"

周公曰:"呜呼!我闻曰:'古之人犹胥训告[6],胥保惠[7],胥教诲,民无或胥诪张为幻[8]。'此厥不听,人乃训之,乃变乱先王之正刑[9],至于小大[10]。民否则厥心违怨[11],否则厥口诅祝[12]。"

译文

周公说:"啊!从今以后的继位君王,就不可沉迷在观赏、安逸、嬉游和田猎之中,不可只是使老百姓进献赋税供他享乐。不要自我宽解说:'今天快乐快乐。'这样子,就不是老百姓所顺从的,也不是上天所嘉许的,这样的人就有罪过了。不要像商纣王那样迷惑昏乱,把酗酒作为酒德啊!"

周公说:"啊!我听说:'古时的人还能互相劝导,互相爱护,互相教诲,所以老百姓没有互相欺骗、互相诈惑的。'不依照这样,官员就会顺从自己的意愿,就会变乱先王的正法,以至于大大小小的法令。老百姓于是就内心怨恨,就口头诅咒了。"

注释 1 **淫**:过度。**观**:观赏。2 **皇**:通"偟",暇。这里指宽解。3 **攸训**:所顺。训,顺。**攸若**:所善。若,善。4 **丕则**:于是。**愆**:过错。5 **受**:纣王名。**酗于酒德**:酗,醉酒发怒。于,为。见《经传释词》。大意是说,以醉怒为酒德。6 **胥**:互相。**训告**:劝导。7 **保**:安。**惠**:爱。8 **诪张**:诪,音 zhōu。欺诳。**幻**:诈惑。9 **正刑**:政策法令。10 **小大**:指小法大法。11 **否则**:于是。**违**:怨恨。见王引之《经义述闻》。12 **诅祝**:诅咒。

原文

周公曰："呜呼！自殷王中宗及高宗及祖甲及我周文王，兹四人迪哲[1]。厥或告之曰[2]：'小人怨汝詈汝[3]。'则皇自敬德[4]。厥愆[5]，曰：'朕之愆允若时[6]。'不啻不敢含怒[7]。此厥不听，人乃或诪张为幻，曰小人怨汝詈汝，则信之，则若时：不永念厥辟[8]，不宽绰厥心[9]，乱罚无罪，杀无辜。怨有同[10]，是丛于厥身[11]！"

周公曰："呜呼！嗣王其监于兹[12]！"

译文

周公说："啊！从殷王中宗、到高宗、到祖甲、到我们的周文王，这四位君王领导得明智。有人告诉他们说：'老百姓在怨恨你咒骂你。'他们就更加敬慎自己的行为；有人举出他们的过错，他们就说：'我的过错确实像这样。'不但不敢怀怒。不依照这样，人们就会互相欺骗、互相诈惑。有人说老百姓在怨恨你咒骂你，你就会相信，就会像这样：不多考虑国家的法度，不放宽自己的心怀，乱罚没有罪过的人，乱杀没有罪过的人。民怨汇合，就会集中到你的身上啊！"

周公说："啊！继王要鉴戒这些啊！"

注释　1 **迪**：指导。迪哲，领导得明智。 2 **或**：有人。 3 **詈**：音 lì，骂。 4 **皇**：更加。《汉石经》作"兄"。《国语》注："兄，益也。" 5 **厥愆**：是"厥或愆之"的省文。愆，指责过失。 6 **允**：确实。 **时**：这样。 7 **不啻**：不但。郑玄说："不但不敢含怒，乃欲屡闻之，以知己政得失之源也。" 8 **辟**：法。 9 **绰**：宽，放宽。 10 **怨有**：即怨尤。"有"和"尤"同声通用。 **同**：会同。 11 **丛**：聚集。《说文》："丛，聚也。" 12 **监**：通"鉴"，鉴戒。

以上第三段，说明君主要勤于教诲，严于责己。

君　奭

导读

这篇是周公对召公的答辞。奭，音 shì，召公名。名上加一君字，表示对召公的尊敬。

《史记》说本篇作于周公摄政的时候，而《书序》则以为作在周公还政成王以后。体会文情，当依《史记》的说法。

周公为什么答复召公呢？《史记》和《书序》都说召公不悦周公。注家纷纷猜测，都缺乏确凿的证据。今按《墨子·非命中》说："于召公之非执命亦然，惟予二人而无造言，不自天降，自我得之。"本篇周公引召公的话说："在我后嗣子孙，大弗克恭上下，遏佚前人光在家，不知天命不易，天难谌，乃其坠命，弗克经历。"联系这两则引文来看，可以推知召公所不悦的，是周王子孙安于天命不求进展的执命思想，而不是不悦周公。

从本篇首段周公引召公的话看来，大约西周初年，东方各国的叛乱平定以后，天命说又滋长起来了，周王子孙也受了影响。召公认为这种思想妨碍周王朝发扬光大，甚至还危及国家的命运，因此召公反对执命之说。周公赞同召公的意见，也主张事在人为。又明确表示倚重召公，希望同心协力完成文王的大业，做到海隅出日的地方，都莫不顺从。史官记录周公这篇诰辞，名叫《君奭》。这是一篇研究我国上古思想史的重要文献。

原文

周公若曰："君奭！弗吊天降丧于殷，殷既

译文

周公这样说："君奭！商纣王不敬重上天，上天给殷国降下了大祸，殷国已经丧失坠厥命，[1]我有周既受。我不敢知曰：厥基永孚于休[2]。若天棐忱[3]，我亦不敢知曰：其终出于不祥。

“呜呼！君已曰[4]：‘时我[5]，我亦不敢宁于上帝命[6]，弗永远念天威越我民[7]；罔尤违[8]，惟人。在我后嗣子孙[9]，大弗克恭上下，遏佚前人光在家[10]，不知天命不易[11]，天难谌[12]，乃其坠命[13]，弗克经历[14]。嗣前人，恭明德，在今。’

“予小子旦非克有正[15]，迪惟前人光施于我冲子[16]。又曰[17]：‘天不可信。’我道惟宁王德延[18]，天不庸释于文王受命[19]。”

了福命，我们周国已经接受了。我不敢认为王业开始的时候，会长期保持休美。顺从上天，任用诚信的人为辅佐，我也不敢认为王业的结局会出现不吉祥。

“啊！您曾经说过：‘依靠我们自己，我们不敢安于上帝的福命，不去永远顾念上天的威严和我们的人民；没有过错和违失，只在人。考察我们的后代子孙，远远不能做到恭顺上天和下民，把前人的光辉限制在我们国家之内，不知道天命难得，上帝难信，这就会失去天命，不能长久。继承前人，奉行明德，就在今天。’

“您的看法，我小子姬旦不能有什么改正，我想把前人的光美传给我们的后代。您还说过：‘上天不可信赖。’我只想把文王的美德加以推广，上天将不会废弃文王所接受的福命。”

注释 1 **吊**：善。不善于天，指纣王。**坠**：丧失。2 **基**：开始。**孚**：通“保”。《说文》说：“古文孚，从𥝢。𥝢，古文保(保)。保(保)亦声。” 3 **若**：顺。**棐忱**：棐，辅佐。忱，诚信。谓以诚信者为辅助。 4 **君**：指召公。 5 **时**：通“恃”，依靠。 **我**：我们。 6 **宁**：安。 7 **越**：和。 8 **尤**：过失。 **违**：违误。 9 **在**：考察。《释诂》：“在，察也。” 10 **遏**：止，抑止。 **佚**：失，消失。 **光**：光美，光辉。 11 **不易**：不容易。 12 **谌**：音 chén，信。 13 **其**：将要。 14 **经历**：长久。 15 **旦**：周公名。 **有正**：有所改正。 16 **迪**：语首助词。 **施**：延。 **冲子**：童子，指后辈。 17 **又曰**：召公又说。《墨子·非命中》引“天不可信”为召公的话。 18 **道**：当从《汉石经》作“迪”，语助词。 **宁王**：文王。 19 **庸释**：舍弃。

以上第一段，周公强调事在人为，赞同召公非命之说。

原文

公曰："君奭！我闻在昔成汤既受命，时则有若伊尹[1]，格于皇天[2]。在太甲[3]，时则有若保衡[4]。在太戊[5]，时则有若伊陟、臣扈[6]，格于上帝；巫咸乂王家[7]。在祖乙[8]，时则有若巫贤[9]。在武丁[10]，时则有若甘盘[11]。

译文

周公说："君奭！我听说从前成汤既已接受天命，当时就有这个伊尹得到上天的嘉许。在太甲，当时就有这个保衡。在太戊，当时就有这个伊陟和臣扈，得到上天的嘉许，又有巫咸治理王国。在祖乙，当时就有这个巫贤。在武丁，当时就有这个甘盘。

注释 1 **时**：当时。 **若**：此，这个。 **伊尹**：成汤的大臣。 2 **格**：嘉，嘉许。《史记·燕世家》引作"假"，《中庸》释文："假，嘉也。" 3 **太甲**：成汤的孙。 4 **保衡**：伊尹。伊尹名衡，任太保之官，所以叫保衡。 5 **太戊**：太甲的孙。 6 **伊陟、臣扈**：都是太戊的贤臣。 7 **巫咸**：太戊的大臣。 **乂**：治理。 8 **祖乙**：名滕，殷国的第七世贤王。 9 **巫贤**：祖乙的贤臣。 10 **武丁**：殷高宗。 11 **甘盘**：武丁的贤臣。

原文

"率惟兹有陈[1]，保乂有殷，故殷礼陟配天[2]，多历年所[3]。天惟纯佑命[4]，则商实百姓王人，罔不秉德明恤，[5]小臣屏侯甸[6]，矧咸奔走[7]。惟兹惟德称[8]，用乂厥辟[9]，故一人有事于四方，若卜筮罔不是孚[10]。"

译文

"这些有道的人，安定治理殷国，所以殷人的制度，君王死后，他们的神灵都配天称帝，经历了许多年代。上天赐给贤良，于是，殷商异姓和同姓的官员们，确实没有人不保持美德，知道谨慎，君王的小臣和诸侯的官员，也都奔走效劳。这些官员推举贤德，辅助他们的君王，所以君王对四方施政，如同卜筮一样，没有人不相信。"

注释 1 **率:**语首助词。 **有陈:**有道,有道之臣。陈,《汉书·哀帝纪》注:"道也。" 2 **殷礼陟配天:**《尚书平议》:"谓殷人之礼死则配天而称帝也。《竹书纪年》凡帝王之终皆曰陟,此经陟字,义与彼同。" 3 **所:**时。《公羊传·文公十三年》注:"所,犹时,齐人语也。" 4 **纯佑:**良佐,贤臣。 **命:**赐予。《小尔雅·广言》:"命,予也。" 5 **实:**本当置于"罔不"的前面,为了强调,所以提前了。 **百姓:**指异姓官员。 **王人:**指同姓官员。 **恤:**谨慎。 6 **屏:**并,魏《三体石经》古文作"并"。 **侯甸:**侯服、甸服的官员。 7 **矧:**也。 **奔走:**指效劳。 8 **惟德称:**称,举。谓举出贤德者。 9 **乂:**通"艾",辅助。《释诂》:"艾,相也。" **辟:**君王。 10 **一人:**指国君。 **孚:**信。

原文

公曰:"君奭!天寿平格[1],保乂有殷,有殷嗣[2],天灭威[3]。今汝永念,则有固命[4],厥乱明我新造邦[5]。"

译文

周公说:"君奭!上天赐给中正和平的官员,安治殷国,于是殷王世世继承着,上天也不降给惩罚。现在您深长地考虑这些,就掌握了一定不移之命,将治好我们这个新建立的国家。"

注释 1 **寿:**当作"受",授予的意思。《文选·潘元茂册魏公文》注引"寿"作"受"。 **平格:**平康,中正和平。见《尚书易解》。 2 **有殷嗣:**殷王世世继承下来。3 **天灭威:**灭,断绝,见《释诂》。威,罚。天灭威谓上天不用威罚。4 **固命:**定命。 5 **厥:**语首助词。 **乱:**治理。 **明:**光大。

以上第二段,周公广泛征引史事,说明辅臣的重要作用。

原文

公曰:"君奭!在昔上帝割申劝宁王之德[1],其集大命于厥躬[2]?惟文王尚克修和我有夏[3];

译文

周公说:"君奭!过去上帝为什么一再嘉勉文王的品德,降下大命在他身上呢?因为文王常常能够治理、和谐我们中国,也因为有这个虢叔,有这个闳夭,有这个散宜亦惟有若虢叔，有若闳夭，有若散宜生，有若泰颠，有若南宫括[4]。

“又曰[5]：无能往来[6]，兹迪彝教[7]，文王蔑德降于国人[8]。亦惟纯佑秉德[9]，迪知天威，乃惟时昭文王迪见冒[10]，闻于上帝，惟时受有殷命哉！

生，有这个泰颠，有这个南宫括。

“有人说：这些贤臣不能奔走效劳，努力施行常教，文王也就没有恩德降给国人了。也因为这些贤臣保持美德，了解上天的威严，因为这些人辅助文王治道光显，进而被上帝知道了，因此，文王才承受了殷国的大命啊。

注释 1 **割：**通“曷”。为什么。 **申：**重复。 **劝：**劝勉。 2 **集：**下，降下。见《淮南子·说山训》注。 3 **惟：**以。见《经传释词》。 **尚：**通常。 **修和：**治理和协。**有夏：**中国。4 **若：**此。这些。 **虢叔、闳夭、散宜生、泰颠、南宫括：**都是文王时的贤臣。 5 **又曰：**有曰，有人说。 6 **往来：**奔走出力。 7 **兹：**通“孜”，勉力。曾运乾说。 **彝：**常。 8 **蔑：**无。 9 **惟：**以。 10 **时：**是，这些人。**昭：**通“诏”，帮助。**迪见：**迪，道，谓治道。见，犹“显”，孙星衍说。**冒：**进。《说文》冒，进而前也。前亦进也。章太炎说。

原文

“武王惟兹四人尚迪有禄[1]。后暨武王诞将天威[2]，咸刘厥敌[3]。惟兹四人昭武王惟冒[4]，丕单称德[5]。

“今在予小子旦，若游大川，予往暨汝奭其济[6]。小子同未在位[7]，诞无我责收[8]，罔勖不及[9]。耇造德不降我则[10]，鸣鸟不闻[11]，

译文

“武王的时候，文王的贤臣只有四人还活着。后来，他们和武王奉行上天的惩罚，消灭了他们的敌人。也因为这四人辅助武王很努力，于是天下普遍赞美武王的恩德。

“现在我小子姬旦好像游于大河，我和您奭一起前往谋求渡过。我惘昧少知却居大位，您不督责、纠正我，就没有人勉力指出我的不够了。您这年高有德的人不指示治国的法则，就连凤凰的鸣声都会听不

矧曰其有能格[12]？”

公曰：“呜呼！君肆其监于兹[13]！我受命无疆惟休，亦大惟艰。告君，乃猷裕我，不以后人迷[14]。”

到，何况说将又能被上天嘉许呢？”

周公说：“啊！您现在应该看到这一点！我们接受的大命，有无限的喜庆，也有无穷的艰难。请求您，急于教导我，不要使后人迷惑呀！”

注释 1 **四人**：郑玄说：“武王时，虢叔等有死者，余四人也。” **迪**：通“犹”，还。 **有禄**：活着。古代称死为无禄，生为有禄。 2 **暨**：与，和。 **诞**：大。**将**：奉行。3 **咸**：灭绝。**刘**：杀。4 **冒**：通“勖”，勉力。5 **丕**：语助词。**单**：尽。 **称**：称赞。 6 **其济**：谋求渡过。其，通“綦”，谋。济，渡水。 7 **小子**：周公谦称。 **同未**：即“恫昧”，无知。 8 **诞**：语首助词。 **收**：通“纠”，纠正。见《尚书易解》。9 **不及**：不够。10 **耇造德**：老成有德，指召公。造，成。**则**：法则。 11 **鸣鸟**：指凤凰。《白虎通》说：“凤凰者，禽之长也。上有明王，太平乃来，居广都之野。” 12 **矧**：何况。 **格**：嘉。谓格于上帝，蒙上文而省。13 **肆**：今。 **监**：看。 14 **告**：请，请求。 **猷裕**：教导。见《方言》。 **以**：使。

以上第三段，周公希望召公同心同德辅助成王。

原文

公曰：“前人敷乃心[1]，乃悉命汝[2]，作汝民极[3]。曰：‘汝明勖偶王[4]，在亶乘兹大命[5]，惟文王德丕承，无疆之恤[6]！’”

译文

周公说：“武王表明他的心意，详尽地告诉了您，要做老百姓的表率。武王说：‘您努力辅助成王，在于诚心承受这个大命，继承文王的功德，还会有无穷的忧患啊！’”

注释 1 **前人**：指武王。**敷**：布，表明。**乃**：其。2 **悉**：详尽。3 **极**：标准，表率。 4 **明勖**：都是努力的意思。 **偶**：通“耦”，辅助。《广雅》：“耦，侑也。” 5 **亶**：诚心。 **乘**：承受。 6 **恤**：忧患。

原文

公曰:“君!告汝,朕允保奭[1]。其汝克敬以予监于殷丧大否[2],肆念我天威[3]。予不允惟若兹诰[4],予惟曰:‘襄我二人,汝有合哉[5]?’言曰[6]:‘在时二人。’天休滋至[7],惟时二人弗戡[8]。其汝克敬德,明我俊民[9],在让后人于丕时[10]。

“呜呼!笃棐时二人,我式克至于今日休?[11]我咸成文王功于[12]!不怠丕冒[13],海隅出日,罔不率俾。[14]”

译文

周公说:“君奭!请求您,我所深信的太保奭。希望您能警惕地和我一起看到殷国丧亡的大祸,长久使我们不忘上天的惩罚。我不但这样告请,我还想说:‘除了我们二人,您有志同道合的人吗?’您会说:‘在于我们这两个人。’上天赐予的休美越来越多,仅仅是我们两人不能胜任了。希望您能够敬重贤德,提拔杰出的人才,最终帮助我们后人去承受它。

“啊!如果真的不是这两个人,我们还能达到今天的休美境地吗?我们共同来成就文王的功业吧!不懈怠地加倍努力,要使那海边日出的地方,没有人不顺从我们。”

注释 1 **允:**信任。 **保:**太保,召公担任太保的官。 2 **以:**与。 **否:**音pǐ。困穷,苦难。 3 **肆:**长。 **威:**罚。 4 **允:**语助词。 **惟:**只。 5 **襄:**除,见《尔雅·释言》。 **合:**合志。 6 **言曰:**周公代召公答复。 7 **滋:**益,更加。 8 **戡:**胜,胜任。 9 **明:**显,显用,选拔。 10 **在:**终。 **让:**通“襄”,帮助。 **时:**承受。 11 **笃:**信。 **棐:**不是。 **式:**语助词。 12 **我:**我辈。 **咸:**共同。 **于:**乎。《吕览·审应》:“然则先生圣于?”高注:“于,乎也。”见《尚书易解》。 13 **冒:**勉力。 14 **海隅:**海边。海边出日,指荒远的地方。 **俾:**顺从。《释诂》:“俾,从也。”

原文

公曰:“君!予不惠若兹多诰[1],予惟用闵于

译文

周公说:“君奭啊!我不这样多多劝告了,我们要忧虑天命和民心。”

天越民[2]。”

公曰:“呜呼!君!惟乃知民德亦罔不能厥初[3],惟其终。祗若兹[4],往敬用治[5]!”

周公说:“啊!君奭!您知道老百姓的行为,没有不善始的,要善其终啊!我们要依照这些,前往敬慎地施行治理啊!”

注释 1 **惠:**通“惟”。 2 **闵:**忧虑。 **越:**与,和。 3 **德:**行为。 **能:**善。 4 **若:**顺从。 **兹:**此。指上述的意见。 5 **用:**施行。《说文》云:“用,可施行也。”

以上第四段,周公勉励召公共同完成文王的功业。

蔡仲之命

导读

蔡仲,名胡,蔡叔的儿子。命,诰命。周武王逝世,周公旦摄政。周公的弟弟管叔和蔡叔在国都散布流言,毁谤周公。周公东征,杀了管叔;囚蔡叔于郭邻,至死不赦。蔡叔卒,成王命蔡叔的儿子蔡仲为蔡国之君,而用策书告诫他。史官记叙这件事,写成《蔡仲之命》。这是梅氏伪古文《尚书》之二十。

原文

惟周公位冢宰[1],正百工[2],群叔流言。乃致辟管叔于商[3];囚蔡叔于郭邻[4],以车七乘;降霍

译文

周公位居大宰、统帅百官的时候,几个弟弟对他散布流言。周公于是在商地,杀了管叔;囚禁了蔡叔,用车七辆把他送到郭邻;把霍叔降为庶人,三年不许录用。蔡仲能够

叔于庶人，三年不齿。蔡仲克庸祗德，周公以为卿士。叔卒，乃命诸王邦之蔡[5]。

经常重视德行，周公任用他为卿士。蔡叔死后，周公便告诉成王封蔡仲于蔡国。

注释 1 **冢宰**：周代官名，也叫大宰，是百官的首长。马融说："冢，大也，宰，治也。大治者，兼万事之名也。" 2 **正**：官长，统帅。这里用作动词。3 **致辟**：辟，法。致辟，行法，这里指杀戳。《蔡传》说："致辟云者，诛戮之也。" 4 **郭邻**：地名。《孔传》说："中国之外地名。" 5 **诸**：之于。 **邦**：封。

以上一段，是史官叙事的话。

原文

王若曰："小子胡！惟尔率德改行[1]，克慎厥猷[2]，肆予命尔侯于东土[3]，往即乃封，敬哉！尔尚盖前人之愆，惟忠惟孝。尔乃迈迹自身[4]，克勤无怠，以垂宪乃后。率乃祖文王之彝训[5]，无若尔考之违王命！

译文

成王这样说："年轻的姬胡！你遵循祖德改变你父亲的行为，能够谨守臣子之道，所以我任命你到东土去做诸侯。你前往你的封地，要敬慎呀！你当掩盖前人的罪过，思忠思孝。你要使自身迈步前进，能够勤劳不怠，用以留下模范给你的后代。你要遵循你祖父文王的常训，不要像你的父亲那样违背天命！

注释 1 **率德改行**：率，遵循。《孔传》说："言汝循祖之德，改父之行。" 2 **猷**：道。 3 **肆**：故。 **侯**：诸侯。这里是"做诸侯"的意思。 4 **乃**：其。《经传释词》说："乃，犹'其'也。" **迈迹**：迈步前进。 5 **彝**：常。

以上一段，是成王勉励蔡仲继续遵循祖德，迈步前进。

原文

"皇天无亲，惟德是辅；民心无常，惟惠之

译文

"皇天无亲无疏，只辅助有德的人；民心没有常主，只是怀念仁爱之主。做善事虽然怀。为善不同，同归于治；为恶不同，同归于乱。尔其戒哉！

"慎厥初，惟厥终，终以不困；不惟厥终，终以困穷。懋乃攸绩[1]，睦乃四邻，以蕃王室[2]，以和兄弟，康济小民[3]，率自中[4]，无作聪明乱旧章；详乃视听[5]，罔以侧言改厥度[6]。则予一人汝嘉。"

各不相同，都会达到安治；做恶事虽然各不相同，都会走向动乱。你要警戒呀！

"谨慎对待事物的开初，也要考虑它的终局，终局因此不会困窘；不考虑它的终局，终将困穷。勉力做你所行的事，和睦你的四邻，以保卫周王室，以和谐兄弟之邦，而使百姓安居成业。要循用中道，不要自作聪明扰乱旧章。要审慎你的视听，不要因片面之言改变法度。这样，我就会赞美你。"

注释　1 **懋**：勉。**乃**：你的。**攸**：所。**绩**：行。2 **蕃**：通"藩"，屏障，保卫。3 **康济**：康，安。济，成。4 **自**：用。**中**：中道，不偏不倚的正道。5 **详**：审察。6 **侧言**：片面的话。《蔡传》说："侧言，一偏之言也。"

以上一段，是成王劝勉蔡仲施行德政，遵守中道。

原文

王曰："呜呼！小子胡。汝往哉！无荒弃朕命[1]！"

译文

成王说："啊！年轻的姬胡。你去吧！不要废弃我的教导！"

注释　1 **荒弃**：废弃。《孔传》："无废弃我命。"

以上一段，是成王告诫蔡仲奉行诰命。

多　方

导读

这是周公代表成王告诫众诸侯国君臣的诰辞。方，就是国。多方，就是众国。周公归政成王后，淮夷和奄国又发动叛乱。成王亲自出征。召公为保，周公为师，讨伐淮夷，灭了奄国。成王自奄回到镐京，各国诸侯都来朝见，周公代替成王训话，史官记录这篇诰辞，名叫《多方》。西周初年，东方的淮夷和奄国再次叛乱，反映东、西方之间的矛盾很尖锐。本篇是研究周初统治东方各族的重要文献。

原文

惟五月丁亥，王来自奄，至于宗周[1]。

周公曰："王若曰[2]：猷告尔四国多方惟尔殷侯尹民[3]。我惟大降尔命[4]，尔罔不知。洪惟图天之命[5]，弗永寅念于祀[6]，惟帝降格于夏[7]。有夏诞厥逸[8]，不肯慼言于民[9]，乃大淫昏[10]，不克终日劝于帝之迪[11]，乃尔攸闻。厥图帝之命[12]，不克开于民之丽[13]，乃大降罚[14]，崇乱

译文

五月丁亥这天，成王从奄地回来，到了宗周。

周公说："成王这样说：告诉你们四国、各国诸侯以及你们众诸侯国治民的长官。我给你们大下教令，你们不可昏昏不闻。夏桀夸大天命，不常重视祭祀，上帝就对夏国降下了严正的命令。夏桀大肆逸乐，不肯恤问人民，竟然大行淫乱，不能一天力行上帝的教导，这些是你们所听说过的。夏桀夸大天命，不能明

有夏[15]。因甲于内乱[16]，不克灵承于旅[17]，罔丕惟进之恭[18]，洪舒于民[19]。亦惟有夏之民叨懫日钦[20]，劓割夏邑[21]，天惟时求民主，乃大降显休命于成汤[22]，刑殄有夏[23]。

白老百姓归附的道理，就大肆杀戮，大乱夏国。夏桀因习于让妇人治理政事，不能很好地顺从民众，无时不贪取财物，大害于人民。也由于夏民贪婪、忿戾的风气一天天盛行，残害了夏国。上天于是寻求人民之主，就大下光明美好的使命给成汤，命令成汤消灭夏国。

注释　1 **五月**:《孔传》说:“周公归政之明年，淮夷、奄又叛。鲁征淮夷，作《费誓》；王亲征奄，灭其国，五月还至镐京。” 2 **王若曰**:周公代替成王训话。若，这样。 3 **猷告**:告道。 **四国**:指管、蔡、商、奄四国。 **惟**:与，和。 **殷侯**:众位诸侯。 **尹民**:治民，指治民的官员。 4 **降**:下，下达。 **命**:教令。 5 **洪惟**:语首助词。 **图**:大，见《经传释词》。大天之命，谓夸大天命。阮刻本脱“图”字。 6 **寅**:敬。弗永寅念于祀，谓忽视民生。 7 **格**:通“詻”，教令。《玉篇》:“詻，教令严也。” 8 **诞**:大。 9 **感言**:恤问。 10 **淫昏**:淫乐昏乱。 11 **劝**:勉力。 **迪**:教导。 12 **图帝之命**:图，大。言夸大上帝之命。 13 **开**:明，明白。 **丽**:附。民之丽，老百姓归附的道理。 14 **大降罚**:大事杀戮。 15 **崇**:充，大。 16 **甲**:通“狎”，习。 **内乱**:女治，指夏桀信任妹喜。 17 **灵**:善。 **承**:顺从。 **旅**:众人。 18 **丕**:不。 **进**:通“賮”，财货。 **恭**:通“供”。《广雅·释诂》:“供，进也。” 19 **舒**:古文作“荼”，苦。这里指毒害。20 **叨**:贪婪。**懫**:音 zhì，忿戾。 **钦**:通“廞”，兴。 21 **劓割**:残害。 22 **显休**:光明美好。 23 **刑殄**:诛绝。

原文

“惟天不畀纯[1]，乃惟以尔多方之义民不克永于多享[2]；惟夏之恭多士大不克明保享于民[3]，乃胥惟虐于民[4]，至于百为，

译文

“上天不赐福给众位诸侯，就是因为那时各国首长不能常常劝导人民，夏国的官员太不懂得保护和劝导人民，竟然都对人民施行暴虐，至于各种工作都不能开展；就是因为成汤能由你们各国邦君的选择，

大不克开[5]。乃惟成汤克以尔多方简[6]，代夏作民主。

"慎厥丽，乃劝；[7]厥民刑，用劝；以至于帝乙[8]，罔不明德慎罚，亦克用劝；要囚殄戮多罪[9]，亦克用劝；开释无辜，亦克用劝。

"今至于尔辟[10]，弗克以尔多方享天之命[11]，呜呼！"

代替夏桀做了君主。

"他慎施教令，是劝勉；他惩罚罪人，也是劝勉；从成汤到帝乙，没有人不宣明德教，慎施刑罚，也能够用来劝勉；他们监禁、杀死重大罪犯，也能够用来劝勉；他们释放无罪的人，也能够用来劝勉。

"现在到了你们的君王，不能够和你们各国邦君享受上天的大命，很可悲啊！"

注释 1 **畀纯：**畀，与。"纯"与"屯"通，众。黄式三说。按众指多方之邦君和夏国的官员。2 **义民：**指邦君。**享：**劝导。3 **恭：**通"供"，供职。**保享：**保护劝导。4 **惟虐：**为虐。5 **开：**通，犹言开展。6 **多方：**多邦，诸侯。**简：**择，选择。7 **丽：**施行。指施行教令。**劝：**勉励。8 **帝乙：**纣之父。9 **要囚：**幽囚，囚禁。10 **辟：**君。尔辟，你们的君主，指纣。11 **以：**与，和。

以上第一段，分析夏亡汤兴，在于能否顺从天命教民保民。

原文

王若曰："诰告尔多方，非天庸释有夏[1]，非天庸释有殷。乃惟尔辟以尔多方大淫[2]，图天之命屑有辞[3]。乃惟有夏图厥政，不集于享[4]，天降时丧，有邦间之[5]。乃惟尔商后王逸厥逸，图厥政不蠲烝[6]，天惟降时丧。

译文

王这样说："告诉你们各位邦君，不是上天要舍弃夏国，也不是上天要舍弃殷国。就因为你们夏、殷的君王和你们各国诸侯大肆淫佚，夸大天命，安逸而又懈怠，就因为夏桀谋划政事，不在于劝勉，于是上天降下了这亡国大祸，诸侯成汤代替了他；就因为你们殷商的后王安于他们的逸乐生活，谋划政事不美好，于是上天降下这亡国大祸。

"圣人不思考就会变成狂人，狂人能够思考就能变成圣人。上帝用五年时间等待夏

“惟圣罔念作狂[7]，惟狂克念作圣。天惟五年须暇之子孙[8]，诞作民主[9]，罔可念听。天惟求尔多方，大动以威[10]，开厥顾天[11]。惟尔多方罔堪顾之。惟我周王灵承于旅[12]，克堪用德，惟典神天[13]。天惟式教我用休[14]，简畀殷命[15]，尹尔多方。

的子孙，让他们继续做万民之君主，没有人能够思考和听从天意。上帝又寻求你们众诸侯国，大降灾异，启发你们众国顾念天意，你们众国也没有人能顾念它。只有我们周王善于顺从民众，能用明德，善待神、天。上帝就改用休祥指导我们，表明授予伟大的使命，治理众国诸侯。

注释　1 **庸释**：舍弃。 2 **尔辟**：尔的君主。 **以**：和。 **多方**：指夏、殷各国诸侯。 3 **图**：大，夸大。 **屑**：通“泆”，安逸。 **有**：又。 **辞**：通“怠”，懈怠。 4 **集**：在，在于。 5 **间**：代替。 6 **蠲**：音 juān，清明。 **烝**：美好。 7 **圣**：明哲的人。 **作狂**：成为狂妄无知的人。 8 **五年**：孙星衍说：“此‘五年’，当从文王七年数至武王十一年伐纣也。” **须暇之子孙**：须，等待。暇，当从《诗·皇矣》正义引作“夏”。言等待夏的子孙。 9 **诞**：延，延续。 10 **大动以威**：郑玄注：“言天下灾异之威，动天下之心。” 11 **开**：启示。 12 **灵**：善于。 **承**：顺从。 **旅**：众人。 13 **典**：通“腆”，善。言善待神天。 14 **式**：按当读为“代”，更改，改变。 **教我用休**：以休祥指导我。 15 **简**：明，表明。 **畀**：给予。 **殷命**：大命。《广雅·释诂》：“殷，大也。”

原文

“今我曷敢多诰[1]，我惟大降尔四国民命[2]。尔曷不忱裕之于尔多方[3]？尔曷不夹介，乂我周王享天之命？[4]今尔尚宅尔宅[5]，畋尔田[6]，尔曷不惠王熙天之命[7]？

译文

“现在我怎么敢重复告诫而已，我当特别发布给你们四国臣民的教令。你们为什么不劝导各国臣民？你们为什么不帮助善良，助我周王共享天命呢？现在你们还住在你们的住处，整治你们的田地，你们为什么不顺从周王宣扬上帝的大命呢？

“你们竟然屡次教导还不安定，你们

"尔乃迪屡不静[8],尔心未爱[9]。尔乃不大宅天命[10],尔乃屑播天命[11],尔乃自作不典[12],图忱于正[13]。我惟时其教告之,我惟时其战要囚之[14],至于再,至于三。[15]乃有不用我降尔命,我乃其大罚殛之[16]!非我有周秉德不康宁,乃惟尔自速辜[17]!"

内心不顺。你们竟然不考虑天命,你们竟然完全抛弃天命,你们竟然自作不法,图谋攻击长官。我因此教导过你们,我因此讨伐你们,囚禁你们,至于再,至于三。假如还有人不服从我发布给你们的命令,那么我就要重重惩罚他们!这不是我们周国执行德教不安静,只是你们自己招致了罪过!"

注释　1 **曷敢:**何敢。《孔传》说:"今我何敢多诰汝而已。" 2 **降尔四国民命:**降命于尔四国之民。 3 **忱裕:**告导,劝导。 4 **夹介:**夹,辅。介,善。**乂:**与"艾"通,辅助。《释诂》:"艾,相也。" 5 **尚:**还。**宅尔宅:**前一"宅"字,是动词,居住。 6 **畋:**整治。 7 **惠:**顺从。**熙:**光,宣扬。 8 **乃:**竟。**迪:**教导。**屡:**屡次。 9 **爱:**顺。 10 **宅:**度,考虑。 11 **屑:**通"悉",皆,尽。**播:**弃。 12 **不典:**不法。 13 **图:**图谋。**忱:**通"殳",攻击。《说文》:"殳,下击上也。"章太炎说。**正:**长。 14 **要囚:**幽囚。 15 **至于再,至于三:**《孔传》说:"再,谓三监、淮夷叛时。三,谓成王即政又叛。" 16 **殛:**诛。 17 **速:**召,招致。**辜:**罪。

以上第二段,说明周王顺从天命统治多方,又告诫四国臣民要服从教命。

原文

王曰:"呜呼!猷告尔有方多士暨殷多士[1]。今尔奔走臣我监五祀[2],越惟有胥伯小大多正[3],尔罔不克臬[4]。

译文

王说:"告诉你们各国官员和殷国的官员,到现在你们奔走效劳臣服我侯国已经五年了,所有的徭役赋税和大大小小的政事,你们没有不能遵守法规的。

"自己造成了不和睦,你们也应该和

“自作不和，尔惟和哉！尔室不睦，尔惟和哉！尔邑克明[5]，尔惟克勤乃事。尔尚不忌于凶德[6]，亦则以穆穆在乃位[7]，克阅于乃邑谋介[8]。

“尔乃自时洛邑[9]，尚永力畋尔田，天惟畀矜尔[10]。我有周惟其大介赉尔[11]，迪简在王庭[12]，尚尔事[13]，有服在大僚[14]。”

睦起来！你们的家庭不和睦，你们也应该和睦起来！你们的城邑能够清明，你们算是能够勤于你们的职事。你们或许不被坏人教唆，也就可以好好地处在你们的位置上，能够留在你们的城邑里谋求美好的生活。

“你们如果用这个洛邑，还长久尽力耕作你们的田地，上天会怜悯你们。我们周国会大大地赏赐你们，把你们引进选拔到朝廷来；努力做好你们的职事，又将让你们担任重要官职。”

注释　1 **猷：**与“告”同义。《方言》：“猷，道也。” **暨：**和。 2 **监：**侯国。此指卫康叔。 **五祀：**五年。从周公摄政三年灭奄起至成王元年，正好五年。 3 **胥：**徭役。 **伯：**《尚书大传》作“赋”，赋税。 **正：**通“政”，政事。 4 **臬：**法，守法。 5 **明：**清明。 6 **忌：**通“惎”，《小尔雅》：“惎，教也。” 7 **穆穆：**恭敬。 8 **阅：**容。见《礼记·表记》注。 **介：**善。 9 **乃：**若。 **时：**这个。 10 **畀：**赐予。 **矜：**怜悯。 11 **大介：**大而好。介，善。 **赉：**音 lài，赐，赏赐。 12 **迪：**进。 **简：**选择。 13 **尚尔事：**努力做你的工作。尚，努力。《公羊传·襄公二十九年》注：“尚，犹努力也。”本戴钧衡说。 14 **服：**职务。 **僚：**官。

原文

王曰：“呜呼！多士，尔不克劝忱我命[1]，尔亦则惟不克享[2]，凡民惟曰不享。尔乃惟逸惟颇[3]，大远王命，则惟尔多方探天之威[4]，我则致天之罚[5]，离逖尔土[6]。”

译文

王说：“啊！官员们，如果你们不能努力信从我的教命，你们也就不能享有禄位，老百姓也将认为你们不能享有禄位。你们如果放荡邪恶，大弃王命，那就是你们众国试探上天的威严，我就要施行上天的惩罚，使你们离开你们的土地。”

王曰："我不惟多诰[7]，我惟祗告尔命。"

又曰："时惟尔初[8]！不克敬于和[9]，则无我怨。"

王说："我不想重复地说了，我只是认真地把天命告诉你们。"

王又说："好好地谋划你们的开始吧！若不能恭敬与和睦，那么你们就不要怨我了。"

注释 1 **劝**:勉力。**忱**:相信。2 **享**:享受禄位。3 **逸**:放荡。**颇**:邪恶。4 **探**:试。见《尔雅·释言》。**威**:威严。5 **致**:行，施行。6 **逖**:远。7 **惟**:思。8 **时**:善。**惟**:谋划。9 **于**:与，和。

以上第三段，勉励多士听从天命，和睦相处，努力工作。

立 政

导读

本篇是周公晚年告诫成王建立官制的诰辞。立政是什么意思呢？清代王引之《经义述闻》卷三说："'政'与'正'同。正，长也。立政，谓建立长官也。篇内所言皆官人之道，故以立政名篇。"这是立政的正确解释。《史记·鲁世家》说："成王在丰，天下已安。周之官政未次序，于是周公作《周官》，官别其宜。作《立政》以便百姓，百姓悦。"可见这篇诰辞的作用很重大，它促进了周王朝的安定和发展。本篇是研究周代官制的重要文献。

原文

周公若曰："拜手稽首[1]，告嗣天子王矣。"用咸戒于王

译文

周公这样说："跪拜叩头，报告继承天子的王。"周公率群臣共同劝诫成

曰王左右常伯[2]、常任[3]、准人[4]、缀衣[5]、虎贲[6]。

王与王左右常伯、常任、准人、缀衣和虎贲。

注释　1 **拜手稽首:**古代最恭敬的拜跪礼。 2 **咸:**同。 **曰:**通“越”,与也。连词。 **常伯:**治民的官,就是下文的牧和牧人。 3 **常任:**治事的官,就是下文的事和任人。 4 **准人:**执法的官,就是下文的准。 5 **缀衣:**掌管国王衣服的官。 6 **虎贲:**守卫王宫的武官。贲,音 bēn。

原文

周公曰:“呜呼!休兹知恤,鲜哉![1]古之人迪惟有夏[2],乃有室大竞[3],吁俊尊上帝迪[4],知忱恂于九德之行[5]。乃敢告教厥后曰[6]:‘拜手稽首后矣[7]!’曰:‘宅乃事[8],宅乃牧[9],宅乃准[10],兹惟后矣。谋面[11],用丕训德[12],则乃宅人[13],兹乃三宅无义民[14]。’

译文

周公说:“啊!美好的时候就知道忧虑的人,很少啊!古代的人只有夏禹,他的卿大夫很强,夏王还呼吁他们长久地尊重上帝的教导,使他们知道诚实地相信九德的准则。夏的大臣于是敢于告诉他们的君王道:‘跪拜叩头了,君王啊!’夏臣说:‘考察你的常任、常伯、准人,这样,才称得上君王啊!以貌取人,不依循德行,假若这样考察人,你们的三宅就没有贤人了。’

注释　1 **休:**美好。 **兹:**则,连词。见《词诠》。 **恤:**忧。王先谦说:“周初文言休恤相对成义,《召诰》无疆惟休,亦无疆惟恤,及此可证也。” **鲜:**音 xiǎn,,少。 2 **迪:**语气助词。 **夏:**夏禹。 3 **乃:**其,他们的。 **有室:**指卿大夫。 **竞:**强。 4 **吁:**呼吁。 **俊:**通“骏”,长。 **迪:**教导。 5 **忱恂:**诚信。**九德:**九种德行。见《书·皋陶谟》。 6 **后:**君王。 7 **拜手稽首后矣:**夏臣向夏君行拜跪大礼。 8 **宅:**度量,考察。 **事:**就是常任。 9 **牧:**就是常伯。10 **准:**就是准人。 11 **谋面:**以貌取人。 12 **丕训:**不顺,不依从。 13 **则:**若。见《词诠》。 **乃:**如此,这样。 **宅人:**考虑人。 14 **三宅:**就是宅事、宅牧、宅准。 **义:**贤。

原文

"桀德[1],惟乃弗作往任[2],是惟暴德[3],罔后[4]。

"亦越成汤陟[5],丕釐上帝之耿命[6],乃用三有宅[7],克即宅[8],曰三有俊[9],克即俊。严惟丕式[10],克用三宅三俊,其在商邑[11],用协于厥邑[12],其在四方,用丕式见德[13]。

译文

"夏桀登上帝位,他不用往日任用官员的法则,于是只用些暴虐的人,终于无后。

"到了成汤登上帝位,大受上帝的明命,他选用事、牧、准三宅的官,都能就三宅的职位,选用三宅的属官,也能就其属官之位。他敬念上帝选用官员的大法,能够任用各级官员,他在商都,用这些官员和协都城的臣民,他在天下四方,用这种大法显扬他的圣德。

注释　1 **德:**升于帝位。《说文》:"德,升也。" 2 **作:**用。 **往任:**往日任人的法则。 3 **是:**于是。 **惟:**只。 **暴德:**凶德。 4 **罔后:**无后,指亡国。 5 **越:**及,到了。 **陟:**升,升帝位。 6 **釐:**音 xī,受福,引申为"受"。 **耿:**明。 7 **乃:**其。三**有宅:**三宅。有,助词。三宅,指上文的事、牧、准。8 **克即宅:**即,就。《蔡传》说:"言汤所用三宅,实能就是位而不旷其职。" 9 **曰:**通"越",与。 三**有俊:**孙诒让说:"当即三宅之属官。盖三宅各有正长,有属吏,三宅之属吏皆用贤俊,故谓之三有俊。" 10 **严惟:**敬念。 **丕式:**大法。指上帝用人的大法。 11 **商邑:**指商都。 12 **协:**和洽。 13 **见:**同"现",显。

原文

"呜呼!其在受德[1],暋惟羞刑暴德之人[2],同于厥邦;乃惟庶习逸德之人[3],同于厥政。帝钦罚之[4],乃伻我有夏[5],式商受命[6],奄甸万姓[7]。

译文

"啊!在商王纣登上帝位,强行把罪人和暴虐的人聚集在他的国家里;竟然用众多亲幸和失德的人,共同治理他的政事。上帝重重地惩罚他,就使我们周王代替商纣王接受上天的大命,安抚治理天下万民。

注释 1 **受:**纣王名。 **德:**升,升于帝位。 2 **暋:**音 mín,强。见《尔雅·释诂》。 **羞刑:**被法律所羞辱的人,指触犯法律的罪人。刑,法。 3 **庶:**众多。 **习:**指近习,即左右亲幸。《韩非子 · 五蠹》:“今世近习之请行。” 4 **钦:**孙星衍说:“犹‘重’也。” 5 **伻:**使。 **有夏:**周人自称为夏。《康诰》:“用肇造我区夏。” 6 **式:**读为“代”,代替。曾运乾说。 7 **奄:**安抚。 **甸:**治理。 **万姓:**万民。

以上第一段,分析夏商两代设官的得失,在于是否任用贤人。

原文

“亦越文王、武王,克知三有宅心[1],灼见三有俊心[2],以敬事上帝,立民长伯[3]。立政[4]:任人、准夫、牧作三事[5];虎贲、缀衣、趣马[6],小尹[7],左右携仆[8]、百司庶府[9];大都小伯[10]、艺人[11]、表臣百司[12];太史[13]、尹伯[14]、庶常吉士[15];司徒、司马、司空[16]、亚旅[17];夷、微、卢烝[18];三亳阪尹[19]。

译文

“到了文王、武王,他们能够知道三宅的思想,还能清楚地看到三宅部属的思想,用敬奉上帝的诚心,为老百姓建立官长。设立的官职是:任人、准夫、牧作为三事;有虎贲、缀衣、趣马、小尹、左右携仆以及百司庶府;有大小邦国的君主、艺人,外臣百官;有太史、尹伯;他们都是祥善的人。诸侯国的官员有司徒、司马、司空、亚旅;设立夷、微、卢各国的君主;还设立了商和夏的旧都管理官员。

注释 1 **克知三有宅心:**能知事、牧、准三宅的心。 2 **灼:**明。 3 **长伯:**官长。 4 **立政:**建立官长。王引之说:“‘政’‘正’通,官之长也……谓建官也。” 5 **作:**为。 6 **趣马:**负责养马的官。 7 **小尹:**趣马的属官。 8 **左右携仆:**君王的近侍官员。 9 **百司庶府:**司和府都是官名。《礼记 · 曲礼》有司土、司木、司水、司草、司器、司货等名;《周礼》有太府、王府、内府、外府、泉府、天府等官。 10 **大都小伯:**大都小都的官长。曾运乾说:“伯,长也。大都言都不言伯,小都言伯不言都,互文见意也。” 11 **艺人:**征收赋税的官。曾运乾说。 12 **表臣百司:**外臣百官。表,外。 13 **太史:**史官之长。

14 **尹伯**:官长,各官之长。 15 **常**:祥。 **吉**:善。 16 **司徒、司马、司空**:就是三卿。 17 **亚旅**:大夫。 18 **夷**:东方的国家。 **微**:南方的国家。 **卢**:西方的国家。 **烝**:君长。 19 **三亳**:南亳、西亳、北亳,都是殷商的故都。 **阪**:夏的故都。 **尹**:官长。王船山说:"三亳者,殷之故都也。阪者,安邑之阪,夏之故都也。武王初定天下,于二代之墟立王官以尹之,所以安辑之也。"见《尚书稗疏》卷四。

原文

"文王惟克厥宅心[1],乃克立兹常事司牧人[2]。以克俊有德[3]。文王罔攸兼于庶言[4];庶狱庶慎[5],惟有司之牧夫是训用违[6];庶狱庶慎,文王罔敢知于兹[7]。亦越武王,率惟敉功[8],不敢替厥义德[9],率惟谋从容德[10],以并受此丕丕基[11]。"

译文

"文王因能够知道三宅的思想,就能设立这些常事、司牧官员,而且能够是俊彦有德的。文王不兼管各种教令。各种狱讼案件和各种敕戒,用和不用只顺从主管官员和牧民的人;对于各种狱讼案件和各种敕戒,文王不敢过问这些。到了武王,完成了文王的事业,不敢放弃文王的善德,谋求顺从文王宽容的美德,因此,文王和武王共同接受了这伟大的王业。

注释 1 **惟克厥宅心**:就是"惟克知厥宅心",承上文而省。 2 **常事司牧人**:指上述各官员。 3 **以**:而。 **俊**:俊彦。 4 **兼**:兼包。 **庶言**:教令。 5 **庶狱**:各种狱讼案件。 **庶慎**:各种敕戒的事。《广雅·释诂》:"慎,敕也。" 6 **之**:和。 **用违**:用与不用,用否。7 **敢**:表敬副词。8 **率惟**:语气助词。 **敉**:终,完成。 **功**:事业。指文王的事业。 9 **替**:废弃。 **义德**:善德。《诗》传:"义,善也。" 10 **容德**:宽容的美德。11 **并**:同,共同。指文王武王共同。 **丕丕**:大而又大。 **基**:事业。

以上第二段,说明文王武王时的官制和对待官员的常法。

原文

“呜呼！孺子王矣[1]！继自今我其立政，立事[2]、准人、牧夫，我其克灼知厥若[3]，丕乃俾乱[4]。相我受民[5]，和我庶狱庶慎[6]，时则勿有间之[7]。自一话一言[8]，我则末惟成德之彦[9]，以乂我受民。

“呜呼！予旦已受人之徽言咸告孺子王矣[10]。继自今文子文孙[11]，其勿误于庶狱庶慎，惟正是乂之[12]。

译文

“啊！您现在已是君王了。从今以后，我们要设立官员，设立事、准人、牧夫，我们要能明白了解他们的优点，才能让他们治理政事。管理我们所接受的人民，平治我们各种狱讼和各种敕戒的事务，这些事务我们不可代替。虽然一话一言，我们终要谋于贤德的人，来治理我们的老百姓。

“啊！我姬旦把前人的美言全都告诉君王了。从今以后，继承的贤子贤孙，可不要在各种狱讼和各种敕戒上耽误，这些事只让主管官员去治理。

注释 1 **孺子:**指成王。 2 **事:**就是常任。 3 **若:**善。 4 **丕:**语气助词。**俾:**使。 **乱:**治理。 5 **相:**治理。 **受民:**接受上天和祖先所赐予的民众。6 **和:**平治。 7 **时:**这些事。 **间:**代替。《孔传》说:“如是则勿有以代之。”8 **自:**虽。见《词诠》。 9 **末:**终。 **惟:**谋，谋于。 **彦:**俊彦，美士。成德之彦，盛德的人。 10 **旦:**周公名。 **已受:**《汉石经》作“以前”，当从之。“已”和“以”古代通用，“受”和“前”形近而误。 **徽言:**美言。 11 **文子文孙:**善子善孙，贤子贤孙。《礼记·乐记》注:“文，善也。”黄式三说。12 **正:**长官，指治狱的官。

原文

“自古商人亦越我周文王立政，立事、牧夫、准人，则克宅之，克由绎之[1]，兹乃俾乂[2]，国则罔有[3]。立政用憸

译文

“从古时的商代先王到我们的周文王设立官员，设立事、牧夫、准人，就是能够考察他们，能够扶持他们，这样才让他们治理，国事就没有失误。假如设立官员，任用贪利奸佞的人，不依循于德行，于是君王终世都会

人[4]，不训于德[5]，是罔显在厥世[6]。继自今立政，其勿以憸人，其惟吉士，用劢相我国家[7]。

“今文子文孙、孺子王矣！其勿误于庶狱，惟有司之牧夫[8]。其克诘尔戎兵以陟禹之迹[9]，方行天下[10]，至于海表[11]，罔有不服。以觐文王之耿光[12]，以扬武王之大烈[13]。呜呼！继自今后王立政，其惟克用常人[14]。”

没有光彩。从今以后设立官员，可不要任用贪利奸佞的小人，要任用善良贤能的人，用来努力治理我们的国家。

“现在，贤明的子孙，您已做君王了！可不要在各种狱讼案件上耽误，只让主管官员和牧夫去治理。您要能够治理好军队，步着大禹的足迹，遍行天下，直至海外，没有人不服从。以此显扬文王的光辉，继续武王的大业。啊！从今以后，继位君王设立官员，要能够任用常人。”

注释 1 **由绎**：疑即诱掖，同音通用。《诗·衡门》序“诱掖其君”，郑笺：“扶持也。”见《尚书易解》。 2 **俾**：使。 **乂**：治理。 3 **罔有**：这里当断句。罔尤，无过。“尤”和“有”同声通用。罔尤，卜辞作“亡尤”，是殷周时代的常语。见《尚书易解》。 4 **憸人**：贪利奸佞的人。俭，音 xiān。 5 **训**：顺。 6 **是**：于是。 **在**：终。见《尔雅·释诂》。7 **劢**：音 mài，勉力，见《说文》。 **相**：治理。 8 **惟有司之牧夫**：就是“惟有司和牧夫是乂”，因语急而省略。之，和。连词。 9 **诘**：治理。 **戎兵**：指军队。 **陟禹之迹**：步禹之迹。禹平水土，足迹遍于天下。步禹之迹。是指统一天下。 10 **方行**：遍行。 11 **海表**：海外。 12 **觐**：见，指显扬。 **耿**：明。 13 **扬**：续。 **烈**：业。 14 **常人**：吉士。“常”与“祥”通，祥，善。

原文

周公若曰：“太史！司寇苏公式敬尔由狱[1]，以长我王国[2]。兹式有慎[3]，以列用中罚[4]。”

译文

周公这样说：“太史！司寇苏公规定要认真地处理狱讼案件，使我们的王国长治久安。现在规定更要敬慎，依据常例，使用中罚。”

注释 1 **司寇**:官名,掌管刑罚。 **苏公**:苏忿生。《左传·成公十一年》说:"苏忿生以温为司寇。" 杜预注:"苏忿生,周武王司寇苏公也。" **式**:法,这里用作动词,规定,法定。 **尔**:语气助词。 **由**:用。 2 **长**:延长。 3 **有**:又,更。 4 **列**:今"例"字。以例用中罚,依据条例使用中罚。《周礼》"刑平国用中典",郑注:"平国,承平守成之国。用中典者,常行之法。"

以上第三段,告诫成王任用贤人实行中刑,力图统一天下。

周 官

导读

周成王灭了淮夷,回到王都丰邑,向群臣说明周家设官分职用人的法则。史官记叙这件事,写成《周官》。这是梅氏伪古文《尚书》之二十一。

原文

惟周王抚万邦,巡侯甸[1],四征弗庭[2],绥厥兆民。六服群辟罔不承德[3],归于宗周[4],董正治官[5]。

译文

周成王安抚万国,巡视侯服、甸服等诸侯,四方征讨不来朝见的诸侯,以安定天下的老百姓。六服的诸侯,无人不奉承他的德教。成王回到王都丰邑,又督导整顿治事的官员。

注释 1 **侯甸**:侯服、甸服的诸侯国,这里泛指各诸侯国。 2 **弗庭**:庭,通"廷",朝廷。这里用作动词,朝见的意思。弗庭,不来朝见,指背叛的诸侯。3 **六服**:周代把王都周围的土地分为侯、甸、男、采、卫、蛮六种服役地带。4 **宗周**:指丰邑。 5 **董正**:董,督。此谓督导。正,治理。《吕览·顺民》注:

“正，治也。”董正，督导整顿。

以上第一段，是史官记事的话。

原文

王曰：“若昔大猷[1]，制治于未乱，保邦于未危。曰唐虞稽古，建官惟百。内有百揆四岳[2]，外有州牧侯伯。庶政惟和，万国咸宁。夏商官倍，亦克用乂。明王立政[3]，不惟其官，惟其人。今予小子祗勤于德，夙夜不逮。仰惟前代时若[4]，训迪厥官[5]。

“立太师、太傅、太保[6]，兹惟三公。论道经邦，燮理阴阳[7]，官不必备，惟其人。

“少师、少傅、少保，曰三孤。贰公弘化[8]，寅亮天地[9]，弼予一人[10]。

译文

成王说：“顺从往日的大法，要在未乱的时候制定政教，在未危的时候安定国家。尧舜稽考古代制度，建立官职一百。内有百揆和四岳，外有州牧和侯伯。各种政策适合，天下万国都安宁。夏代和商代，官数增加一倍，也能用来治理。明王设立官员，不考虑他的官员之多，而考虑要得到贤人。现在我小子恭勤施行德政，起早睡晚只怕来不及。仰思顺从前代，指导我们的官制。

“设立太师、太傅、大保，这是三公。他们讲明治道，治理国家，调和阴阳。三公的官不必齐备，要考虑适当的人。

“设立少师、少傅、少保，叫做三孤。他们协助三公弘扬教化，敬明天地的事，辅助我一人。

注释　1 **若昔：**若，顺从。昔，往日。 **猷：**道，法。 2 **百揆：**官名，总理百官之职。《孔疏》说：“揆度百事，为群官之首。” **四岳：**尧舜时四方部落首领。 3 **立政：**设立官长。 4 **时：**是。 **若：**顺从。 5 **训迪：**迪，导。《尔雅·释诂》：“迪，道也。”训迪，犹言指导。 6 **太师、太傅、太保：**三种辅助天子的大官。《孔传》说：“师，天子所师法。傅，傅相天子。保，保安天子于德义者。” 7 **燮：**和。 **阴阳：**世间一切正反现象，古代叫阴阳。 8 **贰：**副职，协助。 9 **寅亮：**寅，敬。亮，明。 10 **弼：**辅助。

原文

“冢宰掌邦治[1]，统百官，均四海[2]。司徒掌邦教，敷五典[3]，扰兆民[4]。宗伯掌邦礼，治神人，和上下。司马掌邦政，统六师，平邦国[5]。司寇掌邦禁，诘奸慝[6]，刑暴乱。司空掌邦土，居四民，时地利[7]。六卿分职，各率其属，以倡九牧，阜成兆民[8]。

“六年，五服一朝[9]。又六年，王乃时巡，考制度于四岳[10]。诸侯各朝于方岳，大明黜陟[11]。”

译文

“冢宰主管国家的治理，统帅百官，调剂四海。司徒主管国家的教育，传布五常的教训，使万民和顺。宗伯主管国家的典礼，治理神和人的感通，调和上下尊卑的关系。司马主管国家的军政，统率六师，平服邦国。司寇主管国家的法禁，治理奸恶的人，刑杀暴乱之徒。司空主管国家的土地，安置士农工商，依时发展地利。六卿分管职事，各自统率他的属官，以倡导九州之牧，大力安定兆民。

“六年，五服诸侯来朝见一次。又隔六年，王便依时巡视，到四岳校正制度。诸侯各在所属的方岳来朝见，王对诸侯普遍讲明升降赏罚。”

注释　1 **冢宰**：冢，大。宰，治。冢宰，又叫大宰，百官的首长。 2 **均**：调节。 3 **五典**：即父义、母慈、兄友、弟恭、子孝五种常法，又叫五常、五教。 4 **扰**：安。郑玄说：“扰亦安也。” 5 **平**：治理，平服。 6 **诘**：治。 **奸慝**：邪恶不正的人。慝，音 tè。 7 **时**：依时。时地利，依时节以兴地利。 8 **阜成**：阜，大。成，定。阜成，大力安定。 9 **五服**：侯服、甸服、男服、采服、卫服。见《孔传》。 10 **四岳**：东岳、西岳、南岳、北岳。 11 **黜陟**：黜，降。陟，升。

以上第二段，说明建官的体制。

原文

王曰：“呜呼！凡我有官君子，钦乃攸司。慎乃出令。令出惟行，

译文

成王说：“啊！凡我的各级官长，要认真对待你们所管理的工作，慎重对待你们发布的命令。命令发出了就要实行，不要违抗。

弗惟反。以公灭私，民其允怀。学古入官，议事以制，政乃不迷。其尔典常作之师[1]，无以利口乱厥官[2]。蓄疑败谋，怠忽荒政。不学墙面[3]，莅事惟烦。

“戒尔卿士[4]：功崇惟志，业广惟勤。惟克果断，乃罔后艰。位不期骄[5]，禄不期侈，恭俭惟德！无载尔伪，作德心逸日休，作伪心劳日拙。居宠思危，罔不惟畏，弗畏入畏[6]，推贤让能，庶官乃和，不和政厖[7]。举能其官[8]，惟尔之能；称匪其人，惟尔不任。”

用公正消除私情，人民将会信任归服。先学古代治法再入仕途，议论政事依据法制，政事就不会错误。你们要用周家常法作为法则，不要以巧言干扰你的官员。蓄疑不决，必定败坏计谋，怠惰忽略，必定废弃政事。不学习好像向墙站着，临事就会烦乱。

“告诉你们各位卿士：功高由于有志，业大由于勤劳。能够果敢决断，就没有后来的艰难。居官不当骄傲，享禄不当奢侈，恭和俭是美德啊！不要行使诈伪，行德就心逸而日美，作伪就心劳而日拙。处于尊宠要想到危辱，无事不当敬畏，不知敬畏，就会进入可畏的境地。推举贤明而让能者，众官就会和谐；众官不和，政事就杂乱了。推举能者在其官位，是你们的贤能；所举不是那种人，是你们不能胜任。”

注释　1 **“其尔”句**：《孔传》说：“其汝为政，当以旧典常故事为师法。” 2 **利口**：巧言，辩言。 3 **不学墙面**：《孔疏》说：“人而不学如面向墙，无所睹见。” 4 **卿士**：执政大臣。 5 **位不期骄**：期，当。训见《大禹谟》孔传。此言居官位不当骄傲。 6 **弗畏入畏**：不畏就会进入可畏的困境。 7 **厖**：音máng，通“庬”，杂乱。《孔传》：“厖，乱也。” 8 **举能其官**：《孔传》说：“所举能修其官，惟亦汝之功能。”

以上第三段，说明居官为政的法则。

原文

王曰："呜呼！三事暨大夫[1]，敬尔有官，乱尔有政[2]，以佑乃辟[3]，永康兆民；万邦惟无斁[4]。"

译文

成王说："啊！事和大夫们：认真对待你们的官职，治理你们的政事，来辅助你们的君主，使广大百姓长远安宁；天下万国就不会厌弃我们了。"

注释 1 **三事：**指任人、准夫、牧三位高级官员。 2 **乱：**治理。 3 **辟：**君主。 4 **斁：**音 yì，厌弃。

以上第四段，告诫群臣敬恭职守，治理政事。

君 陈

导读

君陈，《孔传》说："臣名也。"郑玄《礼记·坊记》注说："盖周公之子，伯禽弟也。"未知谁是。周公把殷商遗民迁到成周，亲自监督。周公去世，成王命令他的臣子君陈代替周公治理成周，并用策书教导君陈。史官记录这一策书，名叫《君陈》。这是梅氏伪古文《尚书》之二十二。

原文

王若曰："君陈！惟尔令德孝恭。惟孝友于兄弟，克施有政[1]。命汝尹兹东郊[2]，敬哉！昔周公师保万民，民怀其德。

译文

成王这样说："君陈！你有孝顺恭敬的美德。因为你孝顺父母，又友爱兄弟，就能够移来从政了。我命令你治理东郊成周，你要敬慎呀！从前周公做万民的师保，人民怀念他的美德。你前往，要慎重对待你的职往慎乃司！兹率厥常，懋[3]昭周公之训，惟民其乂[4]。

务！现在遵循周公的常道，勉力宣扬周公的教导，人民就会安定。

注释 1 **施**：移，见《史记》如淳注。孔子曰："居家理，故治可移于官。" 2 **东郊**：指王都洛邑的东郊，即成周。 3 **懋**：音 mào，勉力。

以上第一段，命令君陈治理成周，勉力宣扬周公之训。

原文

"我闻曰：至治馨香[1]，感于神明；黍稷非馨，明德惟馨。[2]尔尚式时周公之猷训[3]，惟日孜孜，无敢逸豫！凡人未见圣，若不克见；既见圣，亦不克由圣。尔其戒哉！尔惟风，下民惟草。图厥政，莫或不艰[4]；有废有兴，出入自尔师虞[5]，庶言同则绎[6]。尔有嘉谋嘉猷[7]，则入告尔后于内，尔乃顺之于外，曰：'斯谋斯猷，惟我后之德。'呜呼！臣人咸若时，惟良显哉！"

译文

"我听说：至治之世的馨香，感动神明；黍稷的香气，不是远闻的香气，明德才是远闻的香气。你要履行这一周公的教训，日日孜孜不倦，不要安逸享乐！凡人未见到圣道，好像不能见到一样，盼望见到；已经见到圣道，又不能遵行圣人的教导；你要戒惧呀！你是风，百姓是草，草随风而动啊！谋划殷民的政事，无有不难的；有废除，有兴办，要反复同众人商讨，大家议论相同，才能施行。你有好谋好言，就要进入宫内告诉你的君主，你于是在外面顺从君主，并且说：'这样的好谋，这样的好言，是我们君主的美德。'啊！臣下都像这样，就良好啊！"

注释 1 **馨**：远闻的香气。《诗·大雅·凫鹥》传："馨，香之远闻也。" 2 **"至治"四句**：《蔡传》说："'至治馨香'以下四语，所谓周公之训也。" 3 **式**：用，行。 4 **莫或不艰**：莫，无。或，有。不艰，不难的事。 5 **出入**：反复的意思。 **师**：众人。 **虞**：度，商度。 6 **绎**：陈，这里作施行解。 7 **嘉猷**：《尔雅·释言》说："猷，言也。"

以上第二段，告诫君陈施行德政，并且不要专断。

原文

王曰："君陈！尔惟弘周公丕训！无依势作威，无倚法以削。宽而有制，从容以和。殷民在辟[1]，予曰辟，尔惟勿辟；予曰宥，尔惟勿宥；惟厥中。有弗若于汝政，弗化于汝训，辟以止辟[2]，乃辟。狃于奸宄，败常乱俗，三细不宥[3]。尔无忿疾于顽[4]，无求备于一夫。必有忍，其乃有济[5]；有容，德乃大。简厥修[6]，亦简其或不修；进厥良，以率其或不良[7]。

"惟民生厚[8]，因物有迁；违上所命，从厥攸好。尔克敬典在德[9]，时乃罔不变。允升于大猷[10]，惟予一人膺受多福，其尔之休，终有辞于永世[11]。"

译文

成王说："君陈！你当宏扬周公的大训！不要倚势造作威恶，不要倚法侵害人民。要宽大而有法制，从容而又和谐。殷民有陷入刑法的，我说处罚，你不要处罚；我说赦免，你也不要赦免；要考虑刑法的适中。有人不顺从你的政事，不接受你的教训，处罚可以制止别人犯法，才处罚。惯于奸宄犯法，破坏常法，败坏风俗，这三项中的小罪，也不宽宥。你不要忿恨愚钝无知的人，不要对一人求全责备。一定要有所忍耐，那才能有成；有所宽容，德才算是大。鉴别善良的，也鉴别有不善良的；进用那些贤良的人，来勉励那些有所不良的人。

"民性敦厚，又依外物而有改移；往往违背上级的教命，顺从上级的喜好。你能够敬重常法和省察自己的德行，这些人就不会不变。真的升到大顺的境地，我将享受大福，你的美名，终将永远被人赞扬。"

注释 1 **辟**：刑法，处罚。 2 **辟以止辟**：《孔疏》说："刑罚一人可以止息后犯者。" 3 **三细**：三，指奸宄、败常、乱俗三种罪行。三细，是说三种罪行中的细罪。 4 **顽**：愚钝。《广雅·释诂》："顽，愚也，钝也。" 5 **济**：成。 6 **简**：鉴别。 **修**：善良。《文选·思玄赋》旧注："修，善也。" 7 **率**：励，勉励。

8 **生:**通性。 9 **敬典在德:**典,常法。在,省察。《尔雅·释诂》:"在,察也。"敬典,重视常法。在德,省察己德。人民顺从君主的喜好,所以君主应当省察自己的德行。 10 **允:**信,真的。 **大猷:**大顺。《广雅·释诂》:"猷,顺也。" 11 **辞:**言辞,指赞扬。

以上第三段,勉励君陈敬德慎罚,感化殷民。

顾 命

导读

顾,眷顾。嘱咐大臣眷顾嗣主的命令,叫做顾命。这样解释是采用黄生《义府》的说法。顾命,相当于遗嘱。本篇记载了成王将死(公元前1025年),恐怕太子钊不能胜任,命令大臣召公和毕公辅佐太子的情况;记载了成王逝世后,太子钊在先王之庙接收册命的仪式。内容很丰富,文章写得绵密细致,富丽堂皇。王国维《周书顾命考》说:"古《礼经》既佚,后世得考周室一代之古典者,惟此篇而已。"它是研究周代礼制的珍贵文献。

原文

惟四月,哉生魄[1],王不怿[2]。甲子,王乃洮頮水[3]。相被冕服,凭玉几[4]。乃同[5],召太保奭[6]、芮伯、彤伯、毕公、卫侯、毛公、师氏[7]、虎臣[8]、百尹[9]、御事[10]。

译文

四月,月亮新现光明,成王生了病。甲子这天,成王洗了头发洗了脸,太仆给王戴上王冠,披上朝服,王靠着玉几。于是会见朝臣,成王召见太保奭、芮伯、彤伯、毕公、卫侯、毛公、师氏、虎臣、百官的首长以及办事官员。

注释　1 **哉生魄**：月亮开始发光。哉，始。魄，通“霸”，月光。始生魄，指阴历每月的二日或三日。 2 **王**：指成王。 **怿**：喜悦。不喜悦，指生病。 3 **洮**：音 táo，洗头发。 **颒**：音 huì，洗脸。 4 **相**：侍从官员，郑玄说：“谓太仆。” **冕**：王冠。 **服**：朝服。 **凭**：靠着。 5 **同**：会见众诸侯叫同。 6 **太保奭**：就是召公。召公名奭（shì），官为太保。当时召公和芮伯、彤伯、毕公、卫侯、毛公为六卿。召公、毕公、毛公以三公兼卿职。 7 **师氏**：官名，管理军队的官员。 8 **虎臣**：守卫王宫的官员。 9 **百尹**：百官的首长。 10 **御事**：办事人员。

原文

王曰：“呜呼！疾大渐[1]，惟幾[2]。病日臻，既弥留，[3]恐不获誓言嗣[4]。兹予审训命汝[5]。昔君文王、武王宣重光[6]，奠丽陈教[7]，则肄肄不违[8]，用克达殷集大命[9]。

译文

王说：“啊！我的病很厉害，有危险，病倒的日子到了。已经是临终时刻，恐怕不能郑重地讲后嗣的事了，现在，我详细地训告你们。过去，我们的先君文王、武王，放出日月般的光辉，制定所施，发布教令，臣民都努力奉行，不敢违背，因而能够讨伐殷商，成就我周国的大命。

注释　1 **渐**：进，加剧。 2 **幾**：危险。 3 **病**：病亡。《墨子·经说上》：“病，亡也。” **弥**：终。弥留，最终留于人世。 4 **誓**：谨慎。 5 **审**：详审。 **汝**：你们。 6 **宣**：显扬。 **重光**：重明。 7 **奠**：定。 **丽**：施。指所施。 **教**：教令。 8 **肄**：劳苦。见《诗·邶风·谷风》传。肄肄，努力的意思。 9 **达**：通“挞”，挞伐，引申为讨伐。 **集**：成就。成就大命，指建立周王朝。

原文

“在后之侗[1]，敬迓天威[2]，嗣守文、武大训[3]，无敢昏逾[4]。今天降疾，殆弗兴弗悟[5]。尔尚明时朕

译文

“后来，幼稚的我，认真奉行天威，继续遵守文王、武王的伟大教导，不敢昏乱变更。如今上天降下重病，几乎不能起床不能说话了。你们要勉力接受我的话，认

言[6]，用敬保元子钊弘济于艰难[7]，柔远能迩[8]，安劝小大庶邦[9]。思夫人自乱于威仪[10]，尔无以钊冒贡于非幾兹[11]！”

既受命，还[12]，出缀衣于庭[13]。越翼日乙丑[14]，王崩[15]。

真保护我的大儿子姬钊大渡艰难，要柔服远方，亲善近邻，安定、教导大小各国。要想到众人必用礼法自治，你们不可使姬钊冒犯以陷于非法啊！”

群臣已经接受教命，就退回来，拿出成王的朝服放在王庭。到了明天乙丑日，成王逝世了。

注释 1 **侗：**未成器的人，见《论语·泰伯》篇孔注。在后之侗，成王谦称。 2 **迓：**通“御”，奉行。 3 **嗣：**继续。 4 **昏：**昏乱。 **逾：**变更。于省吾说。 5 **殆：**近乎。 **兴：**起。 **悟：**通“寤”。《仓颉篇》：“觉而有言曰寤。”引申为说话。 6 **明：**勉，努力。 **时：**通承，承受。 7 **元子：**太子。 **钊：**康王名。 **弘：**大。 **济：**渡过。 8 **柔：**安定。 **能：**善。 9 **劝：**教导。《广雅》：“劝，教也。” 10 **夫人：**众人。见《淮南子·本经训》注。 **威仪：**礼法。 11 **以：**使。 **冒：**冒犯。 **贡：**马、郑、王本作“赣”。马融说：“赣，陷也。” **幾：**法。见《小尔雅·广诂》。 **兹：**通“哉”。见《尚书正读》。 12 **还：**群臣受命而退。 13 **缀衣：**指冕服。 **庭：**王庭。出缀衣于庭，曾运乾说：“王病不能视朝，则出衣于庭，为群臣瞻拜之资也。” 14 **越：**到。 **翼日：**明天，就是乙丑日。 15 **崩：**古代天子死叫崩。

以上第一段，记群臣接受成王的顾命。

原文

太保命仲桓、南宫毛俾爰齐侯吕伋[1]，以二干戈[2]、虎贲百人逆子钊于南门之外[3]。延入翼室[4]，恤宅宗[5]。丁卯，命作册度[6]。越七日癸酉，伯相命士须材[7]。

译文

太保命令仲桓和南宫毛跟从齐侯吕伋，二人分别拿着干戈，率领一百名勇士，到南门外迎接太子钊。请太子钊进入侧室，做忧居的主人。丁卯这天，命令做册制定丧礼。到了第七天癸酉，召公命令官员布置各种器物。

注释　1 **仲桓、南宫毛:**都是人名。 **俾:**从。 **爰:**于。 **齐侯吕伋:**太公吕尚的儿子,就是丁公。 2 **二干戈:**当是仲桓和南宫毛所执。 3 **逆:**迎接。江声说:"王既崩,世子犹在外,世子盖以王未疾时奉使而出,比反而王崩。忧危之际,故以兵迎之于南门之外云。" 4 **延:**请。 **翼室:**路寝旁室,侧室。5 **恤宅:**忧居。**宗:**主。恤宅宗,忧居为丧事之主。6 **作册:**官名,就是太史。**度:**制定丧事的礼仪。 7 **伯相:**指辅相王室的二伯召公、毕公。 **须:**江声说:"当为'颁'字之误。"颁,布。 **材:**指陈列的器物。

原文

狄设黼扆、缀衣[1]。牖间南向[2],敷重篾席[3],黼纯[4],华玉[5],仍几[6]。西序东向[7],敷重底席[8],缀纯[9],文贝[10],仍几。东序西向[11],敷重丰席[12],画纯[13],雕玉,仍几。西夹南向[14],敷重笋席[15],玄纷纯[16],漆,仍几。

译文

狄人陈设斧纹屏风和先王的礼服。门窗间朝南的位置,铺设着双层竹席,饰着黑白相间的丝织花边,陈设彩玉,用无饰的几案。在西墙朝东的位置,铺设双层细竹篾席,饰着彩色的花边,陈设花贝壳,用无饰的几案。在东墙朝西的位置,铺设双层莞席,饰着绘有云气的花边,陈设雕刻的玉器,用无饰的几案。在堂的西边夹室朝南的位置,铺设双层青竹篾席,饰着黑丝绳连缀的花边,陈设漆器,用无饰的几案。

注释　1 **狄:**主持迁庙的官员。曾运乾说。 **黼扆:**饰有斧形花纹的屏风。黼,音 fǔ。扆,音 yǐ。 2 **牖间:**门窗之间。 3 **敷:**铺设。 **重:**双层。 **篾席:**竹席。4 **黼纯:**黑白相间的花边。黼,黑白相间。纯,音 zhǔn,边。郑玄说:"纯,缘也。" 5 **华玉:**五色玉。 6 **仍几:**没有油漆装饰的几。《周礼·司几筵》"仍几"注:"仍,因也,因其质,谓无饰也。" 7 **序:**堂上的东西墙叫序,在西边的叫西序。 8 **底席:**细竹篾制的席子。郑玄说:"底,致也。"致,细致。 9 **缀:**饰,谓画饰。缀纯,彩色画着的花边。 10 **文贝:**有花纹的贝。 11 **东序:**堂的东墙。 12 **丰席:**莞草编的席子。 13 **画纯:**画着云气的花边。 14 **西夹:**堂西边的夹室。15 **笋席:**青竹皮编织的席。16 **玄纷纯:**黑丝带装饰的花边。

原文

越玉五重[1],陈宝[2],赤刀[3],大训[4],弘璧[5],琬琰[6],在西序。大玉[7]、夷玉[8]、天球[9]、河图[10],在东序。胤之舞衣[11]、大贝、鼖鼓[12],在西房;兑之戈、和之弓、垂之竹矢[13],在东房。

大辂在宾阶面[14],缀辂在阼阶面[15],先辂在左塾之前[16],次辂在右塾之前[17]。

译文

越玉五种、宝刀、赤刀、大训、大璧、琬、琰,陈列在西墙向东的席前。大玉、夷玉、天球、河图,陈列在东墙向西的席前。胤制作的舞衣、大贝壳、大军鼓,陈列在西房。兑制作的戈、和制作的弓、垂制作的竹矢,陈列在东房。

王的玉车放置在西阶前,金车放置在东阶前,象车放在门左侧堂屋的前面,木车放在门右侧堂屋的前面。

注释 1 **越玉:**越地出产的玉。 **五重:**五种。 2 **陈宝:**刀。见《广雅·释器》。这里指宝刀。 3 **赤刀:**郑玄说:“武王伐纣时刀,赤为饰,周正色也。” 4 **大训:**记载先王礼法的典籍。 5 **弘璧:**大璧。 6 **琬:**圆顶圭。 **琰:**尖顶圭。 7 **大玉:**华山出产的美玉。 8 **夷玉:**东北出产的美玉。 9 **天球:**玉磬。 10 **河图:**地图。曾运乾说。 11 **胤:**制舞衣者的名字。 12 **鼖:**音fén,大鼓。 13 **兑、垂:**都是作器者的名号。 14 **辂:**音lù,国君乘坐的车子。一作“路”。大辂,就是玉辂。15 **缀辂:**金辂。马融说。16 **先辂:**即象辂。**塾:**门侧之堂叫做塾。 17 **次辂:**木辂。马融说。

以上第二段第一节,记册命时之陈设。

原文

二人雀弁[1],执惠[2],立于毕门之内[3]。四人綦弁[4],执戈上刃[5],夹两阶戺[6]。一人冕[7],执刘[8],立于东堂。一人冕,执钺[9],立于西堂。一人冕,

译文

二人戴着赤黑色的礼帽,执三角矛,站在祖庙门里边。四人戴着青黑色的礼帽,执着戈,戈刃向前,夹着台阶对面站在台阶两旁。一人戴着礼帽,拿着大斧,站立在东堂的前面。一人戴着礼帽,拿着大斧,站立在西堂的前面。一人戴着礼帽,拿着三锋矛,

执戣[10]，立于东垂。一人冕，执瞿[11]，立于西垂[12]。一人冕，执锐[13]，立于侧阶[14]。

站立在东堂外边。一人戴着礼帽，拿着三锋矛，站立在西堂外边。还有一人戴着礼帽，拿着矛，站立在北堂北面的台阶上。

注释 1 **雀弁**：赤黑色的帽子。弁，帽子。 2 **惠**：三角矛。 3 **毕门**：祖庙门。 4 **綦**：音 qí，青黑色。 5 **上刃**：刃向前。 6 **戺**：音 shì，阶旁的斜石。 7 **冕**：礼帽。凡言冕者都是大夫。 8 **刘**：斧一类兵器。 9 **钺**：大斧。 10 **戣**：音 kuí，三锋矛。 11 **瞿**：也是三锋矛。 12 **垂**：堂的侧边。 13 **锐**：矛一类的武器。 14 **侧阶**：北堂北下阶。

以上第二段第二节，记册命时之兵卫。

原文

王麻冕黼裳[1]，由宾阶隮[2]。卿士邦君麻冕蚁裳[3]，入即位[4]。太保、太史、太宗皆麻冕彤裳[5]。太保承介圭[6]，上宗奉同瑁[7]，由阼阶隮[8]。太史秉书[9]，由宾阶隮，御王册命[10]。曰："皇后凭玉几[11]，道扬末命[12]，命汝嗣训[13]，临君周邦[14]，率循大卞[15]，燮和天下[16]，用答扬文、武之光训[17]。"王再拜，兴[18]，答曰："眇眇予末小子[19]，其能而乱四方以敬忌天威[20]！"

译文

王戴着麻制的礼帽，穿着绣有斧形花纹的礼服，从西阶上来。卿士和众诸侯戴着麻制的礼帽，穿着黑色礼服，进入中庭各就各位。太保、太史、太宗都戴着麻制的礼帽，穿着红色礼服。太保捧着大圭，太宗捧着酒杯和瑁，从东阶上来。太史拿着策书，从西阶走上来，进献策书给康王。太史说："大王靠着玉几，宣布他临终的教命，命令您继承文王、武王的大训，治理领导周国，遵守大法，协和天下，以宣扬文王、武王的光明教训。"王再拜，然后起来，回答说："我这个微末的小子，怎么能协和治理天下以敬畏天威啊？"

注释 1 **王**：周康王。 **麻冕**：麻制的礼帽。 **黼裳**：绣着斧形花纹的礼服。 2 **阶**:音 jī,升上。康王当时没有即位,太保代成王居主位,康王居宾位,所以康王由宾阶升上。 3 **蚁裳**:黑色的礼服。 4 **即位**:就位。卿士在中庭之东,向西站着;诸侯在中庭之南,向北站着。 5 **太宗**:大宗伯。太保主持册命,太宗协助他。 **彤裳**:红色的礼服。 6 **承**:捧着。 **介圭**:大圭。 7 **上宗**:就是太宗。 **同**:酒杯。 **瑁**:一种信物。《考工记》:"天子执瑁四寸以朝诸侯。"介圭和瑁都是天子的信物,所以献给康王。 8 **阼阶**:东阶,与宾阶相对,是主阶。太保当时代替成王,太宗是太保的助手,所以都从主阶升上。 9 **秉**:拿着。 **书**:所写成王顾命的册书。 10 **御**:进。御王册命,进册命给王。 11 **皇后**:大王。指成王。 12 **道扬**:讲说,扬,道。 **末命**:临终之命。 13 **训**:指文王、武王的大训。 14 **临**:治理。 **君**:用作动词,领导的意思。 15 **卞**:法。 16 **燮**:和。 17 **答**:对。《广雅·释诂》:"对,扬也。" **光训**:明训。18 **兴**:起来。19 **眇眇**:微小貌。 **末**:细。自谦之词。20 **其**:岂,怎么。 **而**:通"䎗",和。见《尚书易解》。 **乱**:治理。 **忌**:畏。

原文

乃受同瑁[1],王三宿[2],三祭[3],三咤[4]。上宗曰:"飨[5]!"太保受同[6],降,盥[7],以异同秉璋以酢[8]。授宗人同[9],拜[10]。王答拜。太保受同,祭,哜,宅[11],授宗人同,拜。王答拜。太保降[12],收[13]。诸侯出庙门俟[14]。

译文

王接受了酒杯和瑁。王前进三次,祭酒三次,奠酒三次。太宗说:"请喝酒!"王喝酒后,太保接过酒杯,走下堂,洗手,又登上堂,用另外一种酒杯自斟自饮作答,然后把酒杯交给宗人,对王下拜。王也回拜。太保又从宗人那里接过酒杯,祭酒,尝酒,奠酒,然后把酒杯交给宗人,又拜。王又回拜。太保走下堂,行礼结束。诸侯卿士们都走出祖庙门,等候康王视朝。

注释 1 **乃受同瑁**:太保献于王,康王接受了同和瑁。 2 **宿**:进。 3 **祭**:祭酒,把酒洒在地上。 4 **咤**:音 zhà,放下酒爵。 5 **飨**:饮。上宗劝王饮酒。6 **太保受同**:太保接受了酒杯。7 **盥**:洗手。 8 **异同**:另一种酒杯,就是璋。**璋**:大臣所用的酒器,用来斟酒。 **酢**:酌酒回敬。《仓颉篇》说:"客报主人曰酢。”古代礼节，主人献酒，宾当酌酒回敬主人；主人给尊者献酒，不敢受尊者的回敬，就酌酒自酢。这时是册命以后，康王已经即位，所以太保采用臣子之礼。 9 **授宗人同**：太保把酒杯给宗人。宗人，大宗伯的助手。 10 **拜**：太保拜王。 11 **哜**：音 jì，尝。 **宅**：通“咤”，放下酒爵。 12 **太保降**：太保从堂上下来。 13 **收**：收束。谓册命之礼结束。 14 **俟**：等待。等待康王出来会见。

以上第二段第三节，记册命康王之礼。

康王之诰

导读

康王，成王的儿子。康王接受顾命，已经立为周天子。于是群公诸侯朝见进戒于王，王致答辞报诰群公诸侯。史官记录这一史实，名叫《康王之诰》。西汉伏生本合此篇于《顾命》。

原文

王出，在应门之内，[1]太保率西方诸侯入应门左[2]，毕公率东方诸侯入应门右[3]，皆布乘黄朱[4]。宾称奉圭兼币[5]，曰：“一二臣卫敢执壤奠[6]。”皆再拜稽首。王义嗣[7]，德答拜[8]。

译文

王走出祖庙，来到应门内。太保召公率领西方的诸侯进入应门左侧，毕公率领东方的诸侯进入应门的右侧，他们都穿着绣有花纹的礼服和黄朱色的蔽膝。赞礼的官员传呼进献命圭和贡物，诸侯走上前，说：“一二个王室的护卫向王奉献土产。”诸侯都再拜叩头。王依礼辞谢，然后升位答拜。

注释 1 **出:**出庙门。 **应门之内:**宗庙在应门之内,朝位也在门内,康王在此准备接见群臣。 2 **太保:**召公。当时为西伯,是西方诸侯之长,所以他率领着西方诸侯。 3 **毕公:**当时为东伯,是东方诸侯之长,所以他率领着东方诸侯。4 **布乘:**《白虎通》作"黼黻",当作"黼黻",诸侯的礼服。**黄朱:**按黄朱指芾。诸侯礼服上的蔽膝叫芾,芾是黄朱色。这里是用颜色代指事物。5 **宾:**通"傧"。接待诸侯和赞礼的官员。**称:**呼,传呼。**奉:**献。**圭:**命圭。《考工记·玉人》注:"命圭者,王所命之圭也,朝觐执焉。" **币:**贡物。6 **臣卫:**蕃卫的臣仆,诸侯自谦之词。 **敢:**表敬副词。 **壤:**土产。 **奠:**献。7 **义嗣:**礼辞,依礼辞谢,不坚决拒绝。"辞"和"嗣"古通用。见《尚书启幪》。8 **德答拜:**王礼辞之后,又升位答拜。德,升。见《说文》。见《尚书启幪》。

以上第一段,群公诸侯朝见康王。

原文

太保暨芮伯咸进[1],相揖[2],皆再拜稽首[3]。曰:"敢敬告天子,皇天改大邦殷之命,惟周文武诞受羑若[4],克恤西土[5]。惟新陟王毕协赏罚[6],戡定厥功[7],用敷遗后人休[8]。今王敬之哉!张皇六师[9],无坏我高祖寡命[10]!"

译文

太保召公和芮伯同走向前,互相作揖后,同向王再拜叩头。他们说:"恭敬地禀告天子,伟大的天帝更改了大国殷的命运,我们周国的文王、武王大受福祥,能够安定西方。新逝世的成王,赏罚完全合宜,能够成就文、武的功业,因此把幸福普遍地留给我们后人。现在王要敬慎啊!要加强王朝的六军,不要败坏我们高祖的大命!"

注释 1 **咸:**同。 2 **相揖:**太保和芮伯互相作揖。 3 **再拜稽首:**二人向王再拜叩头。 4 **诞:**大。 **羑若:**嘉休。《说文》:"羑(yǒu),进善也。"引申为善。若,也是善。 5 **恤:**安。见《汉书·韦元成传》注。 6 **陟:**终,逝世。新终王,指成王。 **毕:**尽,完全。 **协:**和,适。协赏罚,使赏罚适宜。 7 **戡:**克,能够。8 **敷:**普遍。 9 **张皇:**张大,加强。 **六师:**六军。 10 **无:**通"毋",

不要。**坏:**败坏。**高祖:**周文王。**寡命:**大命。曾运乾说。

以上第二段,群公诸侯进戒康王之词。

原文

王若曰:"庶邦侯甸男卫[1]!惟予一人钊报诰[2],昔君文武丕平[3],富不务咎[4],底至齐信[5],用昭明于天下。则亦有熊罴之士,不二心之臣,保乂王家[6],用端命于上帝[7]。

"皇天用训厥道[8],付畀四方[9]。乃命建侯树屏[10],在我后之人[11]。今予一二伯父尚胥暨顾[12],绥尔先公之臣服于先王[13]。虽尔身在外,乃心罔不在王室,用奉恤厥若[14],无遗鞠子羞[15]!"

译文

王这样说:"侯、甸、男、卫的各位诸侯!现在我姬钊答复你们的教导。先君文王、武王很公平,仁厚而不滥施刑罚,致力实行中信,因而光辉普照天下。还有像熊罴一样勇武的将士,忠贞不渝的大臣,安定治理我们的国家,因此,才被上帝加以任命。

"上天顺从先王的治理之道,把天下交给先王。先王于是命令分封诸侯,树立蕃卫,眷顾我们后代子孙。现在,我们几位伯父希望你们互相爱护顾念,继续如你们的祖先臣服于先王。虽然你们身在朝廷之外,你们的心不可不在王室,要辅助我得到吉祥,不要把羞辱留给我!"

注释 1 **侯甸男卫:**指侯甸男卫的诸侯。2 **报:**江声说:"报,犹'复'也。" 3 **昔君文武丕平:**按《墨子·兼爱下》:"古有文武,为政均分,赏贤伐暴,勿有亲戚兄弟之所阿。"这是丕平的最好解释。 4 **富不务咎:**富,仁厚。咎,刑罚。对人民仁厚而不务刑罚。 5 **底:**致。 **至:**行,施行。见《礼记·乐记》注。 **齐:**中,见《尔雅·释言》。齐信即《孔传》"中信之道"。 6 **保乂:**安治。 7 **端:**始,才。俞樾说。 **命:**被命。 8 **训:**顺。 9 **付畀:**给予,赐予。 10 **建侯:**分封诸侯。**树屏:**树立屏蔽,即树立保卫力量。《尔雅·释言》:"屏,蔽也。" 11 **在:**眷顾。王念孙说:"在,谓相顾在也。言先王命建侯树屏,以顾在后之子孙也。” 12 **伯父**:天子称同姓诸侯叫伯父。 **尚**:庶几。 **胥**:互相。**暨**:按当读为“憠”,爱。 **顾**:顾念。 13 **绥**:通“绥”,继承。王引之说。 14 **奉**:助。**恤**:收。 **若**:善。 15 **鞠子**:稚子,康王自称。

以上第三段,康王答群臣诸侯之词。

原文

群公既皆听命[1],相揖,趋出。王释冕[2],反[3],丧服[4]。

译文

众位大臣都听完了命令,互相作揖,快步走出。康王脱去吉服,返回居丧的侧室,穿上丧服。

注释 1 **群公**:指三公和诸侯群臣。 2 **释**:解去,脱下。释冕,谓脱下吉服。 3 **反**:通“返”,返回守丧的路寝旁室。 4 **丧服**:穿上丧服。

以上第四段,记礼成之事。

毕 命

导读

殷民住在成周,周公和君陈相继治理他们。君陈死后,康王又命令毕公继续治理。史官记叙康王策命毕公这件大事,称为《毕命》。这是梅氏伪古文《尚书》之二十三。

原文

惟十有二年六月庚午,朏[1]。越三日壬申,王朝步自宗周[2],至于丰,以

译文

康王十二年六月庚午日,月亮新放光明。到第三天壬申日,康王早晨从镐京行到丰邑,把成周的民众,命令给太师

成周之众，命毕公保厘东郊[3]。

毕公使他安治东郊。

注释 1 **朏：**音 fěi，新月初放光明。 2 **宗周：**指镐京。 3 **保厘：**保，安。厘，治理。

以上第一段，史官记事之辞。

原文

王若曰："呜呼！父师[1]，惟文王武王敷大德于天下，用克受殷命。惟周公左右先王，绥定厥家，毖殷顽民[2]，迁于洛邑，密迩王室，式化厥训[3]。既历三纪[4]，世变风移，四方无虞[5]，予一人以宁。道有升降，政由俗革，不臧厥臧[6]，民罔攸劝。惟公懋德，克勤小物，弼亮四世[7]，正色率下，罔不祇师言。嘉绩多于先王[8]，予小子垂拱仰成[9]。"

译文

康王这样说："啊！父师。文王、武王行大德于天下，因此能够承受殷的王命。周公辅助先王安定国家，告诫殷商顽民，迁徙到洛邑，使他们接近王室，用此改变他们的礼教。自从迁徙以来，已经过了三纪。人世变化，风俗转移，今四方没有忧患，我因此感到安宁。治道有起有落，政教也随着风俗改革，若不善用贤能，人民将无所劝勉仰慕。我公盛德，不但能勤小事，而且辅助过四代，严正地率领下属，臣下没有人不敬重师训。你的美好功绩被先王所重视，我小子只是垂衣拱手仰仗成功罢了。"

注释 1 **父师：**官名，指毕公。当时毕公居太师之官。 2 **毖：**告诫。《广韵》："毖，告也。" 3 **化：**改变。 **训：**教训，指礼教。 4 **纪：**十二年为一纪。 5 **虞：**忧虑。 6 **臧：**善。一为动词，一为名词。 7 **弼亮：**辅佐。弼亮四世，《孔传》说毕公"辅佐文、武、成、康，四世为公卿"。 8 **多于先王：**多，重视。多于先王，被先王所重视。 9 **垂拱：**垂衣拱手。

以上第二段，康王赞美毕公治理国家的成绩。

原文

王曰："呜呼！父师。今予祗命公以周公之事，往哉！旌别淑慝[1]，表厥宅里，彰善瘅恶[2]，树之风声。弗率训典，殊厥井疆[3]，俾克畏慕[4]。申画郊圻[5]，慎固封守，以康四海。政贵有恒，辞尚体要[6]，不惟好异。商俗靡靡[7]，利口惟贤，余风未殄，公其念哉！

"我闻曰：'世禄之家，鲜克由礼。'以荡陵德，实悖天道。敝化奢丽[8]，万世同流。兹殷庶士，席宠惟旧[9]，怙侈灭义[10]，服美于人。骄淫矜侉[11]，将由恶终。虽收放心，闲之惟艰。资富能训[12]，惟以永年。惟德惟义，时乃大训；[13]不由古训，于何其训？[14]"

译文

康王说："啊！父师。现在我把周公的重任敬托给公，我公前往吧！我公当识别善和恶，标志善人所居之里，表彰善良，疾恨邪恶，树立好的风气。有不遵循教训和常法的，就变更他的井居田界，使他能够畏惧和敬慕。又要重新画出郊圻的分界，认真加固封疆守备，以安定四海。为政贵在有常，言辞崇尚体实简要，不宜好异。商地旧俗喜好侈靡，以巧辩为贤，余风至今没有断绝，我公要考虑呀！

"我听说：'世代享有禄位的人家，很少能够遵守礼法。'他们以放荡之心，轻蔑德义，实在是悖乱天道。腐败的风俗崇尚奢侈华丽，万世相同。如今殷商众士，处在宠位已经很久，凭仗强大，忽视德义，穿着华美过人。他们骄恣矜夸，将会以恶自终。虽然收敛了放恣之心，但防制他们还是难事。资财富足而能顺从，可以长久。行德行义，这就大顺了；若不用古训教导，到何时才会顺从呢？"

注释　1 **旌：**识别。 **淑慝：**善恶。慝，音 tè。 2 **瘅：**音 dàn，憎恨。 3 **殊厥井疆：**区别其井田居界。《孔疏》说："不循道教之常者，其人不可亲近，与善民杂居，或染善为恶。故殊其井田居界，令民不与往来。" 4 **畏慕：**畏惧为恶之祸，羡慕为善之福。5 **郊圻：**郊，邑之外。圻，国之中。6 **辞尚体要：**《孔疏》说："言辞尚其体实要约。" 7 **靡靡：**奢侈华丽。8 **敝化：**腐败的风俗。

9 **席宠**:席,居。宠,尊宠的位置。 **旧**:久。 10 **怙侈**:怙,凭仗。侈,大,指强大。 **灭义**:轻视德义。 11 **侉**:音 kuā,通“夸”,夸大。 12 **资**:资财。 **训**:通“顺”。 13 **惟德惟义,时乃大训**:《孔疏》说:“惟能用德,惟能行义,是乃为大顺德也。” 14 **不由古训,于何其训**:《孔疏》说:“若不用古之训典,则于何时其能顺乎?”

以上第三段,康王指示教化殷民的具体方法。

原文

王曰:“呜呼!父师。邦之安危,惟兹殷士。不刚不柔,厥德允修。惟周公克慎厥始,惟君陈克和厥中,惟公克成厥终。三后协心,同厎于道[1],道洽政治[2],泽润生民。四夷左衽[3],罔不咸赖,予小子永膺多福。公其惟时成周[4],建无穷之基,亦有无穷之闻。子孙训其成式,惟乂。[5]呜呼!罔曰弗克,惟既厥心[6],罔曰民寡,惟慎厥事。钦若先王成烈[7],以休于前政[8]!”

译文

康王说:“啊!父师。我国的安危,就在于这些殷商众士。不刚不柔,那样的教化就真好。开初,周公能够谨慎对待;中间,君陈能够使他们和谐;最后,我公当能够成功。三君合心,共同致力于教导,教导普遍了,政事治理了,就能润泽到生民。四方各族被发左衽的人民,都会受到福利,我小子也会久享大福。我公要以这个成周,建立无穷的基业,也会有无穷的美名。后世子孙顺从我公的成法,天下就安定了。啊!不要说不能,当尽自己的心;不要说百姓少,当慎行政事。认真治理好先王的大业,使它比前人的政绩更美好吧!”

注释 1 **厎**:致,致力。 **道**:通“导”,教导。 2 **洽**:普遍。 3 **左衽**:衽,衣襟。我国古代有些民族的衣服,前襟向左掩,与中原人民前襟向右的不同,所以用左衽来指代某些少数民族。 4 **惟时**:以是,以此。 5 **训**:顺。 **式**:法。成式,现成的办法。 **乂**:安,安定。 6 **既**:尽。 7 **若**:善,治好。《释诂》:“若,善也。” **成烈**:盛业。 8 **以**:使。 **休**:美。以休于前政,使它比前人的政绩更美。

以上第四段，康王勉励毕公尽心教导殷民，治理好先王的事业。

君 牙

导读

君牙，人名。周穆王任命他的臣子君牙做大司徒的官，用策书命令他。史官记录穆王的策书，就用《君牙》作为篇名。这是梅氏伪古文《尚书》之二十四。

原文

王若曰："呜呼！君牙。惟乃祖乃父，世笃忠贞[1]，服劳王家，厥有成绩，纪于太常[2]。惟予小子，嗣守文、武、成、康遗绪[3]，亦惟先王之臣克左右乱四方[4]，心之忧危，若蹈虎尾，涉于春冰[5]。

译文

穆王这样说："啊！君牙。你的祖父和你的父亲，世世纯厚忠正；服劳于王家，很有成绩，记录在画有日月的旗子上。我小子继守文、武、成、康的遗业，也想先王的臣子能够辅助我治理四方。我心里的忧虑危惧，就像踩着虎尾和走在春天的冰上。

注释 1 **笃：**纯厚。 **贞：**正。 2 **太常：**旗名。《孔传》说："王之旌旗画日月曰太常。"古代有大功的要写在太常旗上。 3 **绪：**业。 4 **亦：**也。 **惟：**思。 **左右：**辅助。 **乱：**治理。 5 **涉：**徒步过水，走着。《说文》说："涉，徒行厉水也。"

以上第一段，穆王请求君牙协助，解除自己的忧危。

原文

"今命尔予翼，作股肱心膂[1]，缵乃旧服[2]，无忝祖考！弘敷五典[3]，式和民则[4]，尔身克正，罔敢弗正；民心罔中[5]，惟尔之中[6]，夏暑雨，小民惟曰怨咨[7]，冬祁寒[8]，小民亦惟曰怨咨。厥惟艰哉[9]！思其艰以图其易[10]，民乃宁。呜呼！丕显哉！文王谟[11]；丕承哉！武王烈[12]。启佑我后人，咸以正罔缺。尔惟敬明乃训[13]，用奉若于先王。对扬文武之光命[14]，追配于前人[15]。"

译文

"现在我命令你辅助我，做我的心腹重臣。要继续你旧日的行事，不要累及你的祖考！普遍传布五常的教育，用为和谐人民的准则。你自身能正，人民不敢不正；民心没有标准，只考虑你的标准。夏天大热大雨，小民只是怨恨嗟叹；冬天大寒，小民也只是怨恨嗟叹。是艰难呀！你要想到他们的艰难，因而谋求那些治理的办法，人民才会安宁。啊！光明呀！我们文王的谋略；相承呀！我们武王的功业。它可以启示佑助我们后人，使我们都依从正道而无邪缺。你当不懈地宣扬你的五教，以此恭顺于先王。你当报答、颂扬文王和武王光明的教导，追求并美于前人。"

注释 1 **膂：**脊骨。 2 **缵：**音 zuǎn，继承。 **旧服：**旧日的行事，指忠正勤劳等。服，事。 3 **五典：**即五常，指父义、母慈、兄友、弟恭、子孝五种常教。 4 **式：**用。 **则：**法则。 5 **中：**中正之道，标准。 6 **惟：**思念。
7 **惟曰怨咨：**惟，只是。曰，语中助词。怨咨，怨恨嗟叹。 8 **祁：**大。 9 **厥：**语首助词。 **惟：**为，是。此句叹小民生活真是艰难。 10 **易：**治理，这里指治理的方法。《诗·甫田》传："易，治也。"思其艰以图其易，考虑他们的艰难之处，而谋求治理的方法。 11 **谟：**谋。《孔疏》说："文王未克殷，始谋造周，故美其谋。" 12 **烈：**业。《孔疏》说："武王以杀纣功成业就，故美其业。"
13 **乃训：**你的教训，指司徒主管五典的教化。 14 **对扬：**对，答；扬，颂扬。
15 **配：**匹配，相等。这里是并美的意思。

以上第二段，穆王告诫君牙宣扬五教，重视民艰，追配前贤。

原文

王若曰："君牙！乃惟由先正旧典时式[1]，民之治乱在兹。率乃祖考之攸行，昭乃辟之有乂[2]。"

译文

穆王这样说："君牙！你当奉行先正的旧典善法，人民治乱的关键，就在这里。你当遵循你祖父的行为，赞助你君主的治道。"

注释 1 **时式：**善法。《广雅·释诂》："时，善也。" 2 **昭：**赞助。 **乃辟：**你的君主，穆王自指。 **有乂：**乂，治。有，助词。有乂，治功。

以上第三段，穆王勉励君牙奉行先正的法式，治理人民。

冏 命

导读

冏(jiǒng)指伯冏，周穆王的大臣。穆王任命他为太仆长，领导身边的侍御人员。史官记录穆王任命伯冏的策书，名叫《冏命》。这是梅氏伪古文《尚书》之二十五。

原文

王若曰："伯冏！惟予弗克于德[1]。嗣先人宅丕后[2]，怵惕惟厉[3]；中夜以兴，思免厥愆[4]。

"昔在文、武，聪明齐圣[5]，小大之臣，咸怀

译文

穆王这样说："伯冏！我不优于道德。继承先人处在大君的位置，戒惧会有危险，甚至半夜起来，想法子避免过失。

"从前在文王、武王的时候，他们聪明、通达、圣明，小臣大臣都怀着忠良之心。他们的侍御近臣，没有人不是正人，用他们早

忠良。其侍御仆从罔匪正人，以旦夕承弼厥辟[6]，出入起居罔有不钦，发号施令罔有不臧[7]。下民祗若[8]，万邦咸休[9]。

“惟予一人无良，实赖左右前后有位之士，匡其不及[10]。绳愆纠缪[11]，格其非心[12]，俾克绍先烈[13]。

晚侍奉辅佐他们的君主，所以君主出入起居，没有不敬慎的；发号施令，也没有不好的。百姓敬重顺从君主的命令，天下万国也都喜欢。

“我没有好的德行，实在要依赖左右前后的官员，匡正我的不到之处。纠正过失和错误，端正我不正确的思想，使我能够继承先王的功业。

注释　1 **克**：胜。这里指优胜。 2 **丕后**：大君。宅丕后，居大君之位。 3 **怵惕**：戒惧。 **厉**：危险。《孔传》说：“言常悚惧惟危。” 4 **思免厥愆**：愆，过失。《孔传》说：“思所以免其过悔。” 5 **齐圣**：齐，通达。圣，圣明。 6 **弼**：辅佐。 **辟**：君。 7 **臧**：善。 8 **祗若**：敬顺。 9 **休**：喜。《广雅·释诂》：“休，喜也。” 10 **匡**：正。 11 **绳愆**：绳，正，纠正。愆，过失。 12 **格**：正，端正。**非心**：邪僻不正的心。 13 **绍**：继承。

以上第一段，穆王表明要依靠忠良，匡救自己的不及。

原文

“今予命汝作大正[1]，正于群仆侍御之臣[2]。懋乃后德[3]，交修不逮[4]。慎简乃僚，无以巧言令色、便辟侧媚[5]，其惟吉士[6]。仆臣正，厥后克正；仆臣谀，厥后自圣。后德惟臣，不德惟臣。尔无昵于憸人[7]，充耳目之官，迪上以非先王之典[8]。非人其

译文

“今天我任命你做太仆正，领导群仆、侍御的臣子。你要勉励你的君主增修德行，共同劝勉我做得不够的地方。你要慎重选择你的部属，不要任用巧言令色、阿谀不端的人，要都是贤良正士。仆侍、近臣都正，他们的君主才能正；仆侍、近臣谄媚，他们的君主就会自以为圣明。君主有德，由于臣下，君主失德，也由于臣下。你不要亲近小人，充当我的视听之官，不要引导君上违背先王之法。不是贤人最善，只是

吉，惟货其吉，[9]若时[10]，瘝厥官[11]，惟尔大弗克祗厥辟；惟予汝辜[12]。”

货财最善，像这样，就会败坏我们的官职，就是你大不能敬重你的君主；我将惩罚你。”

注释 1 **大正**：即太仆正，主管君主车马的长官。2 **正**：长。引申为领导。3 **懋**：劝勉。 **德**：修德。 4 **交**：共同。 **修**：治理。 **逮**：及。 5 **便辟**：善于逢迎阿谀。 **侧媚**：用不正当的行为求人喜悦。媚，爱也。见《孔疏》。6 **其惟吉士**：其，要，表祈使语气。惟，是。 7 **昵**：亲近。 **憸人**：小人。 8 **迪**：引导。 **非**：违背。 9 **非人其吉，惟货其吉**：按"其"通"綦"，极，最。《说文解字叙》"庶业其繁"，段注："其，同荀卿书之綦，极也。"这两句大意是：不是贤人最善，只是货财最善。形容贪官的行为。 10 **若时**：若是，像这样。11 **瘝**：音 guān，病。引申为败坏。 12 **辜**：惩罚。

以上第二段，穆王勉励伯冏慎选贤良，增进自己的德行。

原文

王曰："呜呼！钦哉！永弼乃后于彝宪[1]。"

译文

穆王说："啊！要认真呀！要长久用常法辅助你的君主。"

注释 1 **弼**：辅助。 **彝宪**：常法。

以上第三段，穆王勉励伯冏用常法辅助自己。

吕 刑

导读

周穆王名满，在位五十五年。前期喜爱游历（相传曾到过昆仑山西王母国），诸侯不睦，政治昏乱，任意施刑。后期吕侯为相，劝告穆王制定刑法，采用中刑。穆王听从他的意见，大告天下，强调要依据刑律定罪和采用中刑，天下终于安定了。本篇就是穆王的诰辞，由于是采纳吕侯的意见，史官便名为《吕刑》。吕侯又做过甫侯，所以本篇又叫《甫刑》。本篇诰辞中，穆王详尽叙述了刑的源流，说明了当时刑法总共有三千条，而且制定了赎刑的条例，强调要依法定罪和采用中刑。它在穆王之世，起到了由乱变治的重要作用。它是我国历史上最早的系统的刑法文献，具有很高的史料价值。

原文

惟吕命[1]，王享国百年[2]，耄[3]，荒度作刑[4]，以诘四方[5]。

译文

吕侯被命为卿时，穆王在位很久，年纪老了，还是大力谋求制定刑法，来禁戒天下。

注释 1 **吕命：**吕侯被命为卿。2 **享国：**指在位。**百年：**虚数，是说很久。3 **耄：**音 mào，老。《礼记·曲礼》："八十、九十曰耄。" 4 **荒：**大。 **度：**谋。5 **诘：**禁戒。《周礼·天官·太宰》"五曰刑典，以诘邦国"，郑注："诘，禁也。"

以上第一段第一节，史官记事之辞。

原文

王曰："若古有训[1]，蚩尤惟始作乱[2]，延及于平民，罔不寇贼[3]，鸱义奸宄[4]，夺攘矫虔[5]。苗民弗用灵[6]，制以刑[7]，惟作五虐之刑曰法[8]，杀戮无辜，爰始淫为劓刵椓黥[9]。越兹丽刑并制[10]，罔差有辞[11]。

译文

王说："古代有遗训，蚩尤开始作乱，扩大到平民百姓。无不寇掠贼害，冒没不正，内外作乱，争夺窃盗，诈骗强取。苗民不遵守政令，而用刑罚来制服，制定了五种酷刑以为常法。杀害无罪的人，开始放肆使用劓、刵、椓、黥等刑罚。于是，施行杀戮，抛弃法制，不减免无罪的人。

注释 1 **若：**语首助词。 2 **蚩尤：**东方九黎族的首领，与黄帝战于涿鹿，失败被杀。3 **寇**:抄掠。 **贼**:残害。 4 **鸱义**:冒没不正。王念孙说:“鸱者,冒没轻儳;义者,倾邪反侧。” **奸宄**:内外作乱。 5 **攘**:窃取。 **矫虔**:诈骗强取。韦昭说:“称诈为矫,强取为虔。” 6 **灵**:通“令”,政令。《礼记·缁衣》引作“命”,郑注:“命谓政令也。” 7 **制**:制服。 8 **曰**:为,以为。 9 **爰**:语首助词。 **淫**:大。 **劓**:割鼻子。 **刵**:当依《说文》作“刖(yuè)”。断脚胫。 **椓**:音 zhuó,割去生殖器。 **黥**:音 qíng,即墨刑,用刀刻面而染以黑色。 10 **越兹**:于是。 **丽**:施行。 **并**:废弃。 **制**:制度法令。 11 **差**:差减,减免。 **有辞**:有辞辩解者,指无罪。

原文

“民兴胥渐[1],泯泯棼棼[2],罔中于信[3],以覆诅盟[4]。虐威庶戮[5],方告无辜于上[6]。上帝监民,罔有馨香德[7],刑发闻惟腥[8]。皇帝哀矜庶戮之不辜[9],报虐以威[10],遏绝苗民[11],无世在下[12],乃命重黎[13],绝地天通[14],罔有降格[15]。群后之逮在下[16],明明棐常[17],鳏寡无盖[18]。

译文

“苗民互相欺诈,纷纷乱乱,没有中和信,以致背叛誓约。受了虐刑的和一些被侮辱的都向上帝申告自己无罪。上帝考察苗民,没有芬芳的德政,刑法所发散的只有腥气。颛顼皇帝哀怜众多被害的人没有罪过,就用威罚处置暴虐的人,制止和消灭行虐的苗民,使他们没有世嗣留在下国。又命令重和黎,禁止地民和天神相互感通,使他们不能升降来往。高辛、尧、舜相继在下,都显用贤德的人扶持常道,于是孤苦之人没有壅蔽之苦了。

注释 1 **民**:指苗民。 **兴**:兴起。 **胥**:互相。 **渐**:欺诈。王引之说。2 **泯泯棼棼**:纷乱的样子。棼,音 fén。 3 **于**:与,和。 4 **覆**:败,背。 **诅盟**:誓约。《孔疏》:“虽有要约,皆违背之。” 5 **虐威**:受虐刑的人。 **庶戮**:众被侮辱者。 6 **方**:通“旁”,普遍。 7 **馨香**:散发很远的香气。 8 **发**:散发。9 **皇帝**:郑玄以为是颛顼高阳氏。 **不辜**:无罪。 10 **报虐以威**:用刑罚审判暴虐的人。报,审判。《说文》:“报,当罪人也。” 11 **遏绝**:制止,消灭。12 **无世在下**:没有后代在下国。世,嗣。见《国语·晋语》注。13 **重、黎**:

都是人名。颛顼时，重主管天神，黎主管臣民。 14 **绝地天通：**断绝地民和天神的感通，当是禁止巫术等。 15 **格：**通“假”，升。《尔雅·释诂》：“假，升也。” 16 **群后：**指高辛和尧、舜。 **逮：**及，相继。 17 **明明：**显用明德的人。 **棐常：**辅助常道。 18 **盖：**壅蔽。

原文

“皇帝清问下民鳏寡有辞于苗[1]。德威惟畏，德明惟明[2]。乃命三后[3]，恤功于民[4]。伯夷降典[5]，折民惟刑[6]；禹平水土，主名山川[7]；稷降播种[8]，农殖嘉谷[9]。三后成功，惟殷于民[10]。士制百姓于刑之中[11]，以教祗德。

译文

“尧皇帝明知下民和孤寡有对苗民的怨言。又明知贤人所惩罚的，人都畏服，贤人所尊重的，人都尊重。于是命令三位大臣慎重为民治事。伯夷颁布法典，用刑律制服人民；大禹平治水土，主管名山大川；后稷下去指导播种，努力种植好谷。三后成功了，就富厚了老百姓。士师又用公正的刑罚制御百官，教导臣民敬重德行。

注释 1 **皇帝：**指尧帝。 **清问：**明白知道。问，通“闻”，知。 **辞：**指怨言。 2 **德威惟畏，德明惟明：**《礼记·表记》引这二句，郑玄解释说：“德所威，则人皆畏之，言服罪也；德所明，则人皆尊之，言得人也。”按此二句也是上文“清问”的宾语。 3 **三后：**三位长官。指伯夷、禹、稷。 4 **恤：**慎重。 **功：**事，这里是“服务”的意思。 5 **伯夷：**尧帝的大臣。 **降：**下。 **典：**法典。 6 **折民：**制民。 7 **主名山川：**主管名山大川。 8 **稷：**后稷。尧舜时的农官。 9 **农：**勉，努力。 **殖：**种植。 10 **殷：**富，富厚。 11 **士：**士师。 **制：**制御。 **百姓：**百官。 **于：**以。 **中：**平。

原文

“穆穆在上[1]，明明在下[2]，灼于四方[3]，罔不惟德之勤，故乃明于刑

译文

“尧皇帝恭敬在上，三位大臣努力在下，光照四方，没有人不勤行德政，所以能勉力于刑罚的公平，遵循它治理老百姓以扶持常道。

之中，率乂于民棐彝[4]。典狱非讫于威[5]，惟讫于富[6]。敬忌，罔有择言在身[7]。惟克天德[8]，自作元命[9]，配享在下。”

主管刑罚的官，不是终于作威，而是终于仁厚。又敬、又戒，自身没有坏的言论。他们肩负上天仁爱的美德，自己造就了好命，所以配天在下享有禄位。”

注释 1 **穆穆**：恭敬。 2 **明明**：勉力。 3 **灼**：光，照耀。 4 **率**：遵循。 5 **典**：主管。 **讫**：终。 6 **富**：仁厚。《说文》：“富，厚也。” 7 **择**：通“斁”，败。**择言**：败言，坏话。见《经义述闻》。 8 **克**：肩任，肩负。 **天德**：上天仁爱的美德。 9 **元**：善。

以上第一段第二节，穆王详述刑的源流。

原文

王曰：“嗟！四方司政典狱[1]，非尔惟作天牧[2]？今尔何监[3]？非时伯夷播刑之迪[4]？其今尔何惩[5]？惟时苗民匪察于狱之丽[6]，罔择吉人，观于五刑之中[7]；惟时庶威夺货[8]，断制五刑，以乱无辜，上帝不蠲[9]，降咎于苗[10]，苗民无辞于罚[11]，乃绝厥世。”

译文

王说：“啊！四方的诸侯们，不是你们做上天的治民官吗？现在，你们要重视什么呢？难道不是这伯夷施行刑罚的方法吗？现在你们要惩戒什么呢？就是这苗民不详察狱事的施行，不选择善良的人，监察五刑的公正；就是这苗民任用虚张威势、掠夺财物的人，裁决五刑，乱罚无罪，上帝不加赦免，降灾给苗民，苗民对上帝的惩罚无话可说，于是断绝了他们的后嗣。”

注释 1 **司政典狱**：指诸侯。 2 **惟**：为。 **牧**：治民，指治民的官。 3 **监**：视。 4 **播**：施行。 **迪**：道。 5 **惩**：惩戒。 6 **匪**：不。 **丽**：施行。 7 **观**：察，指审察。 8 **庶威**：庶，侈。张大。庶威夺货，黄式三说：“自侈其威以夺取货也。” 9 **蠲**：除，指赦罪。 10 **咎**：灾祸。 11 **无辞于罚**：对于上帝的惩罚，无话可说。

以上第一段第三节，穆王告诫典狱者以伯夷为法，以苗民为戒。

原文

王曰：“呜呼！念之哉！伯父、伯兄、仲叔、季弟、幼子、童孙，皆听朕言，庶有格命[1]。今尔罔不由慰曰勤[2]，尔罔或戒不勤。天齐于民[3]，俾我一日[4]，非终惟终[5]，在人。尔尚敬逆天命[6]，以奉我一人[7]！虽畏勿畏，虽休勿休[8]，惟敬五刑，以成三德[9]。一人有庆[10]，兆民赖之[11]，其宁惟永[12]。”

译文

王说：“啊！你们要记住这个教训啊！伯父、伯兄、仲叔、季弟以及年幼的子孙们，都听从我的话，或许会享有好命。如今你们没有人不喜自我安慰说已经很勤劳了，你们没有谁制止自己不勤劳。上帝治理下民，暂时任用我们，不成与成，完全在人。你们可要恭敬地接受天命，来辅助我！虽然遇到可怕的事，不要害怕；虽然可以休息，也不要休息。希望慎用五刑，养成这三种德行。一人办了好事，万民都受益，国家的安宁就会长久了。”

注释 1 **格**：通“假”，嘉。格命，就是嘉命。 2 **由**：通“繇”，《尔雅·释诂》：“繇，喜也。” 3 **齐**：整顿。 4 **俾**：职，引申为任用。《尔雅·释言》：“俾，职也。” 5 **终**：成。见《周语》注。 **惟**：与，和。 6 **逆**：迎接，接受。 7 **奉**：助。见《淮南子·说林训》注。 8 **休**：休息。王先谦说。 9 **三德**：《孔传》解为刚柔正直的三德，孔广森解为三后之德。按：联系上文“敬逆天命，以奉我一人”，要求敬顺；“虽畏勿畏”，要求公正；“罔或戒不勤”“虽休勿休”，要求勤劳。三德当指敬顺、公正和勤劳。 10 **庆**：善。 11 **赖**：利。 12 **其宁**：国家的安宁。 **惟**：乃，就。

以上第一段第四节，穆王告诫典狱者勤政慎刑。

原文

王曰：“吁！来，有

译文

王说：“啊！来吧！诸侯国君和各位大

邦有土,[1]告尔祥刑[2],在今尔安百姓,何择,非人?何敬,非刑?何度[3],非及[4]?

“两造具备[5],师听五辞[6];五辞简孚[7],正于五刑[8];五刑不简,正于五罚[9];五罚不服,正于五过[10]。五过之疵[11]:惟官、惟反、惟内、惟货、惟来[12]。其罪惟均[13],其审克之[14]!

“五刑之疑有赦[15],五罚之疑有赦,其审克之!简孚有众[16],惟貌有稽[17]。无简不听,具严天威。

臣,我告诉你们要善用刑法。如今你们安定百姓,要选择什么呢,不是吉人吗?要敬慎什么呢,不正是刑罚吗?要考虑什么呢,不就是判断适宜吗?

“原告和被告都来齐了,法官就审查五刑的讼辞;如果讼辞核实可信,就用五刑来处理。如果用五刑处理不能核实,就用五罚来处理;如果用五罚处理也不可从,就用五过来处理。五过的弊端:是法官畏权势,是报恩怨,是谄媚内亲,是索取贿赂,是受人请求。发现上述弊端,他们的罪就与罪犯相同,你们必须详细察实啊!

“根据五刑定罪的疑案有赦免的,根据五罚定罪的疑案有赦免的,要详细察实啊!要从众人中核实验证,审理案件也要有共同办案的人。没有核实不能治罪,应当共同敬畏上天的威严。

注释　1 **吁:**叹词。 **有邦:**指诸侯。 **有土:**有采地的大臣。 2 **祥刑:**祥,善。祥刑,善用刑法。 3 **度:**谋划。 4 **及:**当从《史记》作“宜”,得宜。 5 **两造:**一作“两遭”,就是两曹、两辈,指原告和被告。 6 **师:**士师,就是法官。 **听:**平治、审理。 **五辞:**入于五刑的讼辞。 7 **简:**核实。 **孚:**诚信。 8 **正:**治,处理。见《周礼》注。 **于:**以。 **五刑:**墨、劓、剕、宫、大辟五种刑罚。 9 **正于五罚:**用五等罚金来处治。 10 **五过:**五种过失。 11 **疵:**弊病。 12 **官:**畏官势。 **反:**报恩怨。 **内:**谄媚内亲。 **货:**索取货贿。 **来:**当从马融本作“求”。受人请求。 13 **其罪惟均:**与犯人同罪。马融说:“以此五过出入人罪,与犯法者等。” 14 **克:**通“核”,实。《汉书·刑法志》引作“核”。 15 **疑:**疑案。16 **简孚有众:**核验于大众。孙星衍说:“简孚有众者,即《王制》

所云疑狱，泛与众共也。” 17 **貌**：治。见《广雅》。 **稽**：同。见《尧典》郑注。惟貌有稽，指审理案件要有共同办案的人。

原文

“墨辟疑赦[1]，其罚百锾[2]，阅实其罪[3]。劓辟疑赦，其罚惟倍[4]，阅实其罪。剕辟疑赦[5]，其罚倍差[6]，阅实其罪。宫辟疑赦[7]，其罚六百锾，阅实其罪。大辟疑赦[8]，其罚千锾，阅实其罪。墨罚之属千[9]，劓罚之属千，剕罚之属五百，宫罚之属三百，大辟之罚其属二百。五刑之属三千。

译文

“判处墨刑感到可疑，可以从轻处治，罚金一百锾，要核实其罪行。判处劓刑感到可疑，可以从轻处治，罚金二百锾，要核实其罪行。判处剕刑感到可疑，可以从轻处治，罚金五百锾，要核实其罪行。判处宫刑感到可疑，可以从轻处治，罚金六百锾，要核实其罪行。判处死刑感到可疑，可以从轻处治，罚金一千锾，要核实其罪行。墨罚的条目有一千，劓罚的条目有一千，剕罚的条目有五百，宫罚的条目有三百，死罪的刑罚，其条目有二百。五种刑罚的条目共有三千。

注释 1 **墨**：就是黥。 **辟**：罪。 **疑赦**：可疑就从轻。 2 **锾**：音 huán，古代重量单位。郑玄说：“锾，六两也。” 3 **阅实**：《孔疏》说：“检阅核实其所犯之罪，使与罚名相当，然后收取其赎。” 4 **倍**：百锾的一倍，即二百锾。5 **剕**：即“踀”，去掉膝盖骨。段玉裁说。 6 **倍差**：一倍半，即五百锾。 7 **宫**：宫刑，就是椓刑。 8 **大辟**：死刑。 9 **属**：指刑罚的条目。

原文

“上下比罪[1]，无僭乱辞[2]，勿用不行[3]，惟察惟法，其审克之！上刑适轻[4]，下服[5]；下刑适

译文

“要上下比较其罪行，不要错乱供辞，不要采取已经废除的法律，应当明察，应当依法，要核实啊！上刑宜于减轻，就下一等处治，下刑宜于加重，就上一等处治。各种刑

重，上服。轻重诸罚有权[6]。刑罚世轻世重[7]，惟齐非齐[8]，有伦有要[9]。

罚的轻重有些灵活性。刑罚时轻时重，相同或不相同，都有它的道理和要求。

注释　1 **比：**比照，比例。《蔡传》："罪无正律，则以上下刑而比附其罪也。" 2 **僭：**差错。 **辞：**供辞。 3 **不行：**已废除的法律。 4 **适：**宜。 5 **下服：**减一等处理。服，治，处置。下文"上服"即"加一等处理"。 6 **权：**变，就是灵活性。 7 **刑罚世轻世重：**刑罚根据时世决定轻重。《孔传》："言刑罚随世轻重也，刑新国用轻典，刑乱国用重典，刑平国用中典。" 8 **齐：**同。惟齐非齐，同与不同。 9 **伦：**道理。 **要：**要求。

原文

"罚惩非死，人极于病[1]。非佞折狱[2]，惟良折狱，罔非在中。察辞于差[3]，非从惟从。哀敬折狱[4]，明启刑书胥占[5]，咸庶中正[6]。其刑其罚，其审克之！狱成而孚，输而孚[7]。其刑上备[8]，有并两刑[9]。"

译文

"刑罚不是置人死地，但受刑罚的人感到比重病还痛苦。不是巧辩的人审理案件，而是善良的人审理案件，就没有不公正合理的。从矛盾处考察真情，不服从的犯人也会服从。怀着哀怜的心情判决诉讼案件，明白地检查刑书，互相斟酌，都要谋求公正。当刑当罚，要详细察实啊！要做到案件判定了，人们信服；改变判决，人们也信服。刑罚贵在慎重，又可合并两种罪行，只罚一种。"

注释　1 **极：**痛苦。 2 **佞：**佞人，善于巧言的人。 3 **差：**指供词的矛盾。 4 **敬：**当从《尚书大传》引作"矜"，怜悯。 5 **启：**打开。 **胥：**相。 **占：**量度。 6 **庶：**章太炎读为"度"，谋求。上文"何度非及"，马融注："度，造谋也。" 7 **输：**变更。王引之说："《广雅》'输，更也'。狱词或有不实，又察其曲直而变更之，后世所谓平反也。狱辞定而人信之，其有变更而人亦信之，所谓民自以为不冤也。" 8 **备：**慎，见《说文》。上备，以慎重为上。 9 **有并两刑：**

两罪只罚一种，不责其余。

以上第二段，说明刑法的种类、条目，以及审理狱讼的方法。

原文

王曰："呜呼！敬之哉！官伯族姓[1]，朕言多惧。朕敬于刑，有德惟刑。今天相民[2]，作配在下[3]，明清于单辞[4]，民之乱[5]，罔不中听狱之两辞[6]，无或私家于狱之两辞[7]！狱货非宝[8]，惟府辜功[9]，报以庶尤[10]。永畏惟罚[11]，非天不中[12]，惟人在命[13]。天罚不极[14]，庶民罔有令政在于天下[15]。"

王曰："呜呼！嗣孙，今往何监？非德？于民之中[16]，尚明听之哉！哲人惟刑[17]，无疆之辞[18]，属于五极[19]，咸中有庆[20]。受王嘉师[21]，监于兹祥刑[22]！"

译文

王说："啊，敬慎啊！诸侯国君以及同姓官员们，对我的话要多多戒惧。我重视刑罚，有德于老百姓的也是刑罚。如今上天扶助老百姓，你们在下面作天之配，应当明察一面之词，老百姓的治理，无不在于公正地审理双方的诉讼词，不要对诉讼双方的诉讼词贪图私利啊！狱讼接受贿赂不是好事，那是获罪的事，我将以众罪论处这些人。永远可畏的是上天的惩罚，不是天道不公平，只是人们自己终结天命。上天的惩罚不加到他们身上，在天下众民就不会有美好的政治了。"

王说："啊！子孙们，从今以后，你们明察什么呢？难道不是行德吗？对于老百姓案情的判决，要明察啊！治理老百姓要运用刑罚，使无穷无尽的讼辞合于五刑，都能公正适当，就有福庆。你们接受治理王家的好百姓，可要明察这种祥刑啊！"

注释 1 **官伯**：司政典狱。 **族姓**：同姓大臣。 2 **相**：扶助。 3 **配**：天之配匹，就是天牧。 4 **明清**：明察。 **单辞**：一面之词。 5 **乱**：治。 6 **中听**：公平审理。 **两辞**：原告和被告两方面的诉讼词。 7 **私家**：私自谋利。孙星衍说。 8 **狱货**：诉讼中得了货财。 9 **府**：取。见《广雅·释诂》。 **辜**：罪。**功**：事。 10 **报**：判决。 **尤**：《说文》引作"訧"，罪。 11 **畏**：敬畏。 12 **中**：

公平。 13 **在:**终。曾运乾说。 14 **极:**至。 15 **令政:**善政。 16 **中:**狱讼之成,即讼案的判决书。 17 **哲:**通“折”,制。王引之说:“哲,当读为‘折’,折之言制也。” 18 **辞:**讼辞。 19 **属:**合。见《周礼》注。 **五极:**就是五刑。极,诛。见《诗·菀柳》笺。 20 **中:**公平。 21 **师:**众,民众。 22 **监:**明察。

以上第三段,说明惩办贪污和使用中刑的重要意义。

文侯之命

导读

文侯,指晋文侯,名仇,字义和。本篇是周平王表彰晋文侯功绩的册命。周幽王荒淫无道,宠爱褒姒,褒姒生子伯服。幽王废申后和太子宜臼,立褒姒为后,伯服为太子。申后的父亲申侯联合犬戎攻杀幽王。诸侯拥立宜臼为王,就是周平王。晋文侯、郑武公等辅佐周平王平定戎乱,东迁洛邑。平王表彰晋文侯的功绩,赐给车马弓矢,史官写了《文侯之命》。《史记》的《周本纪》《晋世家》和《新序·善谋篇》都认为本篇作于周襄王时,文侯为晋文公重耳。注家多采这种说法,这是误解。今按,《左传·隐公六年》说“周桓公言于王曰:我周之东迁,晋、郑焉依”;《国语·郑语》说“晋文侯于是乎定天子,故平王锡命焉”;《书序》说“平王锡晋文侯秬鬯圭瓒,作《文侯之命》”。都说文侯是晋文侯。现在结合本篇内容考察,采取《书序》的意见。

原文

王若曰:“父义和! [1] 丕显文、武,克慎明德 [2],昭升于上 [3],敷闻在下 [4],

译文

王这样说:“族父义和啊!伟大光明的文王和武王,能够慎重行德,德辉升到上天,名声传播在下土,于是上帝降下那惟时上帝集厥命于文王[5]。亦惟先正克左右昭事厥辟[6]，越小大谋猷罔不率从[7]，肆先祖怀在位[8]。

福命给文王、武王。也因为先前的公卿大夫能够辅佐、指导、服事他们的君主，对于君主的大小谋略无不遵从，所以先祖能够安然在位。

注释 1 **王**：周平王。 **若**：这样。 **父**：对同姓诸侯中尊长的称呼，周和晋同姓，所以平王称晋文侯为父。 **义和**：文侯的字。2 **明**：勉，努力。3 **昭**：明，指光辉。 **上**：上天。 4 **敷**：布。 **闻**：名声。 **下**：下土。 5 **惟时**：于是。 **集**：下，降。 **文王**：当从《晋世家》作"文武"，上言文、武，这里不当只言文王。6 **先正**：郑玄说："先臣，谓公卿大夫也。" **左右**：佐佑，辅佐。 **昭**：指导。《尔雅·释诂》："诏，导也。" **辟**：君。 7 **越**：于。 **猷**：谋。 **率从**：遵从。 8 **肆**：所以。 **怀**：安。

原文

"呜呼！闵予小子嗣[1]，造天丕愆[2]。殄资泽于下民[3]，侵戎我国家纯[4]。即我御事[5]，罔或耆寿俊在厥服[6]，予则罔克[7]。曰[8]：'惟祖惟父，其伊恤朕躬。[9]'呜呼！有绩予一人永绥在位[10]。

译文

"啊！不幸我这年轻人继承王位，遭到了上天的大责罚。没有福利德泽施给老百姓，侵犯我国家的人很多。现在我的治事大臣，没有老成人长期在职，我诚不能胜任。我意谓：'祖辈和父辈的诸侯国君，会忧念我。'啊哈！您果然促成我长安在王位了。

注释 1 **闵**：不幸。 **嗣**：继承。2 **造**：遭受。 **愆**：惩罚。指幽王被杀。《史记·周本纪》说："申侯怒，与缯、西夷犬戎攻幽王，幽王举烽火征兵，兵莫至。遂杀幽王骊山下，虏褒姒，尽取周赂而去。" 3 **殄**：绝。 **资**：财，指福利。 **泽**：德泽。 4 **侵戎**：侵伐。 **纯**：众多。 5 **即**：今。 **御事**：治事大臣。 6 **或**：有。 **耆寿**：老成人。 **俊**：读为"骏"，长久。孙诒让说。 **服**：位。 7 **则**：犹"诚"，副词。 **克**：胜，胜任。 8 **曰**：谓，意谓。 9 **惟祖惟父**：祖辈父辈诸侯。 **伊**：语气助词。 **恤**：忧虑。 10 **有**：果。见《玉篇》。 **绩**：成，促成。 **绥**：安。

原文

"父义和！汝克绍乃显祖[1]，汝肇刑文、武[2]，用会绍乃辟[3]，追孝于前文人[4]，汝多修[5]，扞我于艰[6]，若汝，予嘉。"

译文

"族父义和啊！您能够光耀您的显祖唐叔，您努力制御文武百官，因会合诸侯延续了您的君主，追好于文王和武王。您很好，在困难的时候保卫了我，像您这样，我很赞美！"

注释 1 **绍：**当从唐石经作"昭"，光显，光耀。 **显祖：**指唐叔，晋国的始封君主。 2 **肇：**勉力。 **刑：**制御。《荀子·臣道》"刑下如影"注："刑，制也。" **文、武：**文武百官。 3 **会：**会合诸侯。 **绍：**继续，延续。 **辟：**君。《竹书纪年》记载："元年辛未，王东徙洛邑，晋侯会卫侯、郑伯、秦伯以师从王入于成周。"就是说的这件事。 4 **孝：**好。见《释名》。 **文人：**有文德的人。前文人，指文王、武王。 5 **修：**长，引申为休美。 6 **扞：**保卫。扞我于艰，指救周驱逐犬戎。

以上第一段，表扬晋文侯保卫王朝的功绩。

原文

王曰："父义和！其归视尔师[1]，宁尔邦。用赉尔秬鬯一卣[2]；彤弓一[3]，彤矢百；卢弓一[4]，卢矢百；马四匹。

"父往哉！柔远能迩[5]，惠康小民[6]，无荒宁[7]。简恤尔都[8]，用成尔显德。"

译文

王说："族父义和啊！要回去治理您的臣民，安定您的国家。现在我赐给您黑黍香酒一卣；红色的弓一张，红色的箭一百支；黑色的弓一张，黑色的箭一百支；四匹马。

"您回去吧！安抚远方，亲善近邻，爱护安定老百姓，不要荒废政事，贪图安逸。大力安定您的国家，以成就您显著的德行。"

注释 1 **视：**治理。 **师：**众。 2 **赉：**音 lài，赏赐。 **秬鬯：**纆和郁草合酿

的香酒。秬,音 jù。鬯,音 chàng。 **卣:**音 yǒu,酒器。 3 **彤:**赤色。 4 **卢:**黑色。 5 **柔:**安抚。 **能:**亲善。 **迩:**近邻。 6 **惠:**爱。 **康:**安。 7 **荒宁:**荒废和安逸。 8 **简:**大。 **恤:**安。 **都:**国都,指代晋国。

以上第二段,赏赐和嘉勉晋文侯。

费誓

导读

费(bì 闭),地名,在今山东省费县西北。孙诒让说:“凡策命有诰戒之词亦得谓之誓。”(见《周礼春官正义》)誓也是诰戒之辞。《史记·鲁世家》以为本篇写作于管、蔡叛乱时;晚出《孔传》以为作于周公归政之明年。近人曾运乾先生说:“考《序》云‘伯禽宅曲阜’,《经》云‘鲁人三郊三遂’。若在管、蔡时,伯禽方就国,其郊遂区画,恐尚未臻完善也。当以成王初元说为当。”(见《尚书正读》)按曾先生的意见,合于事理。周公归政之明年,即公元前 1056 年,徐州之戎和淮浦之夷联合起来侵害鲁国。鲁侯伯禽率领诸侯讨伐,到达费地而诰戒军士。史官记录伯禽的誓词,名为《费誓》。

原文

公曰[1]:“嗟!人无哗,听命。徂兹淮夷、徐戎并兴[2]。善敹乃甲胄[3],敿乃干[4],无敢不吊[5]!备乃弓矢,锻乃戈矛[6],砺乃锋刃[7],无敢不善!

译文

公说:“喂!大家不要喧哗,听取我的命令。现今淮夷、徐戎同时起来作乱。好好缝缀你们的军服头盔,系连你们的盾牌,不许不好!准备你们的弓箭,锻炼你们的戈矛,磨利你们的锋刃,不许不好!

“现在要大放圈中的牛马,掩盖你们捕

“今惟淫舍牿牛马[8]，杜乃擭[9]，敜乃阱[10]，无敢伤牿[11]！牿之伤，汝则有常刑[12]！

兽的工具，填塞你们捕兽的陷阱，不许伤害牛马！伤害了牛马，你们就要受到常刑！

注释　1 **公**：指鲁侯伯禽，周公的儿子。2 **徂**：读为“且”。且，此。此兹，犹言今兹。 **淮夷**：淮浦之夷。 **徐戎**：徐州之戎。 **兴**：起。3 **敹**：音 liáo，缝缀。**甲**：军衣。**胄**：头盔。4 **敿**：音 jiǎo，系连。**干**：盾牌。5 **吊**：善。6 **锻**：锻炼。 7 **砺**：磨。 8 **淫**：大。 **舍**：放。 **牿**：音 gù，《说文》：“牿，牛马牢也。” 9 **杜**：闭。 **擭**：音 huò，装着机关的捕兽器。 10 **敜**：音 niè，填塞。 **阱**：陷阱。 11 **伤牿**：指伤牛马。承上文牿牛马而言，这是一种借代方法。 12 **有**：得到。《玉篇》：“有，得也。”

以上第一段，告诫鲁人治理兵器和清除道路。

原文

“马牛其风[1]，臣妾逋逃[2]，勿敢越逐[3]！祗复之[4]，我商赉尔[5]，乃越逐不复[6]，汝则有常刑！无敢寇攘[7]，逾垣墙，窃马牛，诱臣妾，汝则有常刑！

译文

“牛马走失了，男女奴仆逃跑了，不许离开队伍去追赶！得到了的，要恭敬送还原主，我会赏赐你们。如果你们离开队伍去追赶，或者不归还原主，你们就要受到常刑！不许抢夺掠取，跨过围墙，偷窃马牛，骗取别人的男女奴仆，这样，你们都要受到常刑！

注释　1 **风**：走失。郑玄说：“风，走逸也。” 2 **臣妾**：奴仆。古代男仆叫臣，女仆叫妾。**逋**：逃跑。3 **越逐**：离开部队去追逐。越，逾。4 **祗**：敬。**复**：还，指归还原主。 5 **商**：赏。于省吾说：“金文‘赏’每作‘商’。” **赉**：赐予。6 **乃**：如果。 7 **寇**：劫取。 **攘**：偷取。郑玄说：“因其亡失曰攘。”《淮南子·泛率训》“直躬其父攘羊而子证之”高诱注：“凡六畜自来而取之曰攘也。”

以上第二段，宣布军事纪律。

原文

“甲戌，我惟征徐戎。峙乃糗粮[1]，无敢不逮[2]；汝则有大刑[3]！鲁人三郊三遂[4]，峙乃桢干[5]。甲戌，我惟筑[6]，无敢不供，汝则有无余刑[7]，非杀。鲁人三郊三遂，峙乃刍茭[8]，无敢不多[9]；汝则有大刑[10]！”

译文

“甲戌这天，我们征伐徐戎。准备你们的干粮，不许不到；不到，你们就要受到死刑！我们鲁国三郊三遂的人，要准备你们的筑墙工具。甲戌这天，我们要修筑营垒，不许不供给；如果不供给，你们将受到终身不释放的刑罚，只是不杀头。我们鲁国三郊三遂的人，要准备你们的生草料和干草料，不许不够；如果不够，你们就要受到死刑！”

注释 1 **峙：**具备，准备。 **糗：**音 qiǔ，炒熟的米麦。糗粮，就是干粮。 2 **逮：**及，到。 3 **大刑：**死刑。“汝则有大刑”的上面，省去了“不逮”二字。 4 **郊：**近郊。 **遂：**远郊。三郊三遂，成公元年《左传》疏说：“诸侯出兵，先尽三乡三遂，乡遂不足，然后总征境内之兵。” 5 **桢干：**筑墙的工具。桢用在墙的两端，干用在墙的两旁。 6 **筑：**修筑营垒。 7 **余：**释放。孙诒让说：“余（馀），舍二字得相通借。舍，释也。”无余刑，就是终身监禁而不释放。 8 **刍：**生草。 **茭：**干草。郑玄说：“干刍”。 9 **多：**当从《史记·鲁世家》作“及”，形近而误。 10 **大刑：**孙星衍说：“刍茭不至，牛马不得食，不可以战，故有大刑。”

以上第三段，宣布作战日期和军事任务。

秦誓

导读

鲁僖公三十三年(公元前627年),秦穆公派遣大将孟明视、西乞术、白乙丙率领军队远道袭击郑国。老臣蹇叔和百里奚谏说,穆公不听。军行到崤山(今河南洛宁县西北),遭到了晋军的伏击,竟至全军覆灭。当秦军将帅回国时,秦穆公对他们说了这篇自我责备的诰辞,名叫《秦誓》。《荀子·大略篇》说:"《春秋》贤穆公以为能变也。"杨倞注:"谓前不用蹇叔、百里之言,败于崤、函而自变悔,作《秦誓》,询兹黄发是也。"悔恨而能变改,这是本篇的要旨。

原文

公曰:"嗟!我士[1],听无哗!予誓告汝群言之首[2]。

"古人有言曰:'民讫自若[3],是多盘[4]。'责人斯无难,惟受责俾如流[5],是惟艰哉!我心之忧,日月逾迈[6],若弗云来[7]!

"惟古之谋人[8],则曰'未就予忌[9]',惟今之谋人,姑将以为亲[10]。虽则云然[11],尚猷询兹黄发[12],则罔所愆[13]。"

译文

穆公说:"啊!我的官员们,听着,不要喧哗!我有重要的话告诉你们。

"古人有话说:'人只顺从自己,就会多出差错。'责备别人不是难事,受到别人责备,听从它如流水一样地顺畅,这就困难啊!我心里的忧虑,在于时间过去,就不回来啊!

"往日的谋臣,我却说'未能顺从我的意志';现在的谋臣,我将要以他们为亲人。虽说这样,还是要请教黄发老人,才没有失误。

注释 1 **士**:官员。 2 **首**:首要,紧要处。 3 **讫**:尽。 **若**:顺。自若,随心所欲。 4 **盘**:通“般”,邪辟。俞樾说。 5 **俾**:依从。《尔雅·释诂》:“俾,从也。” 6 **逾**:过去。 **迈**:行。日月逾迈,时间一天天过去。 7 **若**:乃。《小尔雅》:“若,乃也。” **云**:隶古定本作“员”。员,旋,回转的意思。“日月”二句是说日月不回,恐改过不及了。 8 **古**:往日。 **谋人**:谋臣。 9 **曰**:说。 **就**:顺从。《庄子·人间世》“就不欲入”注:“就者形顺。” **忌**:当从《说文》作“惎”,《广雅》:“惎,意志也。”未就予忌,未顺从我的意志。 10 **姑**:且,将。 11 **然**:这样。 12 **猷**:通“犹”,还。尚犹,同义复合词。 **询**:谋。 **黄发**:老人。老人头发白而复黄,所以用黄发来指老人。这里是指蹇叔等老臣。 13 **愆**:过失。

以上第一段,穆公悔恨顺从自己,愿意亲近谋臣。

原文

“番番良士[1],旅力既愆[2],我尚有之[3]。仡仡勇夫[4],射御不违[5],我尚不欲[6]。惟截截善谝言[7],俾君子易辞[8],我皇多有之[9]!

“昧昧我思之[10],如有一介臣[11],断断猗无他技[12],其心休休焉[13],其如有容[14]。人之有技,若己有之。人之彦圣[15],其心好之,不啻若自其口出[16]。是能容之[17],以保我子孙黎民,亦职有利哉[18]!

译文

“白发苍苍的良士,体力已经衰了,我还亲近他们。强壮勇猛的武士,射箭和驾车都不错,我还不大喜爱。只是那些浅薄善辩的人,使君子容易疑惑,我大多亲近他们!

“我暗暗思量着,如果有一个官员,诚实专一而没有别的技能,他的胸怀宽广而能容人。别人有能力,好像自己的一样。别人美好明哲,他的心里喜欢他,又超过了他口头的称道。这样能够容人,用来保护我的子孙众民,也当有利啊!

注释 1 **番番**:就是皤皤,白发苍苍的样子。 2 **旅**:通“膂”,脊骨。 **愆**:亏损。 3 **有之**:亲之。古代谓相亲为有。 4 **仡仡**:勇武壮健的样子。 5 **射**:

射箭。 **御:**驾车。 **违:**失误。 6 **欲:**喜欢。王引之说:"欲,犹'好'也。" 7 **截截:**即諓諓,浅薄的样子。见《公羊传》何休注。 **谝:**音 pián,巧言。 8 **易辞:**当从《公羊传》作"易怠"。王引之说:"怠,疑惑也。言使君子易为其所惑也。"见《经义述闻·通说》。 9 **皇:**大。 10 **昧昧:**暗暗。 11 **介:**个。《大学》引作"个"。12 **断断:**诚实专一。 **猗:**语气助词。 **技:**阮刻本作"伎",假借字。13 **休休:**宽容。郑玄说:"休休,宽容貌。" 14 **其:**乃。 **如:**能。《公羊传》引作"能"。 15 **彦:**美士。指贤良。 **圣:**明。 16 **不啻:**不但。 **自:**从。不啻若自其口出,《孔疏》说:"爱彼美圣,口必称扬而荐达之,其心爱之,又甚于口,言其爱之至也。" 17 **是:**这样。 18 **职:**当。见《词诠》。

原文

"人之有技,冒疾以恶之[1]。人之彦圣,而违之俾不达[2]。是不能容,以不能保我子孙黎民,亦曰殆哉[3]!

"邦之杌陧[4],曰由一人[5];邦之荣怀[6],亦尚一人之庆[7]。"

译文

"别人有能力就妒忌,就厌恶。别人美好明哲,却阻挠使他不顺利。这样不能宽容人,用来不能保护我的子孙众民,也很危险啊!

"国家的危险不安,由于一人,国家的繁荣安定,也还是一人的善良啊!"

注释 1 **冒疾:**就是媢嫉,妒忌的意思。 2 **违:**违背壅塞,阻挠。 **达:**通,顺利。 3 **曰:**语中助词。 **殆:**危险。 4 **杌陧:**音 wù niè,不安。 5 **曰:**通"聿",语首助词。 6 **荣怀:**光荣和安宁。 7 **尚:**犹,还。 **庆:**善。

以上第二段,穆公悔恨待士的偏差,希望容人之善。